**高职高专教育创新型特色教材**

# 水利工程全过程工程咨询实务


主　编　何华军　张海深　王文双
　　　　许方安　杨　讷　蒋　维
副主编　陈静燕　黄凯文　翟振华
　　　　陈盛辉　曾　瑜　刘建飞
　　　　任红侠
主　审　仇　健　陈　通　李　韬



**黄河水利出版社**
·郑州·

## 内容提要

本书是高职高专教育创新型特色教材，以全过程工程项目管理为视角，结合水利工程全过程建设实践编写完成。全书共分3篇16个学习情境，包括水利工程全过程工程咨询综述、水利工程全过程工程咨询、水利工程全过程工程咨询案例三部分内容。先介绍了水利工程全过程工程咨询的概念、特点及发展现状，再介绍工程前期咨询、勘察设计咨询、招标采购咨询、合同管理咨询、施工阶段管理咨询、运营咨询等内容，最后介绍了水电站、河道、水库除险加固、引水工程等项目实施案例。

本书可作为高等职业技术学院水利水电建筑工程、农田水利工程、水利工程、智慧水利技术、水利水电工程造价与管理等专业的教材，也可供从事水利工程建设项目施工、咨询和监理等工作的相关人员使用，还可作为水利工程施工企业项目管理人员的培训教材。

**图书在版编目(CIP)数据**

水利工程全过程工程咨询实务/何华军等主编.—
郑州:黄河水利出版社,2022.8
高职高专教育创新型特色教材
ISBN 978-7-5509-3359-0

Ⅰ.①水… Ⅱ.①何… Ⅲ.①水利工程-咨询服务-高等职业教育-教育 Ⅳ.①F407.9

中国版本图书馆CIP数据核字(2022)第148637号

组稿编辑:王路平　电话:0371-66022212　E-mail:hhslwlp@163.com
田丽萍　66025553　912810592@qq.com

出 版 社:黄河水利出版社　网址:www.yrcp.com
地址:河南省郑州市顺河路黄委会综合楼14层　邮政编码:450003
发行单位:黄河水利出版社
发行部电话:0371-66026940、66020550、66028024、66022620(传真)
E-mail:hhslcbs@126.com
承印单位:河南承创印务有限公司
开本:787 mm×1 092 mm　1/16
印张:13.75
字数:320千字
版次:2022年8月第1版　印次:2022年8月第1次印刷

定价:48.00元

# 前 言

全过程工程咨询,是国家深化工程领域咨询服务供给侧结构性改革、以市场需求为导向、满足业主多样化需求的贯穿工程全周期的建设管理创新模式,是指业主在项目建设过程中将工程咨询业务整体或多个打包委托给一家企业,由该企业提供综合性咨询(全过程项目管理)、项目投资决策、可行性研究、环境影响评价报告、工程勘察、工程设计、工程监理、造价咨询及招标代理等工程咨询服务的活动,以满足建设单位一体化服务需求,增强工程建设过程的协同性。

2017 年 2 月,国务院办公厅出台《关于促进建筑业持续健康发展的意见》,正式提出“全过程工程咨询”;2017 年 5 月,住房和城乡建设部开始试点推行全过程工程咨询。近年来,全过程工程咨询服务模式逐步被行业接受。水利工程属于基础设施项目,推进全过程工程咨询,可以有效提高投资决策水平、提升工程质量、节省投资、缩短工期,对深化供给侧改革,加快产业转型升级,促进经济可持续发展具有重要意义。

2019 年国务院《关于印发〈国家职业教育改革实施方案〉的通知》(国发〔2019〕4 号),2021 年中共中央办公厅、国务院办公厅印发的《关于推动现代职业教育高质量发展的意见》等文件均指出,要及时将新知识、新技术、新工艺、新规范纳入教学标准和教学内容。根据教育文件通知的精神及水利行业发展状况,在编者多年从事水利工程项目管理的实践经验的基础上,结合职业教育的教学特点,浙江同济科技职业学院与浙江广川工程咨询有限公司、浙江省水电建筑安装有限公司等企事业单位共同编写了《水利工程全过程工程咨询实务》。

开展全过程工程咨询,以项目管理为中心,以工程建设阶段各专业咨询为重点,通过协调管理,打破信息与资源壁垒,为发包人提供管理咨询和技术咨询服务,提升发包人管理效率是水利行业发展的必然要求。同时,发展全过程工程咨询,也是实现工程咨询企业转型升级,增强企业综合实力,加快与国际工程管理模式接轨的必然要求。因此,培养掌握扎实的相关理论知识,具备实务工作能力的复合型全过程工程咨询管理人才,已势在必行。

本书根据高职学生学习的认知规律,创造性地以“做什么—怎么做—做成什么样”为教材编写线索,以企业的实务工作内容来设计典型学习任务,以实务工作过程为导向,细化工作任务,根据工作任务对知识与技能的需求以及实务工作的流程,把知识点穿插到任务执行的过程中,提高学生的学习兴趣,更好地掌握知识点,提高学生的实践能力,也培养了学生理实一体、对接未来工作岗位的能力。

本书内容主要包括三篇:第 1 篇为水利工程全过程工程咨询综述,即“做什么”;第 2 篇为水利工程全过程工程咨询,即“怎么做”;第 3 篇为水利工程全过程工程咨询案例,即“做成什么样”。重点突出实际应用,通俗易懂,有助于学生理解、掌握与实务操作。

工程建设全过程咨询服务包括综合性咨询及各专业咨询服务,采用“1+N”的模式实施。其中“1”为综合性咨询,即全过程项目管理,“N”为各专业咨询服务。本书实务部分按照“1+N”的内容进行编排,更具实务操作性。

为完成本书的编写任务,我们组建了一支高水平、复合型的校企合作编写队伍,行业企业多名业务水平高且有丰富的全过程工程咨询实践经验的专家参与了编写工作,他们分别是:浙江同济科技职业学院专业教师蒋维、翟振华、曾瑜、刘建飞、任红侠,浙江广川工程咨询有限公司何华军、黄凯文、庞华、范土贵、陈明哲、池龙哲,浙江省水利河口研究院王文双、仇健,浙江省水电建筑安装有限公司张海深、陈静燕、杨讷,温州市水利建设管理中心许方安,嘉善县水利局陈通,松阳县农村水利管理服务中心李韬,缙云县水利局陈盛辉。同时,本书编写过程中也参阅了部分文献,引用了相关著作及文献资料,已在参考文献中注明,在此一并表示感谢!

由于本次编写时间仓促,书中难免会出现缺点、错漏及不妥之处,欢迎广大师生及读者批评指正。

编 者

2022 年 5 月

# 教学建议

本书参考学时(推荐)参见下表。

| 内容 | | | 学时 |
|---|---|---|---|
| 第1篇<br>水利工程全过程<br>工程咨询综述 | 学习情景1 | 工程咨询概述 | 2 |
| | 学习情景2 | 水利工程建设与管理概述 | 2 |
| | 学习情景3 | 水利工程全过程工程咨询概述 | 2 |
| 第2篇<br>水利工程全过程<br>工程咨询 | 学习情景4 | 水利工程项目前期咨询 | 1 |
| | 学习情景5 | 水利工程项目设计咨询 | 2 |
| | 学习情景6 | 水利工程项目招标采购咨询 | 1 |
| | 学习情景7 | 水利工程项目合同管理咨询 | 2 |
| | 学习情景8 | 水利工程项目监理服务咨询 | 2 |
| | 学习情景9 | 水利工程施工阶段项目管理咨询 | 8 |
| | 学习情景10 | 水利工程项目运营管理咨询 | 2 |
| | 学习情景11 | BIM咨询应用 | 2 |
| 第3篇<br>水利工程全过程<br>工程咨询案例 | 学习情景12 | 杨房沟水电站工程 | 2 |
| | 学习情景13 | 光明区全面消除黑臭水体治理工程 | 2 |
| | 学习情景14 | 诸暨市陈蔡水库除险加固工程 | 2 |
| | 学习情景15 | 富春湾堤护岸及景观绿化项目 | 2 |
| | 学习情景16 | 松古平原水系综合治理工程 | 2 |
| 合计 | | | 36 |

本课程考核方式建议以过程性考核为主,注重考核学生实务技能。

# 编写分工

| 内容 | | | 编者 |
| --- | --- | --- | --- |
| 第1篇 水利工程全过程工程咨询综述 | 学习情景1 | 工程咨询概述 | 浙江同济科技职业学院翟振华、曾瑜；浙江省水利河口研究院仇健；浙江广川工程咨询有限公司陈明哲；浙江省水电建筑安装有限公司杨讷 |
| | 学习情景2 | 水利工程建设与管理概述 | |
| | 学习情景3 | 水利工程全过程工程咨询概述 | |
| 第2篇 水利工程全过程工程咨询 | 学习情景4 | 水利工程项目前期咨询 | 浙江省水利河口研究院仇健；浙江同济科技职业学院蒋维；浙江广川工程咨询有限公司池龙哲 |
| | 学习情景5 | 水利工程项目设计咨询 | |
| | 学习情景6 | 水利工程项目招标采购咨询 | 浙江同济科技职业学院翟振华；浙江广川工程咨询有限公司何华军；嘉善县水利局陈通 |
| | 学习情景7 | 水利工程项目合同管理咨询 | |
| | 学习情景8 | 水利工程项目监理服务咨询 | |
| | 学习情景9 | 水利工程施工阶段项目管理咨询 | 浙江广川工程咨询有限公司黄凯文、范土贵；松阳县农村水利管理服务中心李韬；浙江省水电建筑安装有限公司张海深、陈静燕、杨讷 |
| | 学习情景10 | 水利工程项目运营管理咨询 | |
| | 学习情景11 | BIM咨询应用 | 浙江省水利河口研究院王文双；缙云县水利局陈盛辉 |
| 第3篇 水利工程全过程工程咨询案例 | 学习情景12 | 杨房沟水电站工程 | |
| | 学习情景13 | 光明区全面消除黑臭水体治理工程 | 浙江省水电建筑安装有限公司张海深、陈静燕；浙江同济科技职业学院刘建飞、任红侠 |
| | 学习情景14 | 诸暨市陈蔡水库除险加固工程 | 浙江省水利河口研究院仇健；温州市水利建设管理中心许方安；浙江广川工程咨询有限公司庞华；浙江同济科技职业学院蒋维 |
| | 学习情景15 | 富春湾堤护岸及景观绿化项目 | |
| | 学习情景16 | 松古平原水系综合治理工程 | |

# 目 录

# 第1篇　水利工程全过程工程咨询综述

## 学习情境1　工程咨询概述

【学习情境描述】

基于工程咨询的相关概念和基本术语,按照有关政策和程序要求,理解工程咨询的概念和特点,了解工程咨询在我国的发展历程。

【学习目标】

1. 掌握工程咨询的概念、服务内容。
2. 了解工程咨询国内外发展历程。
3. 了解我国工程咨询企业的现状。
4. 能分析国内外咨询企业发展历程的异同点。

【引导问题】

1. 工程咨询的概念是什么?
2. 工程咨询的特点有哪些?

### 1.1　工程咨询基础知识

#### 1.1.1　工程咨询基本概念

##### 1.1.1.1　咨询

咨询是通过某些人头脑中所储备的知识经验和通过对各种信息资料的综合加工而进行的综合性研究开发。咨询产生智力劳动的综合效益,起着为决策者充当顾问、参谋和外脑的作用。咨询一词拉丁语为 Consultation,意为商讨、协商。

在中国古代"咨"和"询"原是两个词,咨是商量,询是询问,后来逐渐形成一个复合词,具有询问、谋划、商量、磋商等意思。咨询作为一项具有参谋、服务性的社会活动,在军事、政治、经济领域中发展起来,已成为社会、经济、政治活动中辅助决策的重要手段,并逐渐形成一门应用性软科学。

##### 1.1.1.2　工程咨询

工程咨询是遵循独立、公正、科学的原则,综合运用多学科知识、工程实践经验、现代科学和管理方法,在经济社会发展、境内外投资建设项目决策与实施活动中,为投资者和政府部门提供阶段性或全过程咨询和管理的智力服务。

#### 1.1.1.3　工程咨询单位

工程咨询单位是指在中国境内设立的从事工程咨询业务并具有独立法人资格的企业、事业单位。

### 1.1.2　工程咨询业务和服务范围

#### 1.1.2.1　工程咨询业务专业划分

根据中华人民共和国国家发展和改革委员会令第9号,工程咨询业务按21个专业划分,共分为:

①农业、林业;②水利水电;③电力(含火电、水电、核电、新能源);④煤炭;⑤石油天然气;⑥公路;⑦铁路、城市轨道交通;⑧民航;⑨水运(含港口河海工程);⑩电子、信息工程(含通信、广电、信息化);⑪冶金(含钢铁、有色);⑫石化、化工、医药;⑬核工业;⑭机械(含智能制造);⑮轻工、纺织;⑯建材;⑰建筑;⑱市政公用工程;⑲生态建设和环境工程;⑳水文地质、工程测量、岩土工程;㉑其他(以实际专业为准)。

#### 1.1.2.2　工程咨询服务范围

主要包括四项内容:

(1)规划咨询。含总体规划、专项规划、区域规划及行业规划的编制。

(2)项目咨询。含项目投资机会研究、投融资策划,项目建议书(预可行性研究)、项目可行性研究报告、项目申请报告、资金申请报告的编制,政府和社会资本合作(PPP)项目咨询等。

(3)评估咨询。各级政府及有关部门委托的对规划、项目建议书、可行性研究报告、项目申请报告、资金申请报告、PPP项目实施方案、初步设计的评估,规划和项目中期评价、后评价,项目概算、预算、决算审查,及其他履行投资管理职能所需的专业技术服务。

(4)全过程工程咨询。采用多种服务方式组合,为项目决策、实施和运营持续提供局部或整体解决方案以及管理服务。

#### 1.1.2.3　工程咨询业的特点

(1)多业态协同发展。从工程项目的前期咨询、招标代理,到勘察、设计、监理、造价、项目管理等,工程咨询服务贯穿整个工程项目建设全过程。工程咨询行业属于重要的生产性服务业,对社会经济发展具有重大意义。生产性服务业具有专业性强、创新活跃、产业融合度高、带动作用显著等特点,加快发展生产性服务业,可以有效激发内需潜力,带动扩大社会就业,持续改善人民生活,也有利于引领产业向价值链高端提升。

(2)高度智能化。工程咨询业具有技术密集、知识密集、人才密集等特征,是一个典型的智力型服务行业。其职能是运用多学科知识和经验、现代科学技术和管理办法,遵循独立、科学、公正的原则,为政府部门和投资者对经济建设和工程项目的投资决策与实施提供咨询服务,以提高宏观和微观的经济效益。该行业知识体系涉及面广,专业技术性强,具有轻资产、重人才、高附加值的特征,专业技术人才是企业发展的核心资产和关键资源要素。

(3)区域性。由于我国幅员辽阔,各地区的社会、经济、文化等发展不平衡,地理环境也有很大差异。当地的工程咨询服务企业相较外地机构更为熟悉本地的历史文化和地理背景,往往也具备一定的市场资源、项目经验和人才等优势。对于一些工程咨询业务,客户基于服务的及时性、便利性和成本等因素考虑,往往倾向于选择本区域内的咨询企业。因此,工程咨询服务相关的细分领域业务具有一定的服务半径。

(4)周期性。整个经济周期的变化很大程度上影响了工程咨询服务行业的发展。工程咨询服务行业主要受到国民经济运行状况、城市化进程、固定资产投资规模和政府政策等因素影响。

# 1.2 国内外工程咨询业的发展

## 1.2.1 国际工程咨询业发展

### 1.2.1.1 国际工程咨询业的发展历程

工程咨询产生于18世纪末19世纪初的第一次产业革命,它是近代工业化进程下的产物。19世纪初期,工程师一般受聘于政府部门和工厂企业,从事工业生产、工程设计和施工管理。19世纪上半叶开始,随着西方国家工业革命和社会经济技术的发展,一部分工程师分离出来,凭着自身的专业技能和丰富经验,提供建筑工程咨询服务。随着从事工程咨询人员的增多,建筑领域开始出现行会组织。1818年,英国建筑师约翰·斯梅顿组织成立了第一个土木工程师学会。1852年,美国建筑师学会成立,参加这些学会的土木工程师和建筑师虽然没有冠名为咨询工程师,但他们从事的却是工程咨询性质的业务。1904年,丹麦成立了国家咨询工程师协会,随后美国、英国、比利时、法国、瑞士等国家也相继成立工程咨询协会,表明工程咨询作为一个独立行业已经在欧美一些国家形成。1913年,国际咨询工程师联合会成立,标志着工程咨询作为一个独立行业,已经在世界范围内形成。

由此可知,国际工程咨询业的发展大致经历了三个阶段:个体咨询阶段、合伙咨询阶段和综合咨询阶段。

(1)个体咨询阶段。19世纪,土木工程师和建筑师独立承担从建筑工程建设中分离出来的技术咨询业务,这一时期的工程咨询活动具有分散性、随机性、经验性的特点。

(2)合伙咨询阶段。20世纪,工程咨询已从建筑业扩展到工业、农业、交通等行业领域,咨询形式也由个体独立咨询发展到合伙人公司,技术咨询水平进一步提高。

(3)综合咨询阶段。第二次世界大战以后,工程咨询业又发生了三个变化:从专业咨询发展到综合咨询,从工程技术咨询发展到战略咨询,从国内咨询发展到国际咨询。同时,出现了一批著名的工程咨询公司,如福陆公司(FLUOR)、柏克德公司(BECHTEL)、奥雅纳工程顾问公司(ARUP)等。

在国际工程咨询市场上,工程咨询业大体上有三种类型:

一是专门的工程咨询机构。如独立的顾问公司、工程咨询公司等。

二是工程咨询和工程设计二者兼营的咨询设计机构。这类咨询机构既承担项目前期工作,又承担项目设计和有关技术文件的编制,包括完整的分段深度设计图纸和相应的方案资料,还可提供现场设计服务和项目监理。

三是集咨询、设计、采购、建设于一体的工程公司。其服务范围包括项目建设的“全过程”,即从项目投资前期工作开始直至建成投产(或交付使用),也就是所谓的“交钥匙”方式,这也是一个时期以来,国际建筑市场上受推崇和应用较多的方式。国际工程咨询企业,特别是大型工程咨询企业,具有如下特点:规模特大、经验丰富、跨国性经营和发展;利用金融手段进行企业兼并和重组,吸收多国人才,全球布点,构建网络型组织,开展多种国际合作,实现全球化服务;提供全生命周期咨询服务,系统性问题一站式整合服务;提供综合性很强的多元化服务模式,包括各种类型工程的咨询服务,如房屋建筑、工业建设、基础设施(公路、铁路、地铁、航道等)、建筑设备、环境工程和水务工程等;拥有国际著名的规划和建筑设计团队;拥有一批设计、施工和工程管理经验非常丰富的咨询工程师。

20 世纪 50 年代,信息技术的产生和发展掀起了第三次产业革命的热潮,促进了工程咨询业的进一步演进,各行各业使用工程咨询服务越来越普遍,促使工程咨询业在数量和规模上均出现了新的飞跃。此外,经济的发展越来越突破民族经济和地缘经济的概念而变得日趋国际化,工程咨询服务也逐步走向国际化。随着国际经济技术交流与合作不断加强,发展中国家的工程咨询业也迅速崛起,并吸引了 AECOM(艾奕康)、SWECO(斯纠可)、福陆、BV(必维)、柏克德等一大批国际工程咨询企业进驻中国。

#### 1.2.1.2 美国的咨询业

美国咨询业十分发达,其咨询营业额占全球咨询市场的比重很大。美国工程咨询业针对客户经营环境日趋复杂多变,经营存在管理水平低、人员素质低、技术人员和管理人员缺乏等问题,依靠自身对问题专业化研究的优势和长期咨询服务积累的丰富经验,为客户提供具有独立性和客观性的建议,同时可为企业提供专项研究方案、专门技术、新的管理方法、经营经验等。美国的咨询业注重服务的策略性与实用性,成为美国企业越来越依赖的重要智力支持力量。

美国工程咨询业具有以下特点:

(1)政府扶持力度大。美国政府十分重视工程咨询业的市场需求,其主要做法是,帮助咨询公司打开业务渠道,充分保证咨询公司的业务来源;在咨询公司的管理方面,政府除从税收、保险等方面通过经济手段加以调控外,还从审计等方面进行严格管理;美国政府部门提倡企业找咨询公司为其服务,咨询项目在招标的基础上公开竞争。此外,为鼓励咨询业的发展,政府还采取将企业的咨询费用计入成本的方式来刺激企业对咨询的需求。

(2)私有化程度高。从美国工程咨询业的发展规律来看,咨询业的主要动力是具有“企业性质”的民间咨询机构的介入,它们直接接受市场的考验,并将成为国家咨询产业的主要力量。例如,美国 80%的咨询公司具有私营企业性质,它们一般不隶属于政府部门或企业单位,而是独立选择或承担咨询项目,客观、中立开展咨询业务,为企业提供具有“高附加值”的咨询服务。

(3)完善的服务体系。美国工程咨询业的构成比较合理。既有世界一流的大型咨询公司,又有众多专业分工非常细的小型咨询公司,已经形成了市场运作规范、专业化程度高、收费合理、相对稳定的服务体系。

(4)完善的人才资源管理机制。美国工程咨询业在人力资源的建设与开发方面也有许多成熟的做法。例如,严格的资格认证制度,人力资源的目标管理制度,为专业人员营造的客观性、公正性和科学性工作氛围,强调遵守其职业道德以及设立相对独立的项目进度及质量审查小组等。另外,通过采用激励机制、约束机制与良好文化氛围的互相作用方式,美国咨询业在人力资源管理方面的机制更加完善。

#### 1.2.1.3 英国的咨询业

英国咨询业历史悠久,经验丰富。服务范围大致可分为工程咨询以及产品、技术、经营管理咨询两大类。英国工程咨询主体包括咨询工程公司、咨询合伙人公司和独立咨询工程师。英国主要的大中型咨询工程公司有近30家,它们在设计和项目管理方面有丰富的实践经验和人力资源,客户群也比较广泛。咨询合伙人公司一般是由多名有经验的、有资质的工程师合作经营构成的咨询实体,他们的客户大多来自当地或英国国内,客户群比较稳定。独立咨询工程师是即将退休的或已退休的有着丰富咨询经验的工程师,他们大多在项目中以顾问或第三方咨询工程师的身份出现。

从咨询的业务权重来看,土木工程设计、房屋建筑设计、基础工程设计、路桥设计、现场勘察、水处理系统设计、防洪工程设计、交通规划、施工安全咨询和铁路设计等业务占了整个英国咨询业务的75%,其余的25%包括电力系统设计、隧道工程、防火工程、石油管道工程和防震工程等,有时在业主委托下,咨询服务业也涉及工程项目管理或施工过程中的监理。

由于英国国内咨询市场已被充分开发,咨询主体的利润率已被压缩到1%~3%,近些年来,一些颇具规模的咨询公司已把业务重点放到远东环太平洋地区和中东的迪拜,中国市场也是他们争夺的重中之重。

#### 1.2.1.4 其他国家和地区的咨询业

德国、法国两国工程咨询业都有着悠久的历史,在其本国和世界多数国家的建设活动中起着重要作用。这两个国家的咨询机构规模呈两极分布状态,以大型或小型公司发展。日本咨询业虽在20世纪60年代才兴起,但目前已进入稳步发展的阶段。日本政府成立了“日本海外工程咨询公司协会”,着力开拓海外咨询业务。此外,其他一些欧洲国家以及澳大利亚也都拥有实力强劲的工程咨询行业,并积极参与国际市场竞争。

#### 1.2.1.5 国际工程咨询业的发展趋势

(1)开拓广泛的专业咨询服务。为了生存与发展,一些国际咨询工程师将业务重点转向专业咨询业务,并努力开拓更广泛的专业咨询领域。国际咨询工程师常以专业咨询服务为先导,以此进入新的咨询服务市场,并在专业咨询服务基础上进一步开辟全方位、全过程的工程咨询服务。

(2)加强与当地咨询工程师的合作。在许多国家,由于地方保护政策的原因,外国咨询工程师一般很难单独被委托从事项目的咨询服务工作,即使在外国咨询工程师可以自由从事咨询业务的地区,也经常遇到外汇的短缺和对可汇兑货币的汇款限额问题,对外国咨询业进入当地造成一定困难。所以,国际咨询工程师常常采取与当地的咨询工程师合作、合资经营的方式承担项目的咨询服务工作,或者为当地的咨询工程师或业主提供各专业的技术服务。

### 1.2.2 国内工程咨询业的发展

新中国的工程咨询事业是伴随着国家经济社会的发展进步和经济体制的变革从无到有、从小到大发展起来的。从最初的勘察设计和技术经济分析,到支撑国家基本建设投资决策科学化、民主化,再到业务多元化发展基本形成智库建设与咨询业务良性互动的新局面。我国工程咨询事业在党的领导下,伴随着中国特色社会主义的蓬勃发展不断成长壮大,全方位担负起服务国家经济社会发展、推动国家治理体系和治理能力现代化的使命职责。

#### 1.2.2.1 萌芽阶段

新中国大规模的经济建设和工程咨询事业发端于"一五"时期,为推进社会主义建设发挥了积极作用。我国学习苏联的基本建设管理经验,成立了一批勘察设计机构,在以勘察设计为主的基础上,逐步开展了一些建设项目的技术经济分析。尽管这些工作是在严格的计划经济体制下进行的,主要服务于国家投资决策的执行,但实践证明,这对一大批重点项目的顺利实施产生了明显效果。"一五"时期,固定资产投产交付使用率高,5 年内因基本建设投资新增固定资产 492.2 亿元,固定资产交付使用率达 83.6%;5 年内全部建成投产的大中型项目 595 个,大中型项目平均每年投产率为 15.5%,平均建设周期 6.4 年;投资效果系数高,全民所有制单位固定资产投资为 511.6 亿元,新增国民收入 319 亿元,投资效果系数为 0.52,高于发达国家同期水平。特别是 156 项政府投资重点工程的建成投产,为我国工业化和建立较为完整的国民经济体系打下了良好基础。

#### 1.2.2.2 起步阶段

我国工程咨询业兴起于改革开放后,全面支撑投资建设领域决策科学化、民主化。20 世纪 80 年代初,我国基本建设工作引入了国际上通行的可行性研究制度,现代工程咨询理念开始得到传播。1981 年,国务院颁布的《技术引进和设备进口工作暂行条例》中规定,利用外资、引进技术项目要编制项目建议书和可行性研究报告;1983 年,国家计委颁发的《关于建设项目进行可行性研究的试行管理办法》中规定,建设项目的决策和实施必须严格遵守国家规定的基本建设程序,可行性研究是建设前期工作的重要内容,是基本建设程序的组成部分。

1985 年,在时任国务委员兼国家计委主任宋平的建议和推动下,国家计委报送了《关于加强中国国际工程咨询公司的报告》。在这份国务院批准的报告中,明确规定,"今后新上的基本建设大中型项目和技术改造限额以上的项目,其可行性研究报告和大型工程的设计,由国家计委委托中国国际工程咨询公司对技术方案、工艺流程和经济效益(包括投入产出)进行评估,提出意见后再由国家计委研究可否列入计划"。由此,国家基本建设领域正式确立了"先评估、后决策"的制度安排。

可行性研究和先评估后决策制度的建立与实施,是对基本建设投资决策程序的重大改革,我国工程咨询事业也随之进入了服务于国家经济决策的崭新时期。随着改革开放的深入和社会主义市场经济体制的确立,工程咨询产业化、工程咨询单位市场化步伐明显加快,行业规模显著扩大,人员素质不断提高,服务质量和水平稳步提升。工程咨询事业的迅速发展,全面支撑了我国经济决策的科学化、民主化进程,在保障工程质量、提高投资效益、规避投资风险、优化重大布局、调整产业结构、加强和改善投资宏观调控、促进经济社会可持续发展等方面做出了重要贡献。

#### 1.2.2.3　发展阶段

我国工程咨询业蓬勃于中国特色社会主义新时代，全方位服务国家经济社会发展。党的十八大以来，中国特色社会主义进入新时代，工程咨询事业也随之进入促进经济社会持续健康发展、推动国家治理体系和治理能力现代化的蓬勃发展阶段。党的十八届三中全会提出，要加强中国特色新型智库建设，建立健全决策咨询制度。2014 年 1 月，习近平总书记在中央全面深化改革领导小组第一次会议上明确指出：要推动各地区各部门加强调研，注重发挥有关专家学者、研究机构对全面深化改革的调研咨询作用。党的十八届五中全会强调，要实施哲学社会科学创新工程，建设中国特色新型智库。2015 年 1 月，中共中央办公厅、国务院办公厅印发的《关于加强中国特色新型智库建设的意见》中提出：决策咨询制度是我国社会主义民主政治建设的重要内容。同年 11 月，中央全面深化改革领导小组第十八次会议审议通过《国家高端智库建设试点工作方案》。2016 年 3 月，习近平总书记再次强调，要坚持抓好理论研究和决策咨询。党中央和习近平总书记的指示要求，为新时代我国工程咨询事业的发展指明了前进的道路和方向，引领工程咨询机构走向建设国家高端智库和世界一流咨询企业并重的发展道路，全方位服务国家经济社会发展新需求。

随着工程咨询业列入国家鼓励类产业目录和《中华人民共和国国民经济和社会发展第十三个五年规划纲要》，行业规模和认知程度进一步提升，在经济社会发展中的作用更加彰显。据中国工程咨询协会统计，工程咨询行业样本单位 2020 年度营业收入共计 4 915 亿元，其中规划咨询、项目咨询、评估咨询、全过程工程咨询的营业收入分别占比 24%、37%、10%、29%。

全过程工程咨询顺应工程咨询服务供给侧结构性改革而异军突起，为各类工程咨询单位提供了新的市场机遇，成为工程咨询行业发展的新趋势。大型工程咨询单位以推进全过程工程咨询为战略转型的抓手不断做优做强，中小型工程咨询单位有针对性地提升专业能力走向做专做精。

## 1.3　我国工程咨询企业

### 1.3.1　我国工程咨询企业的构成

#### 1.3.1.1　按照资质认定的不同管理部门进行划分

我国工程咨询机构按照资质认定的不同管理部门主要分为两大类别：

一类是由国家发展和改革委员会颁发工程咨询资质的企业或事业单位。主要为投资项目开展前期论证、评估等环节提供咨询服务，从业人员以注册咨询工程师（投资）为准入资格。此类称之为“工程咨询（投资）机构”。

另一类是由住房和城乡建设部等其他政府部门颁发资质的工程咨询机构。包括投资建设项目的勘察设计、工程监理、工程造价咨询及工程招标代理等，从业人员也分别设置了相应的准入资格，如注册建筑师、注册结构工程师、注册监理工程师、注册造价工程师等。

#### 1.3.1.2 按照工程咨询机构的性质和服务阶段划分

按照工程咨询机构的性质和服务阶段划分我国工程咨询机构，主要由三类构成：

第一类：综合性工程咨询机构，主管部门为各地发展和改革部门。承接业务范围涵盖投资建设项目的前期决策、勘察设计及实施阶段的咨询服务，其中，服务内容以项目前期决策咨询为主，项目实施阶段咨询为辅。

第二类：各行业的研究院、设计院以及咨询机构等。主管部门为国家各行业管理部门，承接业务范围涵盖从勘察设计到实施阶段的咨询服务。

第三类：企业性质的工程咨询机构，企业规模通常为中小型。承接业务范围涵盖投资建设项目的前期决策、勘察设计及实施阶段的咨询服务。该类工程咨询机构普遍具有相对科学的企业管理体制、运营体制和高效的员工激励机制，具有较为广阔的成长和发展空间，未来发展趋势良好。

### 1.3.2 我国工程咨询企业的现状

#### 1.3.2.1 企业数量

工程咨询单位资格等级分为甲级、乙级、丙级。各级工程咨询单位按照国家有关规定和业主要求依法开展业务。根据中国咨询行业协会发布的数据，截至2020年底，全国工程咨询单位数量已超19 000家，比“十二五”末翻了两番，从业人员达250万人，已进行执业登记的咨询工程师(投资)约7万人。国内工程咨询企业甲级资质企业数量占比最高，达到了68%，乙级和丙级资质企业数量基本相当，占比各约16%。

分地区来看，北京、广东、四川工程咨询企业数量均超过了1 000家，东部地区工程咨询企业数量占据了国内绝大部分市场份额，其中华东地区截至2020年底，工程咨询企业数量约4 000家。

#### 1.3.2.2 业务范围

我国工程咨询业务范围非常广泛，下游市场较为分散。近几年国内大力投入基础设施建设，一定程度上提升了公路、水利工程领域工程咨询业务的规模，2020年国内公路和水利工程领域工程咨询企业专业占比分别为13%和15%。

## 1.4 我国工程咨询行业的发展前景

工程咨询行业自形成之初就致力于服务全社会固定资产投资，其发展前景和市场空间与拉动经济增长的三驾马车之一的投资密切相关。我国固定资产投资总额由2016年的434 364亿元增长至2021年的552 884亿元，复合年均增长率为4.9%。随着全社会固定资产投资规模的增长，工程咨询行业的市场空间也将随之增长。

### 1.4.1 工程咨询行业总体规模将保持稳步增长

按照《中华人民共和国国民经济和社会发展第十四个五年规划和2035年远景目标纲

要》,第十四个五年规划及 2035 年远景是基本实现社会主义现代化。要实现这些宏伟目标,必将加大新型基础设施、新型城镇化、交通、水利等重大工程建设的投资力度,我国社会固定资产投资将在当前巨大体量基础上保持合理增长。同时,国家鼓励现代服务业的发展,注重工程师和高技能人才队伍的壮大。由此可见,未来几年,为固定资产投资提供专业服务的工程造价咨询行业仍将拥有广阔的市场空间,并获得有力的政策支持,从而保持行业总体规模的较快增长。

### 1.4.2　工程咨询行业将呈现大而强与小而专发展并行不悖的局面

目前,我国工程咨询企业数量众多,普遍规模偏小,市场集中度较低,同质化、碎片化咨询现象较为严重,不利于行业整体的转型升级。未来行业发展将会呈现大而强与小而专发展并行不悖的局面。随着产业链的拉长和社会分工的细化,综合型咨询企业与专业型咨询企业将产生大量的业务合作,以实现资源共享和优势互补。

### 1.4.3　科技赋能将推动工程咨询行业转型升级

目前,我国大土木行业工程咨询产业科技化水平并不高,建筑信息化渗透率仅为发达国家的 1/10,因而科技化敏感程度高、成长空间巨大。随着 BIM、大数据、云计算、人工智能、物联网等先进科技与传统业务不断融合,很多烦冗、耗时、简单重复的落后工作方式将被取代,工程咨询行业的生产效率和服务品质将得到显著提升,行业面临的人力成本上升压力也将有效缓解。在作为工具提升咨询产品效能的基础上,科技融合还将深度改变工程咨询行业的业务形态,推进产业互联网和数字化进程,并衍生出全新的工程管理科技服务产品,帮助行业向产业链新兴领域延伸。

### 1.4.4　工程咨询行业国际融合趋势加速

工程咨询行业的国际化进程分为两个维度:一是服务形态和模式将继续吸收、借鉴国外的成熟体系;二是在地理区域上服务境外项目的数量、投资规模将不断增长。由于国内市场空间较大,我国工程咨询企业普遍以实施本土业务为主,但近年来承揽的国际咨询项目不断增加。随着我国对“一带一路”沿线国家基础设施投资和产业开发向纵深推进,以及国内工程造价咨询企业综合实力的持续增强,工程造价咨询行业的国际化进程将逐步加快,发展空间将进一步扩大,并初步形成技术、管理和规则的输出。

### 1.4.5　资本助力工程咨询行业全方位提升

传统工程咨询行业主要以人为主,资本渗透度较低。工程咨询企业在发展全过程工程咨询业务、加速科技赋能、进行市场扩张或兼并重组以及进军海外市场的过程中,需要有雄厚的资本实力做保障。但传统的轻资产特性导致工程咨询企业难以通过间接融资获得快速发展所需的长期资金。随着国家提高直接融资比例以及推行资本市场注册制改革,补齐资金短板且符合条件的优质工程咨询企业将积极进行上市融资。工程咨询上市企业的增加,将带动行业的转型升级,并且增加行业的透明度、公众化水平和社会影响力,从而帮助行业实现全方位提升。

## 1.5 我国工程咨询业面临的问题

### 1.5.1 业务范围有待充实

受我国特殊国情影响,我国工程咨询服务在长期的建设过程中逐渐形成了分阶段分部门的特点。根据项目的建设过程,工程咨询业服务的过程大体上可分为:项目建设前期的策划、项目的可行性研究、勘察设计、招标和评标服务、合同谈判服务、施工管理(监理)、生产准备、调试验收与总结评价等。现阶段工程咨询单位主要集中在投资策划与可行性研究阶段,设计阶段还没有成形的咨询服务,而施工阶段由监理公司来承担建设项目的质量和工期的监督管理工作,造价环节由造价咨询公司来进行,其他阶段由其他单位完成,工程咨询单位的工作分开开展,由此很难实现全过程的控制与管理。

### 1.5.2 与发达国家相比仍有差距

发达国家的工程咨询行业发展已百年有余,已形成相对规范的市场环境,同时凭借其自身优良的管理模式、高素质的专家队伍垄断了工程咨询行业的国际市场。近年来,国内工程咨询行业的发展虽取得了一定的进步,但仍处于发展阶段,与国外先进工程咨询企业相比而言,仍存在较大差距,主要体现在以下几个方面:

(1)经营规模方面。国内工程咨询企业经营规模较小,服务产品单一,国外工程咨询企业经营规模较大,服务产品多元化。

(2)发展模式方面。国内工程咨询企业发展模式以企业自身规模壮大为主,国外工程咨询企业利用金融手段进行企业兼并重组。

(3)服务内容方面。国内工程咨询服务以管理咨询为主,国外工程咨询服务为管理咨询与技术咨询。

(4)服务能力方面。国内工程咨询企业以碎片化服务为主,提供全生命周期咨询服务的能力弱,国外工程咨询企业可提供全生命周期咨询服务。

(5)咨询手段方面。国内工程咨询企业高科技、新技术、信息化手段应用程度低,国外工程咨询企业高科技、新技术、信息化手段应用程度高。

(6)队伍建设方面。国内工程咨询企业复合型优秀咨询工程师缺乏,国外工程咨询企业拥有一大批设计、施工和工程管理经验丰富的咨询工程师。

(7)创新能力方面。国内工程咨询企业缺乏产品研发和创新能力,国外工程咨询企业以可持续建设指导工程咨询服务,积极开展创新研发。

(8)跨行业能力方面。国内工程咨询企业单一行业服务特征明显,跨行业能力较弱,国外工程咨询企业综合性强(可提供多元化、各种工程类型的咨询服务)。

(9)国际化程度方面。国内工程咨询企业以国内市场为主,国际化程度较低,国外工程咨询企业全球布点,积极参与国际合作,进行全球化服务。

(10)其他方面。国内工程咨询企业熟悉国情,了解国内政策及市场环境,易于沟通,同时,具有更多国内资源,有能力协助业主处理更多问题,国外工程咨询企业则可进行系统性问题一站式整合服务。

# 学习情境2　水利工程建设与管理概述

【学习情境描述】

基于水利工程建设和项目管理特点,按照有关政策和管理规定要求,合理确定水利建设工程项目管理的范围和内容。

【学习目标】

1. 了解水利工程项目管理的范围和目标。
2. 掌握水利工程项目管理的类型和任务。
3. 能合理确定水利建设工程项目管理的范围和内容。

【引导问题】

1. 水利工程建设的特点有哪些?
2. 水利工程咨询的类型有几类?
3. 中华人民共和国成立后,在中国共产党的领导下,我国水利建设和管理取得了哪些成就?

## 2.1　水利工程建设概述

### 2.1.1　水利工程相关概念

#### 2.1.1.1　水利

水利一词的使用具有悠久的历史。战国时《吕氏春秋》中的《孝行览·慎人》篇,提到"舜之耕渔,其贤不肖与为天子同。其未遇时也,以其徒属堀地财,取水利,编蒲苇,结罘网,手足胼胝不居,然后免於冻馁之患",在历史上第一次提出了"水利"一词,只是它讲的"取水利"系指捕鱼之利。而西汉时成书的《史记》,记载了上古时代到汉代开展农田水利建设的史实,并指出"自是之后,用事者争言水利"。"水利"一词自此被赋予了农田灌溉、防治洪水的含义。

水利的概念内涵随着社会的发展不断扩展。19世纪30年代,中国水利学界对水利的概念曾有过界定,认为防洪、排水、灌溉、水力、水道、给水、污渠、港工等应在水利的范畴之内。进入20世纪后半叶,水利中又增加了水土保持、水资源保护、环境水利等新内容,水利的含义更加广泛。中华人民共和国成立后,全国科学技术名词审定委员会对水利的定义为:对自然界的水进行规划、协调、管理、利用,以防汛抗旱,并对水资源实施开发和利用的各种活动。

#### 2.1.1.2　水利工程

根据《水利水电工程技术术语》(SL 26—2012),水利工程是指对自然界的地表水和地下水进行控制和调配,以达到除害兴利目的而修建的工程。水利工程的根本任务是除水害和兴水利:除水害主要是防止洪水泛滥和渍涝成灾;兴水利则是从多方面利用水资源为人民造福,包括灌溉、发电、供水、排水、航运、养殖、旅游、改善环境等。

不同的划分标准对水利工程有不同的分类,按照功能和作用划分,水利工程一般划分为公益性水利工程、经营性水利工程和综合性水利工程三大类。公益性水利工程是指主要承担防洪、排涝、水资源保护等社会公益性任务的水利工程;经营性水利工程是指承担城市供水、发电、水利旅游、水产养殖等经营性任务的水利工程;综合性水利工程是指既承担防洪、排涝、水资源保护等社会公益性任务,又有供水、水力发电等经营性任务的水利工程。

本书所指水利工程,泛指与水相关的工程建设项目。

## 2.1.2 水利工程建设特点

水利工程施工的最终成果是水利工程建筑产品。水利工程建筑产品与一般的工业产品不同,具有体形庞大、整体难分、不能移动等特点。同时,水利工程建筑产品还有着与其他工程建筑产品不同的特点。只有对水利工程建筑产品的特点及其生产过程进行研究,才能更好地组织建筑产品的生产,保证建筑产品的质量。

### 2.1.2.1 水利工程建筑产品的特点

1. 与一般工业产品相比

(1)具有固定性。水利工程建筑产品与其他工程建筑产品一样,是根据使用者的使用要求,按照设计者的设计图纸,经过一系列的施工生产过程,在固定点建成的。由于建筑产品的基础与作为地基的土地直接联系,因而建筑产品在建造中和建成后是不能移动的,建筑产品建在哪里就在哪里发挥作用。在有些情况下,一些建筑产品本身就是土地不可分割的一部分,如油气田、桥梁、地铁、水库等。固定性是建筑产品与一般工业产品的最大区别。

(2)具有多样性。水利工程建筑产品一般是由设计和施工部门根据建设单位(业主)的委托,按特定的要求进行设计和施工的。由于对水利工程建筑产品的功能要求多种多样,因而对每种水利工程建筑产品的结构、造型、空间分割、设备配置都有具体要求。即使功能要求、建筑类型相同,但由于地形、地质等自然条件不同以及交通运输、材料供应等社会条件不同,在建造时施工组织、施工方法也存在差异。水利工程建筑产品的这种特点决定了水利工程建筑产品不能像一般工业产品那样进行批量生产。

(3)具有庞体性。水利工程建筑产品是生产与应用的场所,要在其内部布置各种生产与应用必要的设备与用具,因而与一般工业产品相比,水利工程建筑产品体形庞大,占有广阔的空间,排他性很强。因其体形庞大,对环境的影响很大,所以必须控制建筑区位、密度等,建筑必须服从流域规划和环境规划的要求。

(4)具有高值性。能够发挥投资效用的任一项水利工程建筑产品,在其生产过程中都会耗用大量的材料、人力、机械及其他资源,其不仅体形庞大,而且造价高昂,动辄数百万元、数千万元、数亿元人民币,特大的水利工程项目的工程造价可达数十亿元、数百亿元,甚至几千亿元人民币。产品的高值性即其工程造价,关系到各方面的重大经济利益,同时会对宏观经济产生重大影响。

2. 与其他建筑产品相比

(1)水利工程建筑产品地下工程占比较大。水利工程建筑产品是建筑产品的一类,但与其他建筑产品(如工业与民用建筑、道路建筑等)又有所不同。主要特点是水利工程的地下工程(如水利工程中平洞、斜井、竖井、地下厂房等地下工程,以及导流洞、泄洪洞、灌溉洞等地下引水、泄水建筑物)比其他建筑工程占比大。

(2)水利工程建筑产品临时工程占比较大。水利工程的建设除建设必需的永久工程外,还需要建设一些临时工程,如围堰、导流建筑物、排水设施、临时道路等,大多都是一次性的,主要功能是为永久建筑物的施工和设备的运输安装服务。因此,临时工程的投资比较大,根据不同规模、不同性质,所占总投资比例一般为10%~40%。

#### 2.1.2.2 水利工程建筑产品施工的特点

1. 施工条件的艰巨性

江河上修建水利工程时,在施工期必须解决施工导流问题,以创造干地施工条件。施工进度往往要和洪水"赛跑",在特定期间内,需要加大施工强度,将建筑物抢修到拦洪高程。另外,深基坑、高边坡、复杂地基处理、山区施工等均显示了其施工的艰巨性。

2. 施工的流动性

水利工程建筑产品施工的流动性具有两层含义。

一层含义指水利工程建筑产品是在固定地点建造的,生产者和生产设备要随着建筑物建造地点的变更而流动,相应材料、附属生产加工企业、生产和生活设施也随之经常迁移。

另一层含义指由于水利工程建筑产品固定在土地上,与土地相连,在生产过程中,产品固定不动,人、材料、机械设备围绕着建筑产品移动,要从一个施工段移到另一个施工段,从水利工程的一部分转移到另一部分。这一特点要求通过施工组织设计使流动的人、机、物等相互协调配合,做到连续、均衡施工。

3. 施工的单件性

水利工程建筑产品施工的多样性决定了水利工程建筑产品的单件性。每项建筑产品都是按照建设单位的要求进行施工的,都有其特定的功能、规模和结构特点,所以工程内容和实物形态都具有个别性、差异性。而工程所处的地区、地段不同更增强了水利工程建筑产品的差异性,同一类型工程或标准设计,在不同的地区、季节及现场条件下,施工准备工作、施工工艺和施工方法不尽相同,所以水利工程建筑产品只能是单件产品,而不能按定型的施工方案重复生产。这一特点就要求施工组织设计编制者考虑设计要求、工程特点、工程条件等因素,制订出切实可行的水利工程施工组织方案。

4. 施工过程的综合性

水利工程建筑产品的施工生产涉及施工单位、业主、金融机构、设计单位、监理单位、材料供应部门、分包单位等多个单位、多个部门的相互配合,相互协助,这决定了水利工程建筑产品施工生产过程具有很强的综合性。

5. 施工受外部环境影响较大

水利工程建筑产品体形庞大,不具备在室内施工生产的条件,一般都要求露天作业,其生产受到风、霜、雨、雪、温度等气候条件的影响;水利工程建筑产品的固定性决定了其生产过程会受到工程地质、水文条件变化的影响,以及地理条件和地域资源的影响。这些外部因素对工程进度、工程质量、建造成本都有很大影响。这一特点要求水利工程建筑产品生产者提前进行原始资料调查,制定合理的季节性施工措施、质量保证措施、安全保证措施等,科学组织施工,使生产有序进行。

6. 施工过程具有连续性

水利工程建筑产品不能像其他许多工业产品一样可以分解成若干部分同时生产,而必须在同一固定场地上严格按程序连续生产,其上一道工序不完成,下一道工序就不能进行。水利工程建筑产品是持续不断的劳动过程的成果,只有全部生产过程完成才能发挥其生产能力或使用价值。一个水利工程建设项目从立项到使用要经历多个阶段和过程,包括设计前的准备阶段、设计阶段、施工阶段、使用前准备阶段(包括竣工验收和试运行)和保修阶段。这是一个不可间断的、完整的周期性生产过程,要求在生产过程中将各阶段、各环节、各项工作有条不紊地组织起来,在时间上不间断、空间上不脱节。要求生产过程的各项工作必须合理组织、统筹安排,遵守施工程序,按照合理的施工顺序科学地组织施工。

7. 施工生产周期长

水利工程建筑产品的体形庞大决定了建筑产品施工生产周期长,有些水利工程建设项目施工周期少则1~2年,多则3~4年、5~6年,甚至10年以上。因此,它必须长期大量地占用并消耗人力、物力和财力,要到整个生产周期完结才能出产品。因此,应科学地组织建筑生产,不断地缩短生产周期,尽快提高投资效益。

### 2.1.3　我国水利工程建设的发展

历史上,我国水利建设有着卓越的成就,积累了许多宝贵的施工经验。公元前250年以前修建的都江堰工程,按“乘势利导,因时能宜”的原则,发挥了防洪和灌溉的巨大作用。用现代系统工程的观点来分析,该工程在建筑物布局、施工措施等方面都是相当成功的。

中华人民共和国成立后,我国水利建设事业取得了辉煌的成就。在水利建设中,人们在江河干支流上加高加固和修建了大量的堤防,整治江河,提高了防洪能力;修建了官厅、佛子岭、大伙房、密云、岳城、潘家口、南山、观音阁、桃林口、江垭等大型水库,起到了防洪、蓄水作用;修建了三门峡、青铜峡、丹江口、满拉、乌鲁瓦提等一批防洪、蓄水综合利用工程。这些工程中有各种形式的高坝,使我国坝工技术有了飞跃发展。

在灌溉工程方面,修建的人民胜利渠是黄河下游第一个引黄灌溉渠。另外,还修建了淠史杭灌区、内蒙古引黄灌区、林县红旗渠、陕甘宁盐环定扬黄灌区、宁夏扬黄灌区等。在跨流域引水方面修建了东港供水、引滦入津、南水北调东线一期、引黄济青、万家寨引黄入晋等工程。我国取水、输水、灌溉技术已达到国际水平。

在防洪方面,修建和加高加固大江大河堤防26万km,兴建水库8.6万多座,总库容4 924亿$m^3$,初步控制了常遇洪水,保护了4亿多人、470座城市、5亿亩耕地和大量交通道路、油田等基础设施。中华人民共和国成立后,战胜了历次大洪水和严重的干旱灾害,黄河年年安澜。1998年大洪水,长江堤防保持安澜,松花江、嫩江主要城市和河段保证了安全。

在供水水源方面，兴建了大量蓄水、引水、扬水工程，抽用地下水，农业灌溉和城市工业供水水源已经初具规模，乡镇供水发展迅速，水利水电年供水能力达 5 800 亿 $m^3$。修建各种农村饮水工程 315 万处，解决了 2 亿多人和 1.3 亿头牲畜的饮水问题。

在水资源调配方面，兴建了一批流域控制性工程，以及跨流域调水工程，初步解决了区域水资源分布和城乡工农业用水的矛盾，缓解了国民经济和社会发展用水的需要。三峡工程和小浪底工程建成后，得到进一步缓解。

在水电建设中，修建了大国重器三峡工程，溪洛渡、乌东德等代表世界先进施工技术水平的大型水电站。在 300 m 级拱坝智能化建造技术、碾压混凝土坝和面板堆石坝施工技术、大体积混凝土温度控制技术等方面居于世界领先水平。还修建了数以万计的中小型水电站。目前，大中型水电站装机容量 6 400 多万 kW，年发电量约为 2 080 亿 kW·h。大型水电站供应了工业和城市用电，并支持灌溉用量。中小型水电站供应全国 1/3 的县、45%国土面积和 70%贫困山区的用电。三峡工程及西南诸多的水电工程建成后水电装机容量大幅度增加，并可联系全国电网，互相调剂。我国装机容量位居世界前列，在水电技术上达到国际水平，能修建各种类型、条件复杂的大型水电站。小浪底、二滩工程的大断面导流洞开挖技术，长江三峡工程深水大流量截流高挡水标准高填筑围堰技术，小浪底工程在复杂地质条件下深 82 m 的混凝土防渗墙施工技术，天生桥一级水电站工程高混凝土面板堆石坝施工技术，在喀斯特和复杂地层中的高压水泥灌浆技术，南水北调中线工程大型渠道衬砌机施工、膨胀土处理技术，大型渡槽、倒虹吸预应力施工技术，以及二滩、乌江渡、三峡采用不同岩石为料源的人工砂石料加工技术等的研究应用，使我国水利水电施工技术得到了较快发展。

## 2.2 水利工程建设管理概述

### 2.2.1 项目管理相关概念

#### 2.2.1.1 建设项目

在《工程造价术语标准》(GB/T 50875—2013)中，建设项目是指按一个总体规划或设计进行建设的，由一个或若干个互有内在联系的单项工程组成的工程总和。而根据《建设工程项目管理规范》(GB/T 50326—2017)的定义，建设项目是指为完成依法立项的新建、扩建、改建工程而进行的，有起止日期的，达到规定要求的一组相互关联的受控活动，包括策划、勘察、设计、采购、施工、试运行、竣工验收和考核评价等阶段。

#### 2.2.1.2 建设项目管理

建设项目管理的含义有多种表述，《建设工程项目管理规范》(GB/T 50326—2017)对建设项目管理做了如下的解释："运用系统的理论和方法，对建设工程项目进行的计划、组织、指挥、协调和控制等专业化活动，简称为项目管理。"

英国皇家特许建造师学会(CIOB)对其做了如下的定义：项目开始至项目完成，通过项目策划和项目控制，以使项目的费用目标、进度目标和质量目标得以实现。该定义得到了许多国家和行业组织的认可,在建设项目管理界具有相当的权威。

一般而言,建设项目管理内容涉及建设项目全过程各阶段的策划与管理,包括项目前期决策、勘察设计、招标采购、施工、竣工和运营维护等阶段。具体内容包括项目全过程的策划管理、计划统筹、报建报批、勘察管理、设计管理、合同管理、投资管理、招标采购管理、现场实施管理、参建单位管理、验收管理等;也涉及建设项目的各个利益、责任相关方的管理,包括投资人、咨询单位、承包人、运营单位、政府和银行等的管理。

建设项目管理的核心任务是为建设项目增值,其增值主要表现在两个方面:一是为工程项目建设增值;二是为项目使用(运行)增值。项目建设增值包括:确保项目建设安全、提高项目工程质量、有利于投资(成本)控制、有利于进度控制等;项目使用增值包括:确保项目使用安全,有利于环保、节能,满足最终用户的使用功能,有利于降低项目运行成本,有利于项目维护等。

### 2.2.2　水利工程建设项目管理

水利工程建设要从实际出发,遵循自然规律和管理的科学性。

我国古代工程建设中,积累了丰富的工程建设管理经验,在工程建设的管理上均达到相当高的水平。如公元前 3 世纪战国时代蜀郡守李冰父子主持设计修建的四川都江堰水利工程,实践了项目管理系统的思想,是最早的水利工程全过程管理实践的体现。宋代水工高超在黄河治堤工程中首创的“三节下埽合龙法”处处体现出项目管理优化的思想。公元 13 世纪的元代科学家郭守敬修浚京城附近的通惠河、清代康熙年间著名治黄专家陈璜改造北运河都体现了项目管理的统筹思想。李诫的《营造法式》中完整的劳动定额的计算方式体现了造价控制思想,“勒工名”体现了工程质量管理思想,而“都料匠”或“匠师”制度,颇有“项目经理责任制”的意味。古代水利工程建设多采用行政化、军事化或准军事化管理方式。中华人民共和国成立后,我国工程项目管理的实践活动得到了很大发展,创造了许多项目管理的经验,并进行了总结。如飞来峡水利枢纽、枕头坝一级水电站,按照“建管合一”原则实施建设管理,积累了丰富的实践经验。

项目管理作为一门学科和一种特定的管理方法,最早出现在美国,他是伴随着实施和管理大型项目的需要而产生的。当时,大型的建设项目,复杂的科研项目,军事项目和航天项目的出现,使人们认识到,由于项目的一次性和约束条件的确定性,要取得成功,必须加强项目管理,引进科学管理思想、理论和方法。于是项目管理作为一门学科出现。

随着我国经济发展的需要,建设事业得到迅速发展,许多大规模的水利工程项目实践活动都取得了成功。但我国长期的项目实践活动并没有系统地上升为工程项目管理理论和科学。20 世纪 80 年代我国首先从德国和日本引进了项目管理理论,之后美国和世界银行的项目管理理论及实践经验随着文化交流和项目建设陆续传入我国。招标投标承包制的推广过程就是项目管理理论的应用和发展过程。1987 年开始推广的鲁布革经验,使我国项目管理实践和理论研究跨上了一个新台阶。1988 年开始试行的建设监理和施工项目管理至今已取得很大成就,转入推广阶段。

#### 2.2.2.1　水利工程建设项目管理概念

水利工程建设项目管理是指以水利工程建设项目为管理对象,为实现其特定的建设目标,在项目建设周期内对有限资源进行计划、组织、协调、控制的系统管理活动。水利工程建设项目管理是具有行业特点的建设项目管理,它不同于其他非项目管理活动,具有如下特征:①管理的目标明确,即高效率地实现工程项目的建设目标,它是检验项目管理成败的标志。②实行项目经理负责制。③用系统工程的理论和方法对建设项目进行科学的系统管理。

#### 2.2.2.2　水利工程建设项目管理的任务

水利工程建设项目管理有多种类型,不同的工程项目管理任务不完全相同,但主要内容有以下几方面:

(1)项目组织协调。是实现工程项目目标必不可少的方法和手段。主要内容包括外部环境协调、项目参与单位之间的协调和项目参与单位内部的协调。

(2)合同管理。包括合同的签订和合同的管理。

(3)进度管理。包括合同的科学决策、计划的优化编制和实施的有效控制。

(4)投资(费用)管理。包括编制投资计划、审核投资支出、分析投资变化的情况,研究减少投资的途径和采取投资控制措施。

(5)质量管理。

(6)风险管理。随着项目规模的不断扩大和技术的复杂化,项目面临的风险越来越多。要保证项目的投资效益,就必须对项目风险进行定量的分析和评价,以提出风险防范对策,形成一套有效的项目风险管理程序。

(7)信息管理。在项目进展的全过程中,动态地对项目进行规划,迅速正确地进行决策,并及时地检查决策执行情况。

(8)环境保护。

#### 2.2.2.3　水利工程建设项目管理的类型

(1)业主方的项目管理(OPM)。业主方参与项目管理全过程,包括项目实施阶段的各个环节。由于项目的一次性特点,业主方自行进行的项目管理具有很大的局限性,不符合市场经济下资源的优化配置和动态管理要求。

(2)工程建设总承包方的项目管理。业主做出项目决策之后,通过招标择优选定总承包单位,由其全面负责工程项目的实施。总承包方必须在合同条件的约束下,依靠自身的技术和管理优势或实力通过优化设计及施工方案,按质按量全面完成工程项目任务。

(3)设计方的项目管理。设计单位受业主委托承担工程项目的设计任务后,根据设计合同界定的工作目标及责任义务,对建设项目设计阶段的工作进行的自我管理。设计单位通过设计项目管理,对建设项目的实施在技术和经济上进行全面、详尽的安排。

(4)施工方的项目管理。施工单位通过投标取得工程施工合同,并以合同界定的工程范围,组织项目管理。目标体系:质量(quality)、成本(cost)、工期(delivery)、安全和现场标准化(safety)。显然,这一目标既和建设的目标相联系,又带有很强的施工企业项目管理的自主性特征。

(5)物资供应方的项目管理。

(6)全过程工程咨询方的项目管理,是对工程建设项目投资、质量、进度、安全、合同、信息等主要总控目标的管理,主要包括工程项目建设阶段的项目策划、报建报批、勘察管理、设计管理、合同管理、投资管理、进度管理、招标采购管理以及质量、计划、安全、信息、沟通、风险、人力资源等的管理与协调。

#### 2.2.2.4 水利工程项目管理的全寿命周期

《水利工程建设程序管理暂行规定》(2019 年修正)明确了水利工程建设基本程序包括:项目建议书、可行性研究报告、施工准备、初步设计、建设实施、生产准备、竣工验收、后评价等 8 个阶段。每一阶段的工作深度,决定着后一阶段的发展,彼此相互联系和相互制约。每一阶段包括若干环节,各阶段之间的各项工作不能颠倒,但是可以交叉搭接进行。

工程项目的全生命周期是指从提出项目建设意向,进行项目决策到项目竣工验收、投入运行的全过程。工程项目的全生命周期包括项目的决策阶段、实施阶段和使用阶段。项目的实施阶段包括设计前的准备阶段、设计阶段、施工阶段、动用前准备阶段和保修期。

水利工程项目管理是工程管理(professional management in construction)的一个部分,如图 2-1 所示。在整个工程项目全寿命中,决策阶段的管理是 DM(development management),可译为项目前期的开发管理;实施阶段的管理是 PM(project management),即项目管理;使用阶段(或称运营阶段)的管理是 FM(facility management),即设施管理。

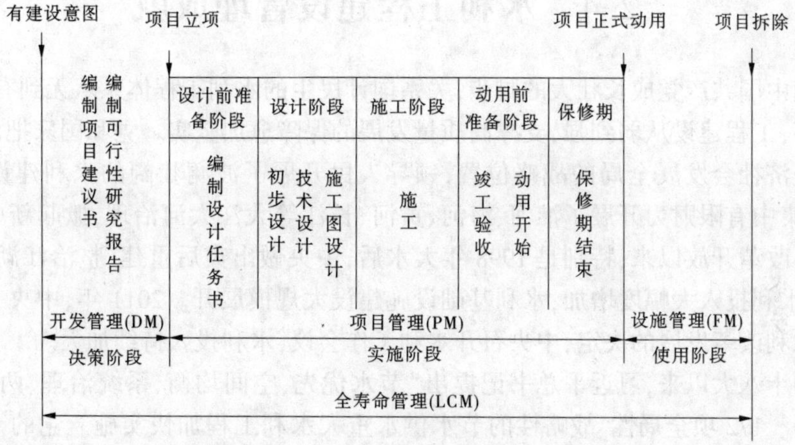


图 2-1 水利工程项目管理的全寿命周期

## 2.3 水利工程管理机制

管理机制就是采取什么样的组织结构、管理手段和管理方法达到想要达到的管理目的,其核心是管理机构的设置。管理机制的建立主要依靠体制和制度。所谓体制就是从组织结构上规定了上级部门和下级部门之间、单位和单位之间、单位各部门之间的相互关系和所担负的职责及相应的权利,同时还规定了各单位和部门之间如何进行相互协调。所谓制度,既包括国家和地方政府制定的法律、法规,也包括组织内部和部门内部制定的各项规章制度。

管理机制的运行形式一般可划分为三种:一种是行政-计划式的运行机制,就是采取计划、行政的手段把各个部分统一起来;一种是指导-服务式的运行机制,就是以指导、服务的方式去协调各部分之间的相互关系;一种是监督-服务式的运行机制,就是以监督、指导的方式去协调各部门之间的关系。采用何种形式进行管理,要根据不同的形势并结合实际情况来选择。

我国的水利工程管理机制由水利部按照国务院的授权对水资源实行统一管理,国务院有关部委根据各自的职责分工协助水利部进行水资源管理工作。长江、黄河、淮河等七大流域机构为水利部的派出机构,代表水利部行使所在流域的水行政管理职能。各省(直辖市)所属水利厅(局)对所属行政区域的水资源进行管理,受各省(直辖市)人民政府和水利部的双重领导。

按照水利工程隶属关系,水利工程管理机构分为中央直属机构、部直属机构和地方管理机构三个层次。中央直属机构包括水利部、国家发展和改革委员会、自然资源部、财政部、住房和城乡建设部、国家防汛抗旱总指挥部、农业农村部、各省市人民政府等。水利部直属机构包括七大流域机构,各省(直辖市)水利厅、自然资源厅、财政厅、农业农村厅、生态环境厅等。地方管理机构包括各市县水利局、自然资源局、财政局、生态环境局等。

## 2.4 水利工程建设管理成就

伴随中国共产党成长壮大的脚步,关系国计民生的水利工程体系从无到有,工程数量由少到多,工程建设从弱到强,支撑高质量发展的保障愈加坚实。党和国家把治水兴水摆在关系经济社会发展全局的战略位置,领导人民开展了波澜壮阔的水利建设。1950 年起,国家集中有限财力开展了淮河、海河、黄河、长江等大江大河治理,掀起新中国水利建设高潮。改革开放以来,特别是 1998 年大水后,中央做出灾后重建、整治江湖、兴修水利的决定,水利投入大幅度增加,水利基础设施建设大规模展开。2011 年,中央一号文件做出加快水利改革发展的决定,中央召开水利工作会议,水利投入持续加大。

党的十八大以来,习近平总书记提出"节水优先、空间均衡、系统治理、两手发力"的治水思路。172 项全局性、战略性的节水供水重大水利工程加快实施。党的十九大报告把水利摆在九大基础设施网络建设之首,重大水利工程建设进入新的历史机遇期。涉及防洪减灾、水资源优化配置、水生态保护修复等内容的 150 项重大水利工程有序推进。

目前,我国已基本建成较为完善的江河防洪、农田灌溉、城乡供水等水利工程体系,水利工程规模和数量跃居世界前列。各类水库从新中国成立前的 1 200 多座增加到近 10 万座,总库容从 200 多亿 $m^3$ 增加到 9 000 多亿 $m^3$,5 级以上江河堤防达 30 多万 km,是中华人民共和国成立之初的 7 倍多,大江大河干流基本具备了防御中华人民共和国成立以来最大洪水的能力。水资源"南北调配、东西互济"配置格局逐步形成,全国水利工程供水能力达 8 700 多亿 $m^3$。

我国水利工程建设实现从跟跑、并跑到领跑,坝工技术达到国际领先水平。适应市场经济要求的水利工程建设管理体制机制逐步建立,由单一的财政预算内拨款逐渐转变为以政府投资为主导、社会投资为补充的多元化、多层次、多渠道的新格局。工程建设管理专业化、市场化水平进一步提高,项目法人责任制、招标投标制、建设监理制、合同管理制全面推行,水利建设市场准入制度和市场监管体制日趋完善。重大水利工程质量得到国内外充分肯定,13 个水利枢纽获得国际大坝委员会里程碑工程奖。重大水利工程护江河安澜、保百姓安宁,为区域协调发展提供了水资源保障,强力支撑着受水区和水源区经济社会发展,也为贫困地区打赢脱贫攻坚战、全面建成小康社会以及实施乡村振兴战略提供了强有力的水资源支撑,彰显了国之重器的使命与担当,书写出一个百年大党的为民情怀。

# 学习情境3 水利工程全过程工程咨询概述

【学习情境描述】

基于水利工程全过程工程咨询服务“1+N”模式,确定水利工程全过程咨询服务范围和内容,编制水利工程全过程工程咨询服务的内容,合理选择各专项服务。

【学习目标】

1. 熟悉我国工程全过程工程咨询相关文件政策。
2. 掌握水利工程全过程工程咨询的概念、服务范围和内容。
3. 能合理确定工程全过程工程咨询综合性服务内容。
4. 能合理选择专项服务内容。

【引导问题】

1. 简述水利工程全过程工程咨询服务的范围。
2. 简述水利工程全过程工程咨询服务“1+N”模式及“1”和“N”的内容。

## 3.1 国内外全过程工程咨询的发展

### 3.1.1 国外全过程工程咨询发展

工程咨询业是近代工业化的产物,发展历程分为三个阶段:个体咨询阶段、合伙咨询阶段、综合咨询阶段。个体咨询阶段,工程师一般以个体为单位独自承接相关的工程咨询;合伙咨询阶段,工程师一般以合伙公司为单位承接相关的工程咨询;综合咨询阶段,工程咨询不再仅仅局限于专业咨询,进而扩展到了综合咨询阶段。

1955年,国际咨询工程师联合会(FIDIC)成立,这标志着工程咨询业的成熟和规范发展。自20世纪70年代开始,国际项目管理热潮不断涌现,使得国际工程咨询业的外延不断扩大,跨越到新的台阶。自进入21世纪以来,战略咨询和全生命周期咨询已在国际工程咨询业建立,工程咨询业走向综合型、国际化,突破了以技术为核心的狭义服务,向融资、建设和经营领域延伸,并逐渐成为大型工程咨询公司的主营业务,如EPC模式(设计—采购—施工)和项目管理承包模式(PMC)。

### 3.1.2 国内全过程工程咨询发展

#### 3.1.2.1 我国工程咨询业面临的问题

改革开放后,我国工程咨询业务发展迅速,但由于起步较晚,基础薄弱,和发达国家相比,还存在一些不足。

1. 专业分割明显

改革开放已经40余年,但计划经济模式对工程咨询行业的影响依然存在。其中一个重要方面，是政府主管或主导的咨询业务分割长时间存在，咨询企业专业严格分化，综合性咨询能力普遍欠缺。尽管大多数建设项目委托了各阶段、各个专业门类的工程咨询业务，但各项咨询服务之间彼此分割，甚至相互掣肘的现象较为突出。

2. 分阶段服务为主

国内传统的工程咨询委托方式以分阶段委托为主，可研、初步设计、施工图设计、招标代理、招标控制价编制、监理、施工、全过程造价咨询等各项服务由工程业主单位分别委托，各服务方均以阶段性成果为服务目标，而对项目的高性价比交付终极目标却未给予专门关注，具有一定全过程咨询意味的代建制、项目管理虽有推行，但并未成为主流，即便少数项目采用，也由于专业集成度低，作用有限。

随着国内建设投资主体愈加重视项目建设效率，他们愈加希望获得更集成、更专业的工程咨询服务，业内企业开始策划和实践全过程工程咨询服务模式，也得到了部分业主的响应和认同。近年来，在党中央国务院强调简政放权、依靠市场主体的总体指导思想下，国家发展和改革委员会、住房和城乡建设部等部门开始启动部署全过程工程咨询推进落地工作。

#### 3.1.2.2　我国鼓励发展全过程工程咨询

1. 工程造价领域较早开展“全过程”服务

鼓励发展全过程工程咨询，一方面促进我国工程咨询行业的转型升级；另一方面也是践行工程建设全过程项目管理的理念。作为全过程工程咨询的一个重要组成部分，我国工程造价领域较早地实践了“全过程”的服务理念。

2014年颁发的《建筑工程施工发包与承包计价管理办法》(中华人民共和国住房和城乡建设部令第16号)明确指出，“国家推广工程造价咨询制度，对建筑工程项目实行全过程造价管理”，首次从国家规章层面推行建设项目全过程造价管理。

2017年9月，《住房城乡建设部关于加强和改善工程造价监管的意见》(建标〔2017〕209号)发布，文件再次强调“积极培育具有全过程工程咨询能力的工程造价咨询企业，鼓励工程造价咨询企业融合投资咨询、勘察、设计、监理、招标代理等业务开展联合经营，开展全过程工程咨询，设立合伙制工程造价咨询企业”。自此，全过程工程造价管理已经成为行业趋势，有利于建设项目全生命周期的成本控制，也对工程造价咨询企业提出了更高的要求。

2. 工程建设领域“全过程咨询”的发展

(1)《关于促进建筑业持续健康发展的意见》。2017年2月，印发《关于促进建筑业持续健康发展的意见》(国办发〔2017〕19号)中倡导：培育全过程工程咨询。鼓励投资咨询、勘察、设计、监理、招标代理、造价等企业采取联合经营、并购重组等方式发展全过程工程咨询，培育一批具有国际水平的全过程工程咨询企业。制定全过程工程咨询服务技术标准和合同范本。政府投资工程应带头推行全过程工程咨询，鼓励非政府投资工程委托全过程工程咨询服务。在民用建筑项目中，充分发挥建筑师的主导作用，鼓励提供全过程工程咨询服务。在建筑工程全产业链中首次明确了“全过程工程咨询”这一理念，政府投资工程将带头推行全过程工程咨询，鼓励非政府投资项目和民用建筑项目积极参与。

(2)《关于开展全过程工程咨询试点工作的通知》。2017年5月，住房和城乡建设部印发《关于开展全过程工程咨询试点工作的通知》(建市〔2017〕101号),选择北京、上海、江苏、浙江、福建、湖南、广东、四川8省(市)以及40家企业开展全过程工程咨询试点,探索全过程工程咨询管理制度和组织模式,为全面开展全过程工程咨询积累经验。随后,相关省市积极响应,浙江、广东、湖南、福建等地相应出台开展全过程工程咨询的试点工作通知,对全过程工程咨询的范围、资质要求、委托方式、收费标准和制度完善都提出了要求。

(3)《工程咨询行业管理办法》。2017年11月,国家发展和改革委员会颁布了《工程咨询行业管理办法》,进一步规范和肯定了全过程工程咨询管理工作的先进性和创新性,提倡使用多种方式创新全过程工程咨询服务模式。

(4)《关于推进全过程工程咨询服务发展的指导意见》。2019年3月15日,国家发展和改革委员会、住房和城乡建设部印发《关于推进全过程工程咨询服务发展的指导意见》(发改投资规〔2019〕515号),对房屋建筑和市政基础设施领域推进全过程咨询服务有关工作提出明确要求。要求各地方政府、行业协会和相关单位及企业按照《关于推进全过程工程咨询服务发展的指导意见》要求,结合实际认真贯彻落实,积极引导和鼓励工程决策和建设采用全过程工程咨询。这是国家层面发布的具体推进全过程工程咨询的正式指导意见。该指导意见将全过程工程咨询服务划分为投资决策综合性咨询和工程建设全过程咨询。

投资决策综合性咨询,由国务院投资主管部门负责指导,综合性工程咨询单位接受投资者委托,提供就投资项目的市场、技术、经济、生态环境、能源、资源、安全等影响可行性的要素,结合国家、地区、行业发展规划及相关重大专项建设规划、产业政策、技术标准及相关审批要求进行的分析研究和论证,为投资者提供决策依据和建议。

工程建设全过程咨询,由国务院住房和城乡建设主管部门负责指导,全过程咨询单位提供招标代理、勘察、设计、监理、造价、项目管理等全过程咨询服务,满足建设单位一体化服务需求,增强工程建设过程的协同性。全过程咨询单位应当以工程质量和安全为前提,帮助建设单位提高建设效率,节约建设资金。

尽管全过程工程咨询目前仅在建筑等行业推行,但作为一种管理创新具有普适价值,为水利工程推行全过程工程咨询提供了有力借鉴。

## 3.2 水利工程全过程工程咨询服务内容

### 3.2.1 水利工程全过程工程咨询相关概念

根据目前国家和有关省(自治区、直辖市)的最新政策文件,并参考FIDIC等有关国际专业组织惯例,水利工程全过程工程咨询的相关概念包括以下几个。

(1)全过程工程咨询服务(life-cycle engineering consulting services)。工程咨询方综合运用多学科知识、工程实践经验、现代科学技术和先进管理方法,采用多种服务方式组合,为委托方在项目投资决策、工程建设和运营维护等阶段持续提供局部或整体解决方案的智力性服务。

(2)专项咨询服务(specialized consulting services)。为项目提供的专业分类咨询服务,包括项目管理、规划咨询、投资决策咨询、投融资咨询、工程勘察、工程设计、招标采购咨询、工程造价咨询、工程监理、工程保险咨询、运营维护咨询以及建筑信息模型(BIM)咨询等服务。

(3)项目负责人(project leader)。咨询单位法定代表人在全过程工程咨询项目上的授权委托代理人,具有与全过程工程咨询业务相适应的业绩和能力,负责履行全过程工程咨询合同的工程咨询服务机构负责人。

(4)专项咨询服务负责人(specialized consulting services leader)。工程项目某专项咨询的责任人,对项目负责人负责。

(5)工程项目 (project)。为完成使用政府资金或企业自有资金等新建、扩建、改建工程而进行的、有起止日期的、达到规定要求的一组相互关联的受控活动,包括投资决策、建设实施和运营维护等阶段。

(6)项目管理(project management)。为实现项目目标而进行的全过程或阶段性管理服务。

注:项目管理可包括项目策划、勘察设计管理、合同管理、招标采购管理、施工管理、工程监理、设备监理、验收交付等。

(7)委托方(clients)。委托全过程工程咨询的一方,及其合法继承人和允许的受让人。投资决策和工程建设阶段通常称建设单位,运营维护阶段通常称运行单位。

(8)工程咨询方(engineering consultant)。能够在项目投资决策、工程建设、运营维护阶段为委托方提供全过程工程咨询服务的独立法人单位或其联合体,也可以是为委托方提供某一专项咨询服务的独立法人单位或其联合体。通常称咨询单位或受托方。

### 3.2.2 水利工程全过程工程咨询的服务范围和内容

#### 3.2.2.1 服务范围

水利工程全过程工程咨询的服务范围是投资项目的全生命周期,包括:决策阶段、实施阶段和运营阶段。

#### 3.2.2.2 服务内容

全过程工程咨询采用“1+N”模式,服务内容是项目全过程的策划、管理、控制和协调工作。一般从项目策划阶段开始,由全过程工程咨询服务受托方统筹考虑项目各种因素,以项目综合性咨询为主轴,合理选择项目全周期的专项咨询服务内容。

“1”为项目综合性咨询,是以技术咨询服务为支撑,协助委托人在项目前期、建设、运行等各阶段开展各项工作的管理和技术咨询,保障工程各节点工作顺利推进,实现工程任务目标,具体任务可包括但不限于项目策划、项目报建报批验收、合同、进度、投资、安全、质量、信息、风险、勘察设计与技术等综合性管理咨询服务。项目综合性咨询是全过程工程咨询服务的必选项。

“N”为项目各专项咨询,包括但不限于项目策划阶段(项目融资咨询、前期阶段勘察、项目建议书、专题报告、项目可行性研究等),项目设计阶段(设计阶段勘察、初步设计、招标设计、施工图设计等),项目建设阶段(造价、招标、采购、工程监理等),运行维护阶段(项目后评价、运行维护咨询等),以及数字化建设等其他专项咨询。各专项咨询是全过程工程咨询的可选项,根据项目实际情况选择组合。具体见表3-1。

表3-1 水利水电项目全过程工程咨询服务内容选择表

| 类别 | 阶段 | 咨询服务内容 |
|---|---|---|
| “1”:综合性咨询 | □全周期 | □综合性咨询 |
| “N”:各专项咨询 | □项目策划阶段 | □项目融资咨询 □前期阶段勘察 □项目建议书<br>□专题报告 □可行性研究<br>□评估咨询(项目建议书评估咨询、专题报告评估咨询、可行性研究评估咨询等)<br>(按照实际服务需要填写) |
| | □项目设计阶段 | □设计阶段勘察 □初步设计 □招标设计 □施工图设计<br>□评估咨询(初步设计评估咨询、施工图设计评估咨询等)<br>(按照实际服务需要填写) |
| | □项目建设阶段 | □招标(采购) □工程造价 □工程监理 |
| | □运行维护阶段 | □工程运行维护 □项目后评价 |
| | □其他咨询 | □数字化建设<br>□其他服务(水土保持监测、安全监测、环境监测、质量检测、建设征地移民(搬迁)安置监督评估、法务咨询等)<br>(按照实际服务需要填写) |

1. 综合性咨询

综合性咨询服务宜从项目策划阶段开始,贯穿工程全周期,一般由下列内容构成:

(1)项目策划。协助委托方开展初期项目建设必要性分析,拟定项目建设目标、组织模式、进度计划等。建立项目咨询管理制度体系,明确工程推进各项工作的主要任务和难点,依法依规制定解决措施,对资金、招标(采购)、项目报建报批、合同、进度、质量等进行管理咨询,供委托方参考使用。

(2)项目报建报批验收管理。协助委托方开展各专项成果的咨询、审查和复核,协助完成项目报批报建的备案、审批工作,协助开展项目选址、建设用地、用电许可、水土保持、环境影响评价、移民(搬迁)安置、开工备案、工程质量安全监督等报建报批或备案手续,协助做好法人验收、政府验收申请、试运行方案备案、工程移交和成果归档等工作。

(3)合同管理。协助策划合同总体结构,拟定合同文件,参与合同文件的评审。协助开展合同谈判、合同签订、合同终止管理,参与合同变更处理、合同纠纷与索赔及其他合同重大问题的技术咨询。协助检查各参建单位合同履约情况,编制合同管理总结报告。

(4)进度管理。协助分析和论证项目总进度,编制项目总控制性进度计划,审核各阶段、各参建单位的总进度计划、阶段性进度计划,协助检查项目计划执行情况。分析进度偏差影响,帮助委托方调整和优化总控计划;协助开展工程停、复工,工期变更等工作。

(5)安全管理。协助制定安全管理目标,编制安全管理方案及制度,审核各专项报告中的安全措施及建议。协助检查各参建单位建立安全生产责任制、建立健全安全管理体系,开展建设期安全生产检查。协助制订水利工程安全文明标准化工地建设方案,开展安全隐患排查和安全事故的调查与处理。协助编制工程度汛方案及试运行计划,检查各参建单位度汛措施落实情况。

(6)质量管理。协助委托方建立质量管理体系,审查各参建单位资质,组织评审各专项成果报告,并提出评估、优化、深化意见。协助委托方进行工程质量管理和项目法人委托检测,参与重大技术方案评审,参与质量缺陷和质量事故处理,提出合理化建议和意见。

(7)投资管理。协助委托方审查项目投资估算、设计概算,审查施工图预算、工程量清单及最高投标限价。协助编制项目资金使用计划并动态控制、调整,协助开展工程计量审查、合同价款支付、设计变更管理、概算调整等工作,协调各参建单位编制完工结算报告,配合做好竣工决算审计工作。

(8)信息管理。协助建立信息分类和识别体系,制定信息管理制度并组织实施。协助开展检查各参建单位档案资料整理和移交工作,做好各工程信息化管理平台填报工作,配合完成档案验收。

(9)风险管理。协助编制风险管理方案,组织或协助开展各专项成果对项目目标控制的风险分析,提出风险管理的对策与建议;协助开展项目建设阶段、运行维护阶段的风险识别、风险评估,制订风险预防和控制措施预案,对风险源进行动态管理。

(10)勘察设计与技术管理。建立勘察设计与技术管理制度;协助确定设计需求与功能需求,监督管理工程勘察设计进度、质量和投资,控制工程变更;重点把控与工程质量、安全和投资有关的技术方案,确保经济适用、安全可靠、方便实施。

2.专项咨询

专项咨询服务具体包括水利水电项目涉及的各类专项咨询服务内容,一般由下列内容构成:

(1)项目融资。编制项目融资方案,具体分析项目的资金来源、资金组成的可靠性和融资结构的合理性,以及项目融资成本及融资风险。协助委托方进行项目融资谈判。

(2)项目建议书。开展项目建议书编制或咨询,协助委托方确定项目建设必要性、可行性等,供委托方选择并确定是否进行下一步工作。

(3)专题报告。包括但不限于选址论证、规模论证、节能评估、社会稳定风险评估、水利水电项目移民安置规划、防洪影响评价、水土保持、环境影响评价和航道通航条件影响评价等。专题报告服务内容应按照国家、省、市、县有关规定执行。

(4)可行性研究。开展可行性研究报告编制或咨询,从技术、经济、工程等方面进行调查研究和分析比较,并对项目建成以后可能取得的财务收益、经济效益及社会影响进行预测,结合国家、地区、行业发展规划及相关重大专项建设规划、产业政策、技术标准及相关审批要求进行分析研究和论证,为投资者提供决策依据和建议。

(5)工程勘察。根据规范要求,编写各阶段勘察实施方案,经委托方同意后开展建设项目的现场勘察工作,一般包括工程前期阶段勘察、设计阶段勘察。

(6)工程设计。按照规范要求,根据可行性研究报告批复相关内容,结合项目进展情况要求,编制初步设计、招标设计、施工图设计等相应成果,或工程设计各阶段的咨询工作。

(7)招标(采购)。根据项目需要,按照国家、省、市、县现行的有关规定组织建立招标(采购)管理制度,确定招标采购方案,组织开展招标(采购)工作。

(8)工程造价。根据项目需要,开展编制或审核项目投资估算、项目设计概算、施工图预算,以及项目发包、承包,施工,竣(完)工等阶段的相关造价咨询服务。

(9)工程监理。根据相关规范要求,做好工程建设期监理服务,履行监理职责,协助委托方做好项目管理工作,确保项目顺利实施。

(10)工程运行维护。建设项目完工交付后,协助工程运行单位开展运行期监测、运行方案编制、标准化创建与管理等工作。

(11)项目后评价。按照有关评价方法要求,收集各方对工程的评价,编写自评价报告,客观反映工程建设完成情况。

(12)数字化建设。在项目投资决策、勘察设计、建设、运行维护等阶段,运用5G、物联网、BIM等信息化技术,开展数字化应用,数字化建设包括但不限于信息化、智慧化管理系统,智慧工地,智慧运维,BIM应用等。

(13)其他咨询。专项咨询还可包括但不限于水土保持监测、安全监测、环境监测、质量检测、建设征地移民(搬迁)安置监督评估、法务咨询以及工程通水验收、机组启动验收、工程导(截)流验收、蓄水验收、竣工验收等阶段咨询与服务。

## 3.3 水利工程全过程工程咨询的要点

水利工程项目建设按基本程序规定共划分为8个阶段。每个阶段都有着其特殊性和复杂性。全过程工程咨询单位在开展具体工作时,要结合水利类项目的特点有针对性地进行策划并组织实施。

### 3.3.1 前期决策阶段的控制要点

水利类工程项目在前期决策阶段的咨询工作是相当重要的,它对整个水利类工程项目的实现都有比较重大的影响,甚至关系到项目的成败。比如,不同线路、不同地址的选择,将直接影响工程投资额和工期目标;不同施工方法的选择,将直接影响工程实施难度,直接关系到工程质量与安全风险因素的大小,同样也决定着投资和工期目标。因此,该阶段是全过程工程咨询充分发挥作用、体现咨询价值与成效的重要工作阶段。

首先,全过程工程咨询方应依据建设方对项目的功能需求,对项目的实施进行认真策划,对影响工程目标的内容进行充分调研和方案比选,确定方案最优、造价可控、安全可靠的实施方案。对关键内容,依据全过程工程咨询单位自身的经验,或通过组织专家会、调研对比类似项目等方式,给予建设方专业与技术上的可行性建议。全过程工程咨询方介入管理工作的时间应尽可能早,介入项目工作后,介入的深度应尽可能深,认真贯彻"以目标为导向,贯穿全过程""以运营为导向,贯穿全过程"的全过程工程咨询的核心理念,这样才能充分发挥咨询工作的效用。

其次,对水利类项目各类风险的预控也是该阶段的核心内容。在此阶段咨询方应结合水利工程经验,针对工程涉及的拆迁、移民、勘察、工程方案和施工方案的潜在风险做好预案,采取预控措施。水利工程项目的特点是不确定因素多,因此全过程工程咨询要坚决贯彻“以风险预控为导向,贯穿全过程”的全过程工程咨询核心理念,在前期做好风险策划与预控,体现咨询方工作价值。

### 3.3.2　招标采购阶段的控制要点

由于水利类项目的特殊性,不论是工程勘察设计、工程咨询类其他服务内容承包单位,还是工程施工承包单位,承包单位的实施能力和重视程度直接决定了项目实施的效果。与实施能力有关联的内容包括专业匹配度、类似工程经验、管理团队、设备能力、后援支持团队、单位对项目重视程度、投入的资源和人员力量等。大中型项目,建议选择有实力的大中型企业,尽量减少标段的划分,有利于发挥大企业整体优势和实力,实现规模经济;减少协调界面,提高工效、缩短工期;提高全面履约能力并降低风险;有利于统一验收移交。此外,水利项目的机电设备,往往是非标产品,设备制造、运输和安装都有其特殊要求,且制造周期较长,策划不周甚至影响整个工程建设工期。因此,招标采购前,全过程工程咨询单位需要做细市场调查,与建设单位一起坚持择优的指导原则。

围绕上述原则,招标采购工作开展过程中,设计管理的重点是技术要求编制、招标清单项目完整性审核、清单特征描述审核等,造价管理的重点是计价标准确定、合同条款策划、清单项目完整性审核、清单项目单价审核、主要清单项目工程量审核等,监理管理工作的重点是合同条款策划、确定施工组织方案、参与确定措施项目计价原则等。

### 3.3.3　勘测设计阶段的控制要点

水利类项目全过程工程咨询在勘测设计阶段的重要工作是将工程项目勘测设计大纲、项目建议书、可行性研究报告、初步设计报告、专题报告、科研报告、招标文件技术条款及招标图纸等内容要求,充分研究分析,形成内容翔实、依据充分、功能需求与定位明确无误的勘察设计任务书,指导勘测设计单位编制勘测设计大纲,并由全过程工程单位联合业主审批,监督勘测设计单位按批准的勘测设计大纲完成各阶段勘测设计文件,同时依据水利类行业的发展趋势,充分运用先进的信息化技术来实现工程目标。

勘测设计阶段是直接决定一个工程功能、经济、实施进度、后期运营等方面的核心阶段,全过程咨询方应与勘测设计单位进行充分沟通,确保设计意图能够在后续施工过程中得到完整的体现。勘测设计阶段,全过程工程咨询单位的工作原则:①严控勘测,全过程深度介入勘察过程,严控勘测成果质量,保障设计依据的可靠性;②限额设计,在设计初期开展限额设计,从源头上对工程总投资进行把控;③比选评审,落实设计方案比选制度与专家评审制度,确保方案的科学性与可实施性;④深化设计,打造最适用于本工程的设计方案,为施工顺利推进和后期运营保驾护航。

主要咨询工作管控的重点:①设计管理,包括充分了解使用需求、重大技术方案把控、精细化审核;②造价管理,包括限额设计、概算审查、材料设备档次确定、类似项目指标分析、重要材料设备市场调研;③工程监理,施工难易程度对工期和造价影响分析、施工进度安排对造价影响分析、设计选用的材料设备采购便利性分析。

### 3.3.4 施工阶段的控制要点

工程施工阶段是将建设单位需求、设计文件等直接转换为工程实体的过程,全过程工程咨询机构的工程监理人员是对接工程施工工作的主要团队,监理工作与现场施工紧密配合,直接把控工程质量、安全、进度及造价等。因此,在此阶段,咨询方投入的专业管理人员必须与工程施工内容的多少和难易匹配。

同时,水利类项目的施工期通常较长,在整个漫长施工过程中,质量、安全、进度、造价、环境等方面易受到各种因素影响而发生变化,如汛期、暴雨等自然因素的影响较为明显,致使实际施工与规划设计方案出现差异。这时,全过程咨询方应全阶段准确地计算实际发生的工作量,严谨地采取多种措施控制工程变更和成本,配合设计咨询,在设计管理方面严格审核设计变更,从源头上来控制整个工程的造价成本。

另外,当前环境下水利工程的全过程咨询模式由于各地的建设方不同、法规政策不同,其工作的主要范围、介入全阶段工作管理的深度、拥有的管理权限都不尽相同,如何最大化地发挥全过程咨询的优势,尚有探讨与发展的空间。

工程施工阶段,设计管理的重点包括控制使用需求变化、关注技术标准更新、审核工程变更技术合理性等,造价管理的重点包括投资指标动态分析、合理编制资金计划、进度款审核、变更签证审核等,工程监理除上述基本工作外还有重点把控施工方案审核优化、形象进度确认等工作。

### 3.3.5 验收移交阶段的控制要点

竣工验收移交通常是水利工程项目建设全过程的最后一个程序,由于水利工程的特殊性,其竣工后运营成效及设计功能的实现是建设方最关注的内容之一。

在该阶段,全过程工程咨询机构需要充分展现出自身专业技术能力与管理能力,严格检查工程建设是否符合设计、规范与合同要求,拟竣工验收和移交的产品是否合格,所使用的建筑材料品牌档次是否合规等。对于部分有特殊需要的水利类项目,全过程工程咨询方应高效地组织工程试运行,把工程后期可能遇到的运营问题提前暴露,并及早解决,让使用方没有后顾之忧。试运营期间,重点关注功能(引水流量、污水处理能力等)是否达到预定目标,输水管道运行监测、泵站运行监测、分析存储数据、输水管线设施设备的保护等是否正常。

其间,设计管理的重点包括复核设计变更完整性(变更减少项);造价管理的重点包括编制结算策划方案,重点抽查主要结算项目质量,全面检查结算文件完整性和规范性等;监理管理的工作重点包括审查结算文件真实性,确保结算文件时效性等。

## 3.4 我国相关政策文件

我国相关政策文件如表 3-2~表 3-5 所示。

**表3-2　国家级文件**

| 文号 | 政策发布机关 | 文件名称 |
| --- | --- | --- |
| 国办发〔2017〕19号 | 国务院办公厅 | 《关于促进建筑业持续健康发展的意见》 |
| 国办函〔2019〕92号 | 国务院办公厅 | 《关于完善质量保障体系提升建筑工程品质指导意见的通知》 |

**表3-3　部委级文件**

| 文号 | 政策发布机关 | 文件名称 |
| --- | --- | --- |
| 发改投资〔2012〕1546号 | 国家发展和改革委员会 | 《关于鼓励和引导工程咨询机构服务民间投资的实施意见》 |
| 建市综函〔2017〕12号 | 住房和城乡建设部建筑市场监管司 | 《住房城乡建设部建筑市场监管司2017年工作要点》 |
| 建市设函〔2017〕62号 | 住房和城乡建设部 | 《关于征求在民用建筑工程中推进建筑师负责制指导意见(征求意见稿)的函》 |
| 建市〔257〕101号 | 住房和城乡建设部 | 《关于开展全过程工程咨询试点工作的通知》 |
| 建市〔2017〕137号 | 住房和城乡建设部等部门联合发布 | 《贯彻落实促进建筑业持续健康发展意见》 |
| 建市〔2017〕145号 | 住房和城乡建设部 | 《关于促进工程监理行业转型升级创新发展的意见》 |
| 建市监函〔2018〕9号 | 住房和城乡建设部建筑市场监管司 | 《关于征求推进全过程工程咨询服务发展的指导意见(征求意见稿)和建设工程咨询服务合同示范文本(征求意见稿)意见的函》 |
| 发改投资规〔2019〕515号 | 国家发展和改革委员会、住房和城乡建设部 | 《关于推进全过程工程咨询服务发展的指导意见》 |
| 国家发展和改革委员会令2017年第9号 | 国家发展和改革委员会 | 《工程咨询行业管理办法》 |
| 建司局函市〔2020〕199号 | 住房和城乡建设部建筑市场监管司 | 《关于征求全过程工程咨询服务合同示范文本(征求意见稿)意见的函》 |

**表3-4　省级文件**

| 文号 | 政策发布机关 | 文件名称 |
| --- | --- | --- |
| 晋建市字〔2019〕73号 | 山西省住房和城乡建设厅 | 《关于加快培育我省全过程工程咨询企业的通知》 |
| 辽政办发〔2017〕89号 | 辽宁省人民政府办公厅 | 《关于促进建筑业持续健康发展的实施意见》 |
| 吉建办〔2018〕28号 | 吉林省住房和城乡建设厅 | 《关于推进全过程工程咨询服务发展的指导意见》 |

续表 3-4

| 文号 | 政策发布机关 | 文件名称 |
| --- | --- | --- |
| 冀建质安〔2019〕7 号 | 河北省住房和城乡建设厅 | 《推动工程监理企业转型升级创新发展的指导意见》 |
| 黑建函〔2017〕376 号 | 黑龙江省住房和城乡建设厅 | 《关于开展全过程工程咨询试点工作的通知》 |
| 黑建函〔2018〕461 号 | 黑龙江省住房和城乡建设厅 | 《关于全过程工程咨询试点企业承接业务范围的通知》 |
| 苏建建管〔2016〕730 号 | 江苏省住房和城乡建设厅 | 《关于推进工程建设全过程项目管理咨询服务的指导意见》 |
| 苏建科〔2017〕526 号 | 江苏省住房和城乡建设厅 | 《江苏省开展全过程工程咨询试点工作方案》 |
| 苏建科〔2018〕940 号 | 江苏省住房和城乡建设厅 | 《江苏省全过程工程咨询服务合同示范文本(试行)》《江苏省全过程工程咨询服务导则(试行)》 |
| 苏发改投资发〔2019〕655 号 | 江苏省住房和城乡建设厅 | 《关于推进综合性全过程工程咨询服务发展的通知》 |
| 闽建科〔2017〕36 号 | 福建省住房和城乡建设厅、发展改革委、财政厅 | 《福建省全过程工程咨询试点工作方案》 |
| 闽建科〔2017〕48 号 | 福建省住房和城乡建设厅 | 《关于加强工程总承包和全过程工程咨询试点项目管理工作的通知》 |
| 浙政发〔2011〕90 号 | 浙江省人民政府 | 《关于加快建筑业转型升级进一步推进建筑强省建设的意见》 |
| 浙建发〔2017〕208 号 | 浙江省住房和城乡建设厅 | 《浙江省全过程工程咨询试点工作方案》 |
| 浙建〔2018〕24 号 | 浙江省住房和城乡建设厅、浙江省市场监督局 | 《浙江省建设工程咨询服务合同示范文本》(258 版) |
| 浙发改基综〔2019〕324 号 | 浙江省发展改革委、浙江省住房和城乡建设厅 | 《关于贯彻落实〈国家发展改革委住房城乡建设部关于推进全过程工程咨询服务发展的指导意见〉的实施意见》 |
| 浙发改基综〔2019〕368 号 | 浙江省发展改革委、住房和城乡建设厅 | 《浙江省推进全过程工程咨询试点工作方案》 |
| 浙发改基综〔2021〕65 号 | 浙江省发展改革委、水利厅 | 《关于印发〈浙江省水利水电项目全过程工程咨询服务管理指南(试行)〉的通知》 |
| 湘建设函〔2017〕446 号 | 湖南省住房和城乡建设厅 | 《关于印发湖南省全过程工程咨询试点工作方案和第一批试点名单的通知》 |
| 湘建设〔2018〕17 号 | 湖南省住房和城乡建设厅 | 《关于印发全过程工程咨询工作试行文本的通知》 |

续表 3-4

| 文号 | 政策发布机关 | 文件名称 |
| --- | --- | --- |
| 豫建设标〔2018〕44 号 | 河南省住房和城乡建设厅 | 《河南省全过程工程咨询试点工作方案(试行)》 |
| 鲁政办发〔2017〕57 号 | 山东省人民政府办公厅 | 《关于贯彻国办发〔2017〕9 号文件促进建筑业改革发展的实施意见》 |
| 粤建市〔2017〕167 号 | 广东省住房和城乡建设厅 | 《广东省全过程工程咨询试点工作实施方案》 |
| 粤建市商〔2018〕26 号 | 广东省住房和城乡建设厅 | 《建设项目全过程工程咨询服务指引(咨询企业版)(征求意见稿)》和《建设项目全过程工程咨询服务指引(投资人版)(征求意见稿)》 |
| 桂建发〔2018〕2 号 | 广西壮族自治区住房和城乡建设厅 | 《广西全过程工程咨询试点工作方案》 |
| 桂建发〔2018〕20 号 | 广西壮族自治区住房和城乡建设厅 | 《关于印发广西壮族自治区房屋建筑和市政工程全过程工程咨询服务招标文件范本(试行)的通知》 |
| 宁建(建)发〔2018〕31 号 | 宁夏回族自治区住房和城乡建设厅 | 《全过程工程咨询试点工作方案》 |
| 川建发〔2017〕11 号 | 四川省住房和城乡建设厅 | 《四川省全过程工程咨询试点工作方案》 |
| 川办发〔2019〕54 号 | 四川省人民政府办公厅 | 《关于推动四川建筑业高质量发展的实施意见》 |
| 云政办发〔2017〕85 号 | 云南省人民政府办公厅 | 《关于促进建筑业持续健康发展的实施意见》 |
| 皖政办〔2017〕97 号 | 安徽省人民政府办公厅 | 《安徽省人民政府办公厅关于推进工程建设管理改革促进建筑业持续健康发展的实施意见》 |
| 建市〔2018〕138 号 | 安徽省住房和城乡建设厅、发展改革委等部门联合发文 | 《安徽省开展全过程工程咨询试点工作方案》 |
| 内建工〔2018〕544 号 | 内蒙古自治区住房和城乡建设厅 | 《关于开展全过程工程咨询试点工作的通知》 |
| 陕建发〔2018〕388 号 | 陕西省住房和城乡建设厅 | 《关于开展全过程工程咨询试点的通知》 |
| 陕建发〔259〕007 号 | 陕西省住房和城乡建设厅 | 《陕西省全过程工程咨询服务导则(试行)》《陕西省全过程工程咨询服务合同示范文本(试行)》 |
| 津建设〔2018〕226 号 | 天津市住房和城乡建设委员会 | 《关于印发 2018 年工程建设标准和勘察设计管理工作要点的通知》 |
| 渝府办发〔2018〕95 号 | 重庆市人民政府 | 《关于进一步促进建筑业改革与持续健康发展的实施意见》 |

表 3-5　协会有关文件

| 文号 | 政策发布机关 | 文件名称 |
|---|---|---|
| 中建〔2019〕23 号 | 中国建设监理协会 | 《关于进一步推进全过程工程咨询服务工作的通知》 |
| 浙咨监协〔2019〕16 号 | 浙江省全过程工程咨询与监理管理协会 | 《关于印发〈建设项目全过程工程咨询企业服务能力评价办法(试行)〉的通知》 |
| 杭咨监协〔2019〕7 号 | 杭州市全过程工程咨询与监理行业协会 | 《关于印发〈杭州市全过程工程咨询与监理企业信用等级评价管理办法(试行)〉的通知》 |
| 中国工程咨询协会 2021 年第 3 号 | 中国工程咨询协会 | 《水利水电工程全过程工程咨询服务导则》 |

# 第 2 篇　水利工程全过程工程咨询

## 学习情境 4　水利工程项目前期咨询

【学习情境描述】

基于全过程工程咨询的前期工程咨询任务和内容,合理确定前期咨询文件编制的程序、审查程序、报批程序,编制前期咨询文件。

【学习目标】

1. 了解前期工程咨询的范围。
2. 掌握前期工程咨询的任务和内容、编制及审查程序。
3. 能进行前期工程咨询文件(项目建议书、可行性研究报告)的编制。

【引导问题】

1. 请简述前期咨询服务的主要内容。
2. 请简述前期咨询形成的成果。

【任务书】

小组合作,编制完成《××工程可行性研究报告》。具体要求如下:

1. 工程背景:自行设计。
2. 服务模式:"1+N"模式。
3. 服务范围、服务内容:自行设定。

【工作计划】

学生根据工作任务划分填写表 4-1。

表 4-1　学生工作任务分工表

班级:　　　　指导老师:

组号:　　　　组　　长:

| 序号 | 工作内容 | 负责人(姓名) |
|---|---|---|
| 1 | | |
| 2 | | |
| 3 | | |
| 4 | | |
| 5 | | |
| 6 | | |

【工作准备】

1. 各组派代表阐述工作计划。

2. 各组对其他组的工作计划提出自己不同的看法。

3. 教师结合大家的完成情况进行点评,选出最佳方案。

【工作实施】

各组按计划完成工作任务。

【评价反馈】

学生进行自评,评价自己是否能完成全过程咨询服务前期咨询的相关知识学习;是否能合作完成《××工程可行性研究报告》的编制任务,编制质量如何等(见表 4-2)。

**表 4-2 学习过程评价表**

| 班级/组号: | | 学号/姓名: | | | |
|---|---|---|---|---|---|
| 序号 | 任务 | 分值 | 自评 | 互评 | 师评 |
| 1 | 工作效率:任务是否按计划时间完成 | 5 | | | |
| 2 | 工作质量:内容合理、文稿通顺、格式符合规定 | 10 | | | |
| 3 | 学习情况:相关知识学习完成情况 | 10 | | | |
| 4 | 引导问题:掌握情况 | 15 | | | |
| 5 | 文献索引:查阅、甄别、整理、引用资料能力 | 10 | | | |
| 6 | 工作态度:态度端正,无无故缺勤、迟到、早退 | 5 | | | |
| 7 | 创新意识:积极参与小组讨论,思路拓展情况 | 15 | | | |
| 8 | 语言表达:过程汇报、结果展示、汇报参与情况 | 10 | | | |
| 9 | 合作能力:小组成员合作交流、协调工作情况 | 10 | | | |
| 10 | 职业素养:自律、严谨、敬业、社会责任等 | 10 | | | |
| 合计 | | 100 | | | |

各组代表展示作品,介绍任务的完成过程。作品展示前应准备阐述材料,并完成评价(见表 4-3)。

**表 4-3 学习总评表**

| | | | |
|---|---|---|---|
| 总评 | 自评(20%)+互评(20%)+师评(60%) | 综合得分 | 教师(签名): |
| | | | |

# 4.1 水利项目建议书咨询

水利水电工程项目建议书是国家基本建设程序中的一个重要阶段。项目建议书被批准后,将作为列入国家中长期经济发展计划和开展可行性研究工作的依据。

项目建议书应根据国民经济和社会发展规划与地区经济发展规划的总要求,在经批准(审查)的江河流域(区域)综合利用规划或专业规划的基础上提出开发目标和任务,对项目的建设条件进行调查和必要的勘测工作,并在对资金筹措进行分析后,择优选定建设项目和项目的建设规模、地点和建设时间,论证工程项目建设的必要性,初步分析项目建设的可行性和合理性。

项目建议书编制一般由政府委托有相应资格的设计(咨询)单位承担,并按国家现行规定权限向主管部门申报审批。项目建议书被批准后,由政府向社会公布,若有投资建设意向,应及时组建项目法人筹备机构,开展下一建设程序工作。

编制项目建议书应贯彻国家的方针政策,按照有关技术标准,根据国土空间规划、国家和地区经济社会发展规划的要求,论证建设该工程项目的必要性,提出开发任务,对工程的建设方案和规模进行分析论证,评价项目建设的合理性。重点论证项目建设的必要性、建设规模、投资和资金筹措方案。对涉及国民经济发展和规划布局的重大问题应进行专题论证。

### 4.1.1 编制依据

编制项目建议书应以批准的江河流域(河段)、区域综合规划或专业、专项规划为依据。

项目建议书应按照《水利水电工程项目建议书编制规程》(SL/T 617—2021)编制。

### 4.1.2 主要内容

(1)论证项目建设的必要性,基本确定工程任务及综合利用工程各项任务的主次顺序,明确本项目开发建设对河流上下游及周边地区其他水工程的影响。

(2)基本确定工程场址的主要水文参数和成果。

(3)基本查明影响工程场址(坝址、闸址、厂址、站址等)和输水线路比选的主要工程地质条件,初步查明主要建筑物的工程地质条件,初步评价存在的主要工程地质问题。对天然建筑材料进行初查。

(4)基本选定工程规模、工程等级及设计标准和工程总体布局。

(5)开展工程相关范围的节水分析,初步形成节水分析结论及建议。

(6)基本选定工程场址(坝址、闸址、厂址、站址等)和线路,基本选定基本坝型,初步选定工程总体布置方案及其他主要建筑物型式。

(7)拟定水力机械、电气和金属结构的主要设备型式与布置,拟定工程信息化建设任务及系统功能。

(8)基本选定对外交通运输方案,基本选定施工导流方式和料场,拟定主体工程主要施工方法和施工总布置及总工期。

(9)初步确定建设征地范围,初步查明主要实物,提出移民安置初步规划。

(10)分析工程建设对主要环境保护目标的影响,提出环境影响分析结论、环境保护措施。

(11)分析工程建设对水土流失影响,初步确定水土流失防治责任范围、水土保持措施体系及总体布局。

(12)基本确定管理单位的类别,拟订工程管理方案,初步确定管理范围和主要管理设施。

(13)编制投资估算。

(14)分析工程效益、费用和贷款能力,初步提出资金筹措方案,初步评价项目的经济合理性和财务可行性。

### 4.1.3 项目建议书附件

(1)有关规划的审查审批意见及与工程有关的其他重要文件。

(2)相关专题论证、审查会议纪要和意见。

(3)水文分析报告。

(4)工程地质勘察报告。

(5)项目建设必要性和规模论证专题报告。

(6)建设征地与移民安置规划专题报告。

(7)贷款能力测算专题报告。

(8)其他重要专题报告。

### 4.1.4 编制程序

项目建议书的编制工作流程为:全过程工程咨询单位组建项目组—专业咨询工程师收集资料与踏勘现场—专业咨询工程师编制项目建议书—总咨询工程师工程审核项目建议书—投资人确定项目建议书—投资人/全过程工程咨询单位申报项目建议书—投资主管部门审批项目建议书。流程如图 4-1 所示。

### 4.1.5 质量要求

(1)要充分了解国家与地方的相关法规政策,紧密结合行业特点开展论证,项目建设目标要与国家、地区、部门、行业的宏观规划目标一致。

(2)经过考察调研所得资料数据一定要准确、可靠,要有较强的说服力。

(3)项目建议书内容应完整,文字要简练。要坚持实事求是的原则,对拟建项目的各要素进行认真的调查研究,并据实进行测算分析。

(4)要提出项目建设的必要性和开发任务,评价项目建设的合理性。

(5)要初步提出建设项目在工程技术、征地移民、节能、环境等方面存在的问题和解决措施。

(6)要初步提出建设项目可能存在的洪水、工程地质、工程技术、征地移民、环境、财务和社会等方面风险,提出针对性的规避或应对措施。

(7)要初步提出技术方案、组织实施、移民安置、环境保护、融资、社会影响等方面的意见和建议。

(8)建设项目实施中,初步提出需要有关方面协调和政策支持的意见和建议。

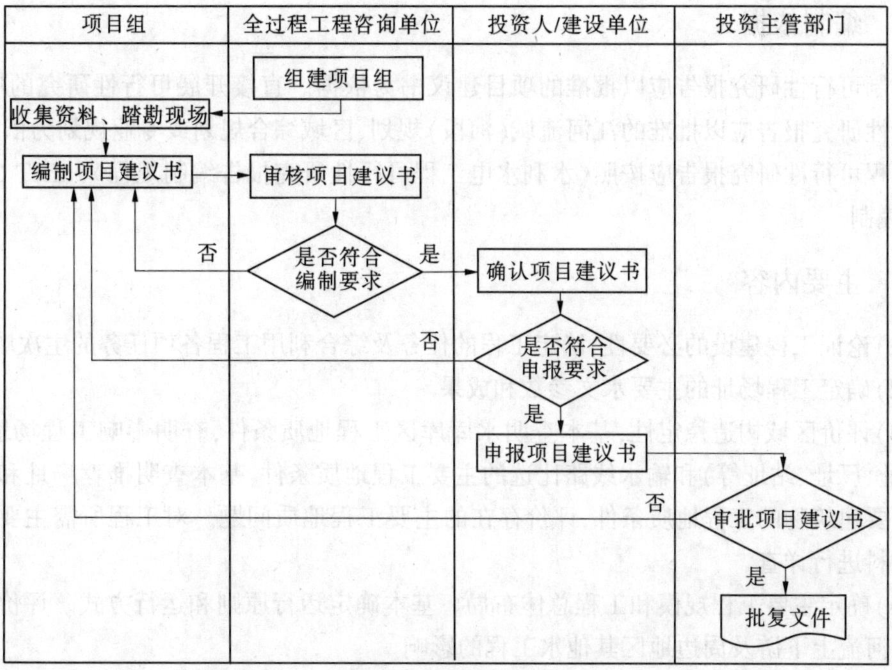


**图 4-1　建设项目建议书编制工作管理流程**

### 4.1.6　审查要点

项目建议书是要求建设某一具体项目的建设性文件，是投资决策前对拟建项目的轮廓设想，影响着项目全过程和各个方面，是项目建设程序中的一个重要环节，其审查要点主要概括为以下 3 个方面。

(1)项目的意义及必要性。重点阐述项目应用领域和符合国家及地方相关产业发展规划的基本情况。

(2)规模合理性。项目规模要与市场、资金能力、产能经济性、主要原料及能源供应、环境承载力相匹配。

(3)市场前景及经济效益分析。说明项目经济效益分析材料，项目建成后每年市场占有率情况预测及依据，预计每年收入、利率及财务费用、税率及税收优惠计算方法等。特别是涉及国民经济重大项目(包括重大技术改造项目)，除要进行财务评价的初步分析外，还要进行国民经济评价的初步分析，以便于对拟建项目是否需要进行深入的可行性研究做出宏观决策。

## 4.2　水利项目可行性研究咨询

可行性研究应对项目进行方案比较，对在技术上是否可行和经济上是否合理进行科学的分析和论证。经过批准的可行性研究报告,是项目决策和进行初步设计的依据。

## 4.2.1 编制依据

编制可行性研究报告应以批准的项目建议书为依据。直接开展可行性研究的项目,其可行性研究报告应以批准的江河流域(河段)规划、区域综合规划或专业规划为依据。

工程可行性研究报告应按照《水利水电工程可行性研究报告编制规程》(SL/T 618—2021)编制。

## 4.2.2 主要内容

(1)论证工程建设的必要性,确定工程的任务及综合利用工程各项任务的主次顺序。

(2)确定工程场址的主要水文参数和成果。

(3)评价区域构造稳定性,基本查明水库库区工程地质条件,查明影响工程场址(坝址、闸址、厂址、站址等)和输水线路比选的主要工程地质条件,基本查明推荐场址和输水线路主要建筑物的工程地质条件,评价存在的主要工程地质问题。对工程所需主要天然建筑材料进行详查。

(4)确定主要工程规模和工程总体布局。基本确定运行原则和运行方式。评价项目建设对河流上下游及周边地区其他水工程的影响。

(5)开展水资源利用建设类工程相关范围的节水评价,确定节水目标、节水指标和节水措施。

(6)选定工程场址和输水线路等。

(7)确定工程等级及设计标准,选定基本坝型,基本选定工程总体布置及其他主要建筑物的型式。

(8)基本选定水力机械、电气、金属结构、采暖通风及空气调节等系统设计方案及设备型式和布置。初步确定消防设计方案和主要设施。

(9)选定对外交通运输方案、施工导流方式,基本选定料场、导流建筑物的布置、主体工程主要施工方法和施工总布置,提出控制性工期和分期实施意见,基本确定施工总工期。

(10)确定建设征地范围,查明各类实物,基本确定农村移民生产安置和搬迁安置规划,明确城(集)镇迁建方式和迁建新址,对重要企(事)业单位开展资产补偿评估工作,对重要专项设施开展典型设计,明确防护工程等级和防护方案。

(11)对主要环境要素进行环境影响预测评价,确定环境保护措施。

(12)对主体工程设计进行水土保持评价,基本确定水土流失防治责任范围、水土保持措施、水土保持监测方案。

(13)基本确定劳动安全与工业卫生的主要措施。

(14)初步确定工程的能源消耗种类和数量、能耗指标、设计原则,基本确定节能措施。

(15)确定管理单位类别及性质、机构设置方案、管理范围和主要管理设施等。

(16)基本确定工程信息化建设任务和系统功能。

(17)编制投资估算。

(18)分析工程效益、费用和贷款能力,提出资金筹措方案,分析主要经济评价指标,评价工程的经济合理性和财务可行性。

(19)分析社会稳定风险因素,提出相应的防范和化解措施,以及采取措施后的社会稳定风险等级建议。

(20)提出工程建设可行性研究的主要结论,综述存在的主要问题和风险并提出解决措施或风险规避措施,简述下阶段有关工作建议。

### 4.2.3　可行性研究报告附件

(1)项目建议书批复文件及与工程有关的其他重要文件。

(2)相关专题论证、审查会议纪要和意见。

(3)水文分析报告。

(4)工程地质勘察报告。

(5)建设征地与移民安置规划报告。

(6)环境影响评价专题报告。

(7)水土保持方案报告书。

(8)贷款能力测算专题报告。

(9)其他重大关键技术专题报告。

### 4.2.4　编制程序

在项目可行性报告编制阶段,其流程为:全过程工程咨询单位组建项目组—专业咨询工程师收集资料、踏勘现场—专业咨询工程师编制项目可行性研究报告—总咨询工程师审核可行性研究报告—投资人确认项目可行性研究报告—投资人/全过程工程咨询单位申报项目可行性研究报告—投资主管部门审批项目可行性报告,如图 4-2 所示。

### 4.2.5　质量要求

(1)可行性研究报告应能充分反映项目可行性研究工作的成果,内容齐全,结论明确,数据准确,论据充分,满足决策者定方案、定项目的要求。

(2)可行性研究报告中选用的主要设备的规格与参数应能满足预订货要求。

(3)可行性研究报告中的重大技术与经济方案应有两个以上方案以便于比选。

(4)可行性研究报告中确定的主要工程技术数据应能满足项目初步设计要求。

(5)可行性研究报告构造的融资方案应能满足银行等金融机构信贷决策需要。

### 4.2.6　审查要点

项目可行性研究由可行性研究主体对政治、法律、经济、社会、技术等影响因素进行具体调查、研究,分析项目的必要性、可行性,统筹考虑影响项目可行性的各种要素。在满足内容齐全、数据准确、论据充分、结论明确的要求下,为决策者定方案、定项目提供依据,从

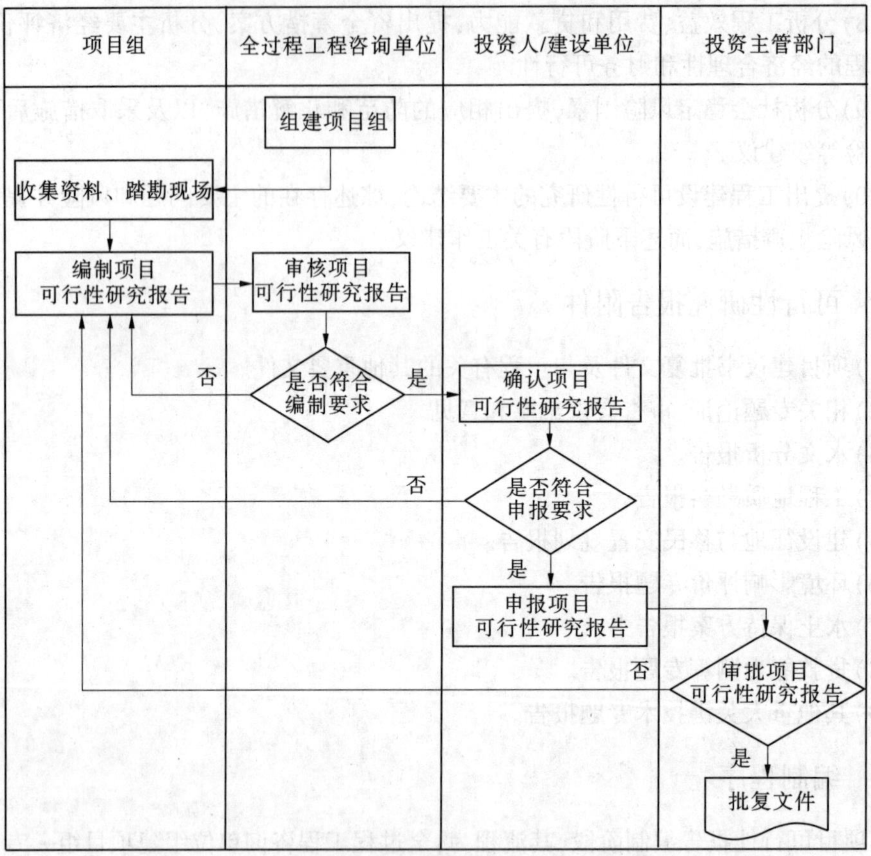


**图 4-2　可行性研究报告编制工作管理流程**

项目投资决策和审批角度,确定其审查要点,主要概括为以下 5 个方面。

#### 4.2.6.1　投资必要性

对于政府投资项目,主要根据市场调查及预测结果,以及有关的区域规划和产业政策等因素,针对项目投资建设的必要性开展论证。

对于企业申报项目,一是对构成投资环境的各种要素进行全面的分析论证;二是做好市场研究,包括市场供求预测、竞争力分析、定位及营销策略论证。

#### 4.2.6.2　建设方案可行性

主要从项目实施的技术角度合理设计建设方案,方案中应当包含建设项目的规模、建筑经济与技术指标、功能、标准和绿色建筑等内容,并进行比选和评价。对确定的工程技术数据和建设方案要达到方案设计的深度,并能指导初步设计的进行。

#### 4.2.6.3　投融资可行性

对于政府项目,应从项目和投资角度,考虑土地、资金、建设方案、实施进度等因素,合理确定投资并满足项目决策不同阶段对经济评价的要求。经评审批准后的投资估算应作为设计概算编制的限额指标。投资估算中主要消耗量和有关技术经济指标应作为项目设计限额的重要参照依据。

应从企业财务的角度对企业申报项目进行资本预算,以评价项目的财务盈利能力并开展投资决策,同时,要从融资主体(企业)角度评价投资收益、现金流量计划及债务清偿能力。此外,如有银行贷款等非政府资金融资的方式,应能满足项目资金筹措与使用计划对投资数额、币种和时间的要求,并满足银行等金融机构信贷决策需求。

#### 4.2.6.4　风险因素控制可行性

主要对项目的市场、技术、经济、法律、生态环境、能源、资源、安全及社会等风险因素进行专项评价,制定规避风险的对策,满足可行性论证的要求,为项目投资决策风险控制提供依据。针对不同影响因素,对专项评价展开分析,包括但不限于:环境影响评价、节能评价、社会稳定风险分析、水土保持方案评价、安全评价、地质灾害危险性评价、交通影响评价等。

#### 4.2.6.5　经济可行性

应从资源配置角度衡量项目价值,评价项目在实现区域经济发展目标,有效配置经济资源,增加供应、创造就业并改善环境,进一步提高人民生活等方面的效益。

## 4.3　专题报告与评价咨询

水利工程除了工程项目本身的可行性研究报告外,至少还应有以下几个专题报告:

(1)水文及水资源专题报告。

(2)环境保护及水土保持专题报告。

(3)涉及淹没、移民的项目还应有移民规划专题报告。

### 4.3.1　水资源论证

水资源论证是根据国家相关政策、国家以及当地水利水电发展规划、水功能区管理要求,采用水文比拟法对已有的数据进行年径流计算、设计径流月分配等,对建设项目取用水的合理性、可靠性与可行性,取水与退水对周边水资源状况及其他取水户的影响进行分析论证。规划水资源论证是落实"以水定城、以水定地、以水定人、以水定产"和水利行业强监管的重要抓手。对于直接从江河、湖泊或地下取水并需申请取水许可证的新建、改建、扩建的建设项目(简称建设项目),建设项目业主单位(简称业主单位)应当按照规定进行建设项目水资源论证,编制建设项目水资源论证报告书。建设项目利用水资源,必须遵循合理开发、节约使用、有效保护的原则;符合江河流域或区域的综合规划及水资源保护规划等专项规划;遵守经批准的水量分配方案或协议。

#### 4.3.1.1　遵循的原则

(1)符合国家法律和法规的规定,满足社会经济可持续发展要求。

(2)符合国家和地方产业政策规定,满足行业发展规划要求。

(3)符合国家、行业节能减排政策规定,满足节能减排控制指标要求。

(4)符合有效保护、合理开发和高效利用的原则,满足水资源配置与管理要求。

(5)符合流域或区域的综合规划及相关专业规划的要求。

#### 4.3.1.2　包括的主要内容

(1)建设项目所在区域水资源状况及开发利用分析。

(2)取水水源论证。

(3)用水合理性论证。

(4)退(排)水情况及其对水环境影响分析。

(5)对其他用水户权益的影响分析。

(6)其他事项。

#### 4.3.1.3　水资源论证程序

其工作流程为:全过程工程咨询单位组建项目组—专业咨询工程师确定编制建设项目水资源论证报告书等级—专业咨询工程师收集资料、踏勘现场—专业咨询工程师编制建设项目水资源论证报告书—总咨询工程师确认建设项目水资源论证报告书—投资人确认项目水资源论证报告书—投资人/全过程工程咨询单位申报建设项目水资源论证报告书—水资源行政主管部门审批建设项目水资源论证报告书。

#### 4.3.1.4　质量要求

(1)水资源论证建设项目取水的合理性。

(2)水资源论证取水水源量、质的可靠性及允许取水量意见。

(3)水资源论证退水情况及水资源保护措施。

### 4.3.2　环境影响评价

环境影响评价是指对规划和建设项目实施后可能引起的环境影响进行分析、预测和评估,提出预防或减轻不良环境影响的对策措施,开展跟踪监测的方法制度。目前,环境影响评价主要包括规划的环境影响评价和建设项目的环境影响评价两大类。

#### 4.3.2.1　编制依据

(1)《中华人民共和国环境保护法》(主席令第9号)。

(2)《中华人民共和国大气污染防治法》(主席令第31号)。

(3)《中华人民共和国水污染防治法》(主席令第70号)。

(4)《中华人民共和国环境噪声污染防治法》(主席令第24号)。

(5)《中华人民共和国固体废物污染环境防治法》(主席令第57号)。

(6)《中华人民共和国土壤污染防治法》(主席令第8号)。

(7)《中华人民共和国放射性污染防治法》(主席令第6号)。

(8)《中华人民共和国环境影响评价法》(主席令第24号)。

(9)《建设项目环境保护管理条例》(国务院令第682号)。

(10)《规划环境影响评价条例》(国务院令第559号)。

(11)《建设项目环境影响报告书(表)编制监督管理办法》(生态环境部令第9号)。

(12)《建设项目环境影响评价分类管理名录》(生态环境部令第1号)。

(13)《建设项目环境影响评价技术导则　总纲》(HJ 2.1—2016)。

(14)《规划环境影响评价技术导则　总纲》(HJ 130—2019)。

(15)其他相关法律、法规、规划、产业政策等。

(16)建设项目有关工程技术资料及其他所需资料等。

#### 4.3.2.2 编制内容

根据建设项目特征和所在区域的环境敏感程度,综合考虑建设项目可能对环境产生的影响,对建设项目的环境影响评价实行分类管理。建设单位应当按照《建设项目环境影响评价分类管理名录》(生态环境部令第1号)的规定,分别组织编制建设项目环境影响报告书、环境影响报告表或者填报环境影响登记表。

建设项目环境影响报告书的主要内容如下:

(1)建设项目概况。

(2)建设项目周围环境现状。

(3)针对建设项目对环境可能造成的影响开展分析、预测和评估。

(4)建设项目的环境保护措施及其技术、经济论证。

(5)建设项目对环境影响的经济损益分析。

(6)对建设项目实施环境监测的建议。

(7)环境影响评价的结论。

建设项目的环境影响报告表的主要内容如下:

(1)建设项目基本概况。

(2)建设项目所在地自然环境、社会环境简况。

(3)环境质量现状。

(4)评价适用标准。

(5)建设项目工程分析。

(6)项目主要污染物产生及预计排放情况。

(7)环境影响分析。

(8)建设项目拟采用的防治措施及预期治理效果。

(9)结论与建议。

建设项目环境影响登记表的主要内容如下:

(1)项目基本情况。

(2)项目地理位置和平面布置示意图。

(3)周围环境概况和工艺与污染流程。

(4)项目排污情况及环境措施简述。

#### 4.3.2.3 编制程序

在项目环境影响评价报告编制阶段,其工作流程为:全过程工程咨询单位组建项目组—专业咨询工程师根据《建设项目环境影响评价分类管理名录》确定编制环境影响报告书或填报环境影响登记表—专业咨询工程师收集资料、踏勘现场—专业咨询工程师编制项目环境影响评价报告—总咨询工程师确认项目环境影响评价报告—投资人确认项目环境影响评价报告—投资人/全过程工程咨询单位申报项目环境影响评价报告—环境保护行政主管部门审批项目环境影响评价报告。

#### 4.3.2.4　质量要求

1. 环境影响报告书编制要求

(1)一般包括概述、总则、建设项目工程分析、环境现状调查与评价、环境影响预测与评价、环境保护措施及其可行性论证、环境影响经济损益分析、环境管理与监测计划、环境影响评价结论和附录附件等内容。

概述可简要说明建设项目特点、环境影响评价工作过程、分析判定相关情况、关注的主要环境问题及环境影响,以及环境影响评价的主要结论等。总则应包括编制依据、评价因子与标准、评价工作等级和范围、相关规划及环境功能区划、主要环境保护目标等。

附录和附件应包括项目依据文件、相关技术资料、引用文献等。

(2)应概括反映环境影响评价的全部工作成果并突出重点;工程分析应体现工程特点;环境现状调查应反映环境特征;主要环境问题应阐述清楚;影响预测方法应科学;预测结果应可信;环境保护措施应可行、有效;评价结论应明确。

(3)文字应简洁、准确,文本应规范,计量单位应标准化,数据应真实、可信,资料应翔实,图表信息应满足环境质量现状和环境影响预测评价要求,应强化先进信息技术的应用。

2. 环境影响报告表编制要求

环境影响报告表应采用规定格式。可根据工程特点与环境特征,有针对性地突出环境要素,或设置专题开展评价。

3. 其他

环境影响报告书(表)内容涉及国家秘密的,按国家涉密管理有关规定处理。

#### 4.3.2.5　其他规定

(1)编制单位与人员要求。编制单位应当是能够依法独立承担法律责任的单位,具备环境影响评价技术能力。环境影响报告书(表)的编制主持人和主要编制人员应当为编制单位中的全职人员,环境影响报告书(表)的编制主持人还应当为取得环境影响评价工程师职业资格证书的人员。

(2)建设项目的环境影响评价审批要求。除重特大项目环评审批外,环境影响评价事项在开工前完成即可,建设项目的环境影响评价文件未依法经审批部门审查或者审查后未予批准的,建设单位不得开工建设。

(3)建设项目环境影响评价应避免与规划的环境影响评价相重复。作为整体建设项目的规划,按建设项目进行环境影响评价,不进行规划的环境影响评价。已进行环境影响评价的规划包含具体建设项目的,规划的环境影响评价结论应作为建设项目环境影响评价的重要依据,建设项目环境影响评价内容应基于规划的环境影响评价审查意见予以简化。

(4)按照《国务院办公厅关于全面开展工程建设项目审批制度改革的实施意见》(国办发〔2019〕11号),在各类开发区、工业园区、新区和其他有条件的区域,推行由政府统一组织对压覆重要矿产资源、环境影响评价、节能评价、地质灾害危险性评估、地震安全性评价、水资源论证等评估评价事项实行区域评估。对已经实施区域评估范围内的工程建设项目,相应的审批事项实行告知承诺制。

### 4.3.3 水土保持方案

水土保持是指对自然因素和人为活动造成的水土流失所采取的预防和治理措施。水土保持方案是开发建设项目总体设计的重要组成部分,是设计和实施水土保持措施的技术依据。水土保持方案编制分为可行性研究、初步设计、技施设计三个阶段。

可行性研究阶段,根据《开发建设项目水土保持方案编报审批管理规定》的内容与建设项目可行性研究报告编制水土保持方案报告书。

初步设计阶段,根据水行政主管部门批准的水土保持方案(可行性研究阶段)报告书,对各项水土流失防治工程开展初步设计。

技施设计阶段,主要是按项目水土保持初步设计开展各项水土保持工程的技术设计和施工图设计。

#### 4.3.3.1 编制依据

(1)《中华人民共和国水土保持法》(主席令第39号)。

(2)《中华人民共和国环境保护法》(主席令第9号)。

(3)《中华人民共和国水法》(主席令第48号)。

(4)《中华人民共和国水土保持法实施条例》(国务院令第120号)。

(5)《开发建设项目水土保持方案编报审批管理规定》(水利部令第5号)。

(6)《生产建设项目水土保持方案技术审查要点》(水保监〔2020〕63号)。

(7)《生产建设项目水土保持技术标准》(GB 50433—2018)。

(8)《生产建设项目水土流失防治标准》(GB/T 50434—2018)。

(9)《开发建设项目水土保持设施验收技术规程》(GB/T 22490—2008)。

(10)《水土保持工程设计规范》(GB 51018—2014)。

(11)建设项目的其他相关政策文件与建设资料。

#### 4.3.3.2 编制内容

1.水土保持方案报告书主要内容

(1)方案编制总则。

①结合开发建设项目特点,阐述编制水土保持方案的目的与意义。

②编制依据。主要包括项目建议书、可行性研究报告等,环境影响评价大纲及报告书,水土保持方案编制大纲及审查意见,水土保持方案编制委托书(合同)或任务书等。

③采用技术标准。包括有关水土保持的国家、地方与行业标准等。

(2)建设项目区概况。

①建设项目名称、位置(应附平面位置图)、建设性质与总投资等主要技术经济指标。

②建设规模、防治责任范围与工程布局(应附平面图)。

③项目区地形、地貌、地质、土壤、地面物质与植被等。

④项目区及周边地区水文、气象、河流及泥沙等。

⑤项目区及周边地区人口、土地利用、经济发展方向和水平等社会经济状况。

⑥项目区发展规划。

⑦项目施工工艺、采挖及排弃固体废弃物等特点。

⑧项目区域水土流失及防治情况。

(3)生产建设过程中水土流失预测。

①水土流失时段的划分。

②预测的内容方法。包括挠动原地貌、损坏土地和植被面积,弃土、弃石与弃渣量,损坏水土保持设施的面积数量,可能造成水土流失的面积及流失总量,可能造成的水土流失危害,预测结果及综合分析。

(4)水土流失防治方案。

①方案编制的原则和目标。

②建设项目的防治责任范围(应附图说明)与本方案设计深度。

③水土流失防治分区及水土保持措施的总体布局(应附平面布置图)。

④分区防治措施布局(大型建设项目还应另行编制分区防治附件)。

⑤方案实施进度安排及其工程量(应列表说明)。

⑥水土流失监测。

(5)水土保持投资估(概)算及效益分析。

①水土保持投资估(概)算。包括编制依据、编制方法、总投资及年度安排(应列表说明)。

②效益分析。主要分析和预测方案实施后在水土流失控制、生态环境恢复改善、土地生产力恢复、建设项目安全保障与地区经济发展促进等方面的作用效益。

(6)方案实施和保证措施。包括组织领导和管理措施、技术保证措施、资金来源及管理使用方法。

2. 水土保持方案报告表主要内容

项目简述、项目区概述、产生水土流失的环节分析、防治责任范围、措施设计及图纸、工程量及进度、投资、实施意见等内容。

#### 4.3.3.3 编制程序

在项目水土保持方案报告编制阶段,主要流程为:全过程工程咨询单位组建项目组—专业咨询工程师根据《开发建设项目水土保持方案编报审批管理规定》及项目自身特点确定编制水土保持方案报告书或水土保持方案报告表—专业咨询工程师收集资料、踏勘现场—专业咨询工程师编制项目水土保持方案报告—总咨询工程师审核项目水土保持方案报告—投资人确认项目水土保持方案报告—投资人/全过程工程咨询单位申报项目水土保持方案报告—水行政主管部门审批项目水土保持方案报告。

#### 4.3.3.4 质量要求

生产建设项目水土保持方案技术审查要点:

(1)符合有关法律、法规、规章和规范性文件规定。

(2)符合国家及行业的水土保持技术规范与标准。

(3)水土流失防治责任范围明确。

(4)水土流失防治措施合理、有效且与周边环境相协调,并达到主体工程设计深度。

(5)水土保持投资估算的编制依据可靠、方法合理且结果正确。

(6)水土保持监测的内容与方法得当。

#### 4.3.3.5　其他规定

(1)凡从事有可能造成水土流失工作的开发建设单位和个人必须编制水土保持方案。其中,对于审批制项目应在报送可行性研究报告前完成水土保持方案报批手续;对于核准制项目应在提交项目申请报告前完成水土保持方案报批手续;对于备案制项目应在办理备案手续后、项目开工前完成水土保持方案报批手续。经批准的水土保持方案应当纳入下阶段设计文件中。

(2)水土保持方案分为水土保持方案报告书和水土保持方案报告表。凡征占地面积在 1 $km^2$ 以上或挖填土石方总量在 1 万 $m^3$ 以上的建设开发项目,应编制水土保持方案报告书;对于其他建设开发项目,应编制水土保持方案报告表。

(3)水土保持方案报告书、水土保持方案报告表必须由取得相应资格的单位编制,其内容和格式应当符合《开发建设项目水土保持技术规范》和有关规定。

### 4.3.4　移民安置规划方案

为了做好大中型水利水电工程建设征地补偿和移民安置工作,维护移民合法权益,保障工程建设的顺利进行,根据《中华人民共和国土地管理法》和《中华人民共和国水法》《大中型水利水电工程建设征地补偿和移民安置条例》《水利水电工程建设征地移民安置规划设计规范》(SL 290—2009),已经成立项目法人的大中型水利水电工程,由项目法人编制移民安置规划大纲和移民安置规划。

大中型水利水电工程建设征地补偿和移民安置应当遵循下列原则:

(1)以人为本,保障移民的合法权益,满足移民生存与发展的需求。

(2)顾全大局,服从国家整体安排,兼顾国家、集体、个人利益。

(3)节约利用土地,合理规划工程占地,控制移民规模。

(4)可持续发展,与资源综合开发利用、生态环境保护相协调。

(5)因地制宜,统筹规划。

#### 4.3.4.1　移民安置规划大纲

移民安置规划大纲应当根据工程占地和淹没区实物调查结果以及移民区、移民安置区经济社会情况和资源环境承载能力编制。

工程占地和淹没区实物调查,由项目主管部门或者项目法人会同工程占地和淹没区所在地的地方人民政府实施;实物调查应当全面准确,调查结果经调查者和被调查者签字认可并公示后,由有关地方人民政府签署意见。实物调查工作开始前,工程占地和淹没区所在地的省级人民政府应当发布通告,禁止在工程占地和淹没区新增建设项目和迁入人口,并对实物调查工作做出安排。

移民安置规划大纲应当主要包括移民安置的任务、去向、标准和农村移民生产安置方式以及移民生活水平评价和搬迁后生活水平预测、水库移民后期扶持政策、淹没线以上受影响范围的划定原则、移民安置规划编制原则等内容。

编制移民安置规划大纲应当广泛听取移民和移民安置区居民的意见;必要时,应当采取听证的方式。

经批准的移民安置规划大纲是编制移民安置规划的基本依据,应当严格执行,不得随意调整或者修改;确需调整或者修改的,应当报原批准机关批准。

4.3.4.2 **移民安置规划**

编制移民安置规划应当以资源环境承载能力为基础,遵循本地安置与异地安置、集中安置与分散安置、政府安置与移民自找门路安置相结合的原则。

编制移民安置规划应当尊重少数民族的生产、生活方式和风俗习惯。

移民安置规划应当与国民经济和社会发展规划以及土地利用总体规划、城市总体规划、村庄和集镇规划相衔接。

移民安置规划应当对农村移民安置、城(集)镇迁建、工矿企业迁建、专项设施迁建或者复建、防护工程建设、水库水域开发利用、水库移民后期扶持措施、征地补偿和移民安置资金概(估)算等做出安排。

对淹没线以上受影响范围内因水库蓄水造成的居民生产、生活困难问题,应当纳入移民安置规划,按照经济合理的原则,妥善处理。

对农村移民安置进行规划,应当坚持以农业生产安置为主,遵循因地制宜、有利生产、方便生活、保护生态的原则,合理规划农村移民安置点;有条件的地方,可以结合小城镇建设进行。

农村移民安置后,应当使移民拥有与移民安置区居民基本相当的土地等农业生产资料。

对城(集)镇移民安置进行规划,应当以城(集)镇现状为基础,节约用地,合理布局。

工矿企业的迁建,应当符合国家的产业政策,结合技术改造和结构调整进行;对技术落后、浪费资源、产品质量低劣、污染严重、不具备安全生产条件的企业,应当依法关闭。

编制移民安置规划应当广泛听取移民和移民安置区居民的意见;必要时,应当采取听证的方式。

经批准的移民安置规划是组织实施移民安置工作的基本依据,应当严格执行,不得随意调整或者修改。

未编制移民安置规划或者移民安置规划未经审核的大中型水利水电工程建设项目,有关部门不得批准或者核准其建设,不得为其办理用地等有关手续。

4.3.4.3 **水库移民后期扶持规划**

移民安置区县级以上地方人民政府应当编制水库移民后期扶持规划,报上一级人民政府或者其移民管理机构批准后实施。

编制水库移民后期扶持规划应当广泛听取移民的意见;必要时,应当采取听证的方式。

经批准的水库移民后期扶持规划是水库移民后期扶持工作的基本依据,应当严格执行,不得随意调整或者修改;确需调整或者修改的,应当报原批准机关批准。

未编制水库移民后期扶持规划或者水库移民后期扶持规划未经批准的,有关单位不得拨付水库移民后期扶持资金。

水库移民后期扶持规划应当包括后期扶持的范围、期限、具体措施和预期达到的目标等内容。水库移民安置区县级以上地方人民政府应当采取建立责任制等有效措施,做好后期扶持规划的落实工作。

# 4.4 水利项目融资咨询

## 4.4.1 项目融资的基本概念

### 4.4.1.1 定义

项目融资就是以项目自身在将来能够产生的现金流,来偿还项目贷款的融资方式,将项目的资产、预期收益或权益作抵押取得一种无追索权或有限追索权的贷款活动。项目融资起源于 20 世纪 30 年代的美国,开始发行收益债券为各种各样的基础设施建设进行融资。所谓的收益债券就是指给创造收益的项目融资,以项目本身和项目预期产生的现金作为还本付息的基础。这种债券一般是以政府作为发行人,发行人用包括项目收入在内的所有项目资产作抵押(但不会用市政收入)给该项目的偿付能力做担保。

20 世纪 90 年代以后,项目融资在世界范围内得到了广泛应用,许多国家在基础设施建设领域都采用了项目融资的模式。我国从 20 世纪 80 年代引入项目融资方式以来,大大加快了基础设施建设的步伐。

### 4.4.1.2 融资工具

融资工具可分为直接融资工具和间接融资工具。直接融资工具包括政府、企业发行的国库券、企业债券、商业票据、公司股票等。间接融资工具包括银行债券、银行承兑汇票、可转让大额存单、人寿保险单等。直接融资与间接融资的区别标准在于债权、债务关系的形成方式。直接融资先于间接融资而出现,直接融资是间接融资的基础,而间接融资又大大地促进了直接融资的发展。在现代市场经济中,直接融资与间接融资是并行发展、互相促进的。

### 4.4.1.3 模式

实际操作中用得比较广泛的项目融资方式有 ABS(asset backed securitilization,资产证券化)、BOT(build-operate transfer,建设—运营—移交)、BT(build-operate,建设—运营)、BOT 的各种变形及 PPP(private-public-partnership,简称 PPP)模式。

ABS 是以项目所具有的资产为基础,以项目资产可以创造的预期收益为保障,通过在资本市场发行债券来募集资金的一种项目融资方式。ABS 是国际资本市场上流行的一种项目融资模式,已在许多国家的诸多大型项目中应用。

BOT 模式最大的特点就是将基础设施的经营权有期限地抵押以获得项目融资,或者说是基础设施国有项目民营化。在这种模式下,首先由项目发起人通过投标从委托人手中获取对某个项目的特许权,随后组成项目公司并负责进行项目的融资,组织项目的建设,管理项目的运营,在特许期内通过对项目的开发运营以及当地政府给予的其他优惠来回收资金以还贷,并取得合理的利润。特许期结束后,应将项目无偿地移交给政府。在 BOT 模式下,投资者一般要求政府保证其最低收益率,一旦在特许期内无法达到该标准,政府应给予特别补偿。

BOT 模式出现了不同的变异模式,如 BOOT(建设—拥有—经营—转让)形式、BTO(建设—转让—经营)形式,BOO(建设—拥有—经营)形式、DBOT(设计—建设—融资—

经营)形式、BLT(建设—租赁—移交)形式等。

政府与私营部门在城市公共基础设施建设上或是提供某种公共物品和服务上的合作关系被称为公私伙伴关系。PPP 不是一种固定的模式,而是一系列可能的选择,根据合同、特许权协议和所有权的归属,PPP 模式可以有不同的组合。广义 PPP 可以分为外包、特许经营和私有化三大类。

## 4.4.2 水利项目融资模式

### 4.4.2.1 水利基础设施项目分类

按照公共经济学理论,可以把水利基础设施分为公益性项目、准公益性项目和经营性项目。

公益性项目指具有防洪、排涝、抗旱和水资源管理等社会公益性管理和服务功能,自身无法得到相应经济回报的水利项目,如堤防工程、河道整治工程、城市防洪除涝、水土保持、生态建设、水资源保护、贫困地区人畜饮水、防汛通信、水文设施等。这类项目具有非排他性和非竞争性的特点,市场失灵,需要政府干预。

准公益性项目指既有社会效益、又有经济效益的水利项目,其中大部分是以社会效益为主,如综合利用的水利枢纽(水库)工程、大型灌区节水改造工程、污水处理等。这类项目可分为排他性、非竞争性项目和非排他性、竞争性项目两类,需要市场和政府的共同参与。

经营性项目指以经济效益为主的水利项目,如城市供水、水力发电、水库养殖、水上旅游及水利综合经营等。这类项目具有排他性和竞争性的特点,是付费的项目,可以走向市场。

### 4.4.2.2 国内外水利基础设施融资模式

1. 美国的水利基础设施融资模式

美国水利建设资金融资渠道有:各级政府财政拨款、联邦政府提供拨款和长期低息优惠贷款(年利率 3%~4%)、向社会发行债券、建立政府基金、向受益区征税、项目业主自筹资金、社会团体或个人捐赠等。美国水利资金的融资方式表现为直接融资与间接融资并存,政府财政性资金虽然在水利资金中占据主要地位,但只有少部分财政性资金具有无偿性,而大部分财政性资金则通过市场化贷给非公益性水利项目有偿使用。从水利资金使用结构来看,它随不同的建设时期和不同性质的工程项目有所不同,防洪工程较多地依靠政府拨款,而水利和城镇供水项目较多地依靠发行债券。

2. 加拿大的水利基础设施融资模式

由于水利建设项目工期长、耗资大,政府很难提供全面的资金。加拿大以市场经济为导向,利用多样化的筹资渠道,以社会效益和经济效益兼顾的方法很好地解决了这一问题。对于防洪、环保等社会公益项目,均使用国家无偿投资或启用相应的保险基金。

对灌溉、供水等准公益项目,由国家适当补助,不足资金或其余投资由相应的流域或地区管理机构采取贷款或其他方式筹措,并负责建设、运行、管理和贷款的偿还。准公益项目建成后,建设管理机构对用户只收取小部分的费用,实际成本与收费之间的差额由发电收益来弥补,以达到总体平衡。

3. 日本小型农田水利融资模式

日本因耕地面积少,历来重视稻作农业及水田灌溉,农业在日本是高补助与保护产业,鼓励小规模耕作,而不是美国的大规模耕作。

日本农田水利设施建设投入以中央和地方(都道府县政府)资金占主导地位。农田水利建设项目按规模和技术上的难易程度,分为"国营项目""都道府县营项目"和"团体营项目",分别由国家(农林水产省及其派出机构)、都道府县政府、市町村政府(或土地改良区及农协)负责实施。以日本的土地改良区为例,其所需的建设资金由以上三个政府部门和受益农户按比例承担,但要农户一次付清其负担额相当困难。因此,政府和银行出台相关政策。土地改良区可获得由国家出资设立的"农林渔业金融公库"的长期低息贷款,农户承担的费用一般可以按15年偿还。

4. 我国江西峡江水利枢纽工程PPP融资模式

2003年,江西省人民政府委托江西省水利厅负责组建峡江水利枢纽工程项目法人。

2008年,江西省人民政府成立了江西省峡江水利枢纽工程领导小组。2009年,江西省水利厅在江西省峡江水利枢纽工程管理局的基础上组建江西省峡江水利枢纽工程建设总指挥部,作为项目法人,负责工程建设管理。为了解决资金缺口问题,经江西省政府同意,将水电站从枢纽工程中剥离出来,通过出让水电站经营权为整个工程项目筹措建设资金。2009年,江西省水利厅制定了《江西省峡江水利枢纽工程水电站出让方案》,出让水电站经营权50年。

江西省峡江水利枢纽工程水电站出让采用邀请招标方式。江西省水利厅同时向江西省投资集团公司、中国电力投资集团公司、中国华能集团公司、中国葛洲坝集团股份有限公司、大唐国际发电有限责任公司、新华水利水电投资有限公司、华润电力控股有限公司、中国国电集团公司等8家有投资意向的发电企业发出了《江西省峡江水利枢纽工程水电站出让洽谈邀请函》,邀请上述投资商与省水利厅就峡江水利枢纽水电站出让进行投资洽谈。中国电力投资集团公司以最高报价39.16亿元获得水电站经营权。

2010年,经江西省政府授权,江西省水利厅与中国电力投资集团公司江西分公司、江西省水利投资集团公司签署《江西省峡江水利枢纽工程水电站出受让合同》,出让水电站经营权50年,受让方出资39.16亿元在工程建设期内支付。受让方依法成立项目公司——江西中电投峡江发电有限公司,其股东单位包括:中国电力投资集团公司江西分公司,持有项目公司80%的股权;江西省水利投资集团公司,持有项目公司20%的股权。

项目法人与项目公司按照机组投产时间逐台签署机组交接书,负责收取水电站出让款和水电站资产移交事宜;项目公司与江西电力公司签署购售电合同,负责结算售电收入。

5. 我国上海市自来水厂PPP模式

原上海市自来水浦东有限公司承担浦东新区供水服务,管理效率低,公司净资产18亿元,利润率仅0.5%。上海市水务局经国际招商、资格预审、竞争性谈判,并报经上海市财政局等部门审查和市政府批示同意后,与法国通用水务公司正式签署《特许经营权协议》。法国通用水务公司以23亿人民币购得浦东水务公司50%的股权,协议约定50年合资期限,外方担任总经理、公司财务、技术和人事主管等职位。另外,成立了上海浦东威立雅自来水有限公司,由上海市城市建设投资开发总公司下属的水务资产经营发展公司和法国威立雅水务集团各占50%股份组建而成,于2002年8月30日正式揭牌,是中国第一家集制水、输配、服务为一体的中外合资供水企业。

新公司注册资本为人民币15.2亿元,经营范围为自来水制造、输配和销售服务,制水、输配和服务设施的工程管理以及给水业务。供水区域为浦东城市化地区及闵行区浦江镇,北起凌桥,南至闵行鲁汇,东至外环线,部分已到达长江沿岸,同时供应浦东国际机场用水。供水人口400万人,供水面积672 $km^2$。水厂总处理能力达145万 $m^3/d$,供水管网长度3 793 km。

PPP模式不仅融资国外资本,且在合营公司成立后,公司建立了现代企业制度,引进先进的供水技术和管理经验、提高水质、降低成本,为浦东的城市发展和客户的用水提供高质量的服务。管理效率也大为提高,取得较好的经济效益和社会效益。

### 4.4.3 水利项目融资模式建议

不同的融资方式各有优势。地方水利项目可根据自身特点,选择合适的融资途径,规避项目的法律风险与整改风险。在选择融资方式的同时,也可酌情考虑未来融资方式可能发生的转变。同时,在新项目尚未启动时,可为项目设计多种融资方案,从而保证项目资金尽快到位,而不必死守一种融资途径,导致项目资金无法落实。

水利基础设施项目在选择融资方式时,应当同时考虑三方面因素:第一是工程进度,即项目是新建项目还是在建项目;第二是工程紧迫性,即项目是否需要尽快完工投入使用;第三是项目回报机制,即项目本身产生收益的能力。三方面因素相互影响,对水利基础设施项目的融资方式选择形成制约,见表4-4。

表4-4对水利基础设施项目的融资方式选择进行了罗列,对于不同性质的项目,表4-4中前置的方式可以优先考虑。水利基础设施项目选择融资方式的几点原则如下:第一,工程紧迫的项目慎用PPP模式和委托代建模式,以避免过长的权责协调期和法律尽调期,但若项目收益可覆盖投资,则均可考虑;第二,在建(非PPP模式)项目慎用PPP模式,以避免过高的转换成本和过长的协调期;第三,非紧迫项目可优先选择PPP模式以提高项目建设运营质量,并尽量避免采用委托代建模式,从而避免在较长的建设时期内发生法律风险;第四,非紧迫项目尽量避免使用银行贷款的融资方式,如若项目融资确需银行贷款,从实践来看,工程紧迫且周期短的项目往往能够获得政策性融资支持,如政策性银行则尽量缩短贷款期限,降低融资成本。

### 4.4.4 水利基础设施项目的投资风险及评估

与大多数项目一样,水利基础设施项目风险可能相对较小,但还是会面临诸如市场风险、建设风险、利率风险、政府信用风险、政策风险等。投资者必须通过分析、评估等方式全面了解这些风险,并提前准备规避和解决这些风险的措施。

表 4-4　水利基础设施项目的融资方式选择

| 项目性质 | | 项目无收益 | 项目有部分收益 | 项目收益可覆盖投资 |
|---|---|---|---|---|
| 新建项目 | 工程紧迫周期短(不超过 3 年) | 1. 地方政府一般债券;<br>2. 委托代建 | 1. 地方政府专项债券;<br>2. 银行贷款;<br>3. 委托代建 | 1. 地方政府专项债券;<br>2. 银行贷款;<br>3. 委托代建;<br>4. PPP 模式 |
| | 工程非紧迫但周期长(5~15 年) | 1. PPP 模式;<br>2. 地方政府一般债券;<br>3. 委托代建 | 1. PPP 模式;<br>2. 地方政府专项债券;<br>3. 委托代建;<br>4. 银行贷款 | 1. PPP 模式;<br>2. 地方政府专项债券;<br>3. 委托代建;<br>4. 银行贷款 |
| 在建(非 PPP 模式)项目 | 工程紧迫且周期短(不超过 3 年) | 1. 地方政府一般债券;<br>2. 委托代建 | 1. 地方政府专项债券;<br>2. 银行贷款;<br>3. 委托代建 | 1. 地方政府专项债券;<br>2. 银行贷款;<br>3. 委托代建;<br>4. PPP 模式 |
| | 工程非紧迫但周期长(5~15 年) | 1. 地方政府一般债券;<br>2. 委托代建;<br>3. PPP 模式 | 1. 地方政府专项债券;<br>2. 委托代建;<br>3. 银行贷款;<br>4. PPP 模式 | 1. 地方政府专项债券;<br>2. 委托代建;<br>3. 银行贷款;<br>4. PPP 模式 |

#### 4.4.4.1　市场风险

此类项目面临的市场风险主要是指取得基础设施项目过程的风险。因为大多数项目必须经历一个漫长的谈判或者招标的程序,所以如何把握项目、如何战胜竞争对手非常重要。在处理这个问题时,投资者一般必须保持良好的合作意愿,与政府(业主)进行充分的沟通,宣讲自身的优势,了解政府的意图,并且通过增值服务来赢得政府的信任,最终获取项目。

在控制市场风险的过程中,必须特别关注政府的诉求,明确政府想要达到或实现的目标,这样对顺利承接项目,以及获得政府的长期支持都很关键。由于目前我国城市普遍处于基础设施需求膨胀的时期,若能在项目介入初期与当地政府建立一种长期合作共赢的战略伙伴关系,从而搭建相互信任的平台,将会更有利于后续其他基础设施建设项目的跟进。

#### 4.4.4.2　建设风险

根据一般基础设施项目的合同,只有投资者完成项目的竣工验收,协议中业主履行的支付回购款的义务才生效。因此,在项目的建设期内,出现的任何质量、安全、进度的错误、延误、事故等不确定因素都将导致项目不能按时、及时验收,这样对项目的回购也将影响深远。

为解决这一问题,务必将项目的这些风险控制在事前,并选择合适的项目管理模式,

制定详细的管理制度,并在以下三个方面进行有效控制:

(1)投资控制:设计质量,概算、预算把关,设计变更签证等。

(2)施工控制:施工单位的标后管理,工、料、机的管理,质量、安全、进度、文明施工等管理。

(3)竣工管理:竣工时间控制、备案归档等。

针对此项目的建设风险,一般应从设置双方互相制约的管理模式开始,并引入外部的项目管理咨询机构、代理机构,进而在回购协议中补充有关因外部不可预见因素及业主方原因造成的工程进度、方案变更等损失弥补措施,这样才能将项目的建设风险尽可能降低。

#### 4.4.4.3 利率风险

对于基础设施项目而言,利率风险主要存在于项目的回购期。回购期内,中国人民银行公布同期的贷款基准利率发生变化,可能导致融资成本上升,并影响到回购方支付的回购款的金额,进而影响到 BT 项目的投资收益,形成 BT 项目的利率风险。因此,在项目 BT 模式设计之初,就应充分考虑到利率风险,将回购方须支付的项目投资收益率设定为浮动利率,即在一定范围(一般指央行贷款基准利率上下浮动 0~100 个 BP)内,利率可不做调整,但超出这一范围,双方就必须按照新的基准利率调整投资收益率,并相应修改每年的回购金额,这样基本上可有效避免投资者和回购方的重大利率波动风险。

#### 4.4.4.4 回购风险

在回购期,投资人面临的主要风险是政府信用风险,政府能否按时支付回购款是 BT 项目的最大风险。因此,投资者一般在评价这方面的风险时都比较谨慎,参考很多商业银行和政策性银行的评估方法,现列出政府信用风险的典型定量评估模型(见表 4-5)。

**表 4-5 水利基础设施项目的典型定量评估模型**

| 指标 | 满分 | 各层级 | 分配分值/分 | 得分/分 |
|---|---|---|---|---|
| 行政级别 | 10 | 省级、省会、直辖市 | 10 | |
| | | 地区(国家级开发区) | 7.5 | |
| | | 县级(县级开发区) | 5 | |
| | | 县级以下 | 2.5 | |
| GDP/亿元 | 10 | >2 000 | 10 | |
| | | 1 000~2 000 | 9 | |
| | | 500~1 000 | 8 | |
| | | 200~500 | 7 | |
| | | 100~200 | 6 | |
| | | 50~100 | 5 | |
| | | 20~50 | 4 | |
| | | 10~20 | 3 | |
| | | <10 | 2 | |

续表 4-5

| 指标 | 满分 | 各层级 | 分配分值/分 | 得分/分 |
|---|---|---|---|---|
| GDP 增长率 | 6 | 年均增长 10%及以上 | 6 | |
| | | 年均增长 8%～10% | 5 | |
| | | 年均增长 6%～8% | 4 | |
| | | 年均增长 4%～6% | 3 | |
| | | 年均增长 2%～4% | 2 | |
| | | 年均增长不大于 2% | 1 | |
| 人均 GDP/元 | 10 | >15 000 | 10 | |
| | | 10 000 | 7.5 | |
| | | 5 000 | 5 | |
| | | <2 000 | 2.5 | |
| 区位 | 8 | 直辖市 | 8 | |
| | | 其他省会城市 | 6 | |
| | | 省内有竞争优势区域 | 4 | |
| | | 其他 | 2 | |
| 本级财政一般预算总收入/亿元 | 10 | 50 | 10 | |
| | | 15 | 7.5 | |
| | | 8 | 5 | |
| | | 2 | 2.5 | |
| 本级财政可支配收入/亿元 | 10 | >30 | 10 | |
| | | >10 | 7.5 | |
| | | >5 | 5 | |
| | | >1 | 2.5 | |
| 一般预算本年收入/一般预算本年支出 | 6 | >80% | 6 | |
| | | >65% | 5 | |
| | | >50% | 4 | |
| | | >30% | 3 | |
| | | <30% | 2 | |
| 一般预算本年收入/一般预算总收入 | 4 | >70% | 4 | |
| | | >60% | 3 | |
| | | >50% | 2 | |
| | | >40% | 1 | |

续表 4-5

| 指标 | 满分 | 各层级 | 分配分值/分 | 得分/分 |
|---|---|---|---|---|
| 本级一般预算收入增长率 | 4 | >20% | 4 | |
| | | >15% | 3 | |
| | | >10% | 2 | |
| | | <10% | 1 | |
| 专项转移收入比例 | 4 | >40% | 4 | |
| | | >30% | 3 | |
| | | >20% | 2 | |
| | | <20% | 1 | |
| 建设性支出比例 | 8 | 40% | 8 | |
| | | 30% | 6 | |
| | | 25% | 4 | |
| | | 20% | 2 | |
| 本级财政负债率 | 10 | <30% | 10 | |
| | | 30%~50% | 7.5 | |
| | | 50%~70% | 5 | |
| | | >70% | 2.5 | |

根据表 4-5 模型评估,政府信用评估的各项得分若累计总分超过 60 分,即可认为政府财力较好,回购风险相对较小。该模型评估得出的分数越高,说明政府的信用越好。

经上述模型评估后,针对政府信用较低的项目,建议要求政府方以担保的方式进行弥补,如设置第三方独立担保、履约保函、土地质押、将回购款的支付列入当地政府财政预算(或资金平衡计划)等补充措施,来降低因政府无法按时履约造成的回购风险。

# 学习情境 5　水利工程项目设计咨询

【学习情境描述】

基于全过程工程咨询设计咨询的要求，按照有关要求，合理确定水利工程设计咨询模式、程序及组织，编制水利工程设计咨询规划文件及初步设计文件。

【学习目标】

1. 了解水利工程设计咨询的内容和程序。
2. 掌握全过程工程咨询水利工程设计咨询的工作内容、模式、程序及组织。
3. 能编制水利工程设计咨询规划文件及初步设计文件。

【任务书】

小组合作，编制完成《××工程初步设计方案》，具体要求如下：

1. 工程背景：自行设计。
2. 服务模式："1+N"模式。
3. 服务范围、服务内容：自行设定。

【工作计划】

学生根据工作任务划分填写表 5-1。

表 5-1　学生工作任务分工表

班级：　　　　　　　　　　　　　　　　　　　指导老师：
组号：　　　　　　　　　　　　　　　　　　　组　　长：

| 序号 | 工作内容 | 负责人(姓名) |
|---|---|---|
| 1 | | |
| 2 | | |
| 3 | | |
| 4 | | |
| 5 | | |
| 6 | | |

【工作准备】

1. 各组派代表阐述工作计划。
2. 各组对其他组的工作计划提出自己不同的看法。
3. 教师结合大家完成的情况进行点评，选出最佳方案。

【工作实施】

各组按计划完成工作任务。

【引导问题】

1. 请简述“1+N”模式勘查设计阶段全过程咨询服务的内容。

2. 请简述全过程工程咨询单位在勘察设计阶段项目管理的主要工作内容。

【评价反馈】

学生进行自评,评价自己是否能完成全过程咨询服务设计阶段的相关知识学习;是否能合作完成《××工程初步设计方案》的编制任务,编制质量如何等(见表 5-2)。

表 5-2 学习过程评价表

班级/组号: 学号/姓名:

| 序号 | 任务 | 分值 | 自评 | 互评 | 师评 |
|---|---|---|---|---|---|
| 1 | 工作效率:任务是否按计划时间完成 | 5 | | | |
| 2 | 工作质量:内容合理、文稿通顺、格式符合规定 | 10 | | | |
| 3 | 学习情况:相关知识学习完成情况 | 10 | | | |
| 4 | 引导问题:掌握情况 | 15 | | | |
| 5 | 文献索引:查阅、甄别、整理、引用资料能力 | 10 | | | |
| 6 | 工作态度:态度端正,无无故缺勤、迟到、早退 | 5 | | | |
| 7 | 创新意识:积极参与小组讨论,思路拓展情况 | 15 | | | |
| 8 | 语言表达:过程汇报、结果展示、汇报参与情况 | 10 | | | |
| 9 | 合作能力:小组成员合作交流、协调工作情况 | 10 | | | |
| 10 | 职业素养:自律、严谨、敬业、社会责任等 | 10 | | | |
| 合计 | | 100 | | | |

各组代表展示作品,介绍任务的完成过程。作品展示前应准备阐述材料,并完成评价(见表 5-3)。

表 5-3 学习总评表

| 总评 | 自评(20%)+互评(20%)+师评(60%) | 综合得分 | 教师(签名): |
|---|---|---|---|
| | | | |

# 5.1 水利工程方案设计咨询

设计管理贯穿于项目全生命周期的各阶段,包括前期阶段、准备阶段、实施阶段、运营阶段。各阶段的工作内容有:

(1)前期阶段。协助项目策划、概念设计、编制可行性研究报告、项目立项等。

(2)准备阶段。协助发包人审查及确定设计单位;审查设计单位资质;协助完成方案设计、初步设计、施工图设计及审查工作;协助完成施工图招标及谈判、设备采购及招标。

(3)实施阶段。督促专业单位提供现场技术服务,组织设计交底和图纸会审,要求设计单位对设计文件进行整理和归档。

(4)运营阶段。组织实施工作总结评估。

由于现代技术进步以及社会建设快速发展需求,对项目建设要求越来越高,在规模、技术、工期、成本等方面都体现出新特征,具有组织复杂、技术难度高、工期紧和投资控制严格等特点。基于现代项目建设的上述特点,设计管理工作在整个项目开发建设全过程中的重要作用日益凸显。

### 5.1.1　设计管理组织

全过程工程咨询模式下,全过程工程咨询单位协同业主进行设计管理工作。全过程工程咨询单位具有较强的专业管理能力,并通过市场机制选择优秀的专业设计公司来完成专业设计任务。在全过程工程咨询模式下,设计管理存在以下两种管理模式。

#### 5.1.1.1　设计总包管理模式

设计总包管理模式即“业主和全过程工程咨询单位联合管理+设计总包单位”的组织结构。通过选择综合实力强且具备相关经验的设计单位,统筹整个项目的设计工作并处理设计中出现的所有问题。优点是业主和全过程工程咨询单位设计管理工作较轻松,大量设计管理工作转移到设计总包单位,只需与设计总包单位建立联系,不用面对众多的设计单位和设计合同。缺点是项目较大时较难找到综合设计专业的设计单位,对设计单位综合能力要求较高,并且业主对设计总包单位控制相对比较弱且依赖性较高,业主承担的设计风险比较大。

#### 5.1.1.2　全过程工程咨询总体设计管理模式

全过程工程咨询总体设计管理模式即全过程工程咨询单位在项目设计管理中起到设计咨询总体管理角色,形成“业主+全过程工程咨询单位设计咨询管理+专业设计群(设计顾问)公司”的组织结构。该管理模式是业主与各专业设计单位直接建立合同关系,并通过全过程工程咨询单位直接对各专业设计单位进行管理。全过程工程咨询单位主要起总体设计咨询管理作用,就业主设计管理中存在的问题进行指导,业主可以通过全过程工程咨询单位直接在信息、技术上对各专业设计单位进行管理,管控能力强。缺点是设计管理工作任务重,面对各专业设计单位需要协调的内容多。

水利工程项目往往包含多种业态,设计专业众多。在这种情况下,很难找到一家有能力统筹所有的设计专业的设计单位,因此不适合采用单一的设计总包管理模式。全过程工程咨询总体设计管理模式则不受复杂项目专业的限制,同时管理模式更为灵活,可在全过程工程咨询的基础上引入其他专业咨询单位共同对复杂项目设计进行管理,既能加强业主对设计的有效监管,又减少了业主的管理协调工作。为减少项目整体设计管理工作,可以将专业相近和联系较紧密的设计工作打包,形成“业主+全过程工程咨询+部分设计总包、专业设计群”的模式。

### 5.1.2　设计管理工作流程

#### 5.1.2.1　项目前期设计管理流程

设计管理前期的流程管控是为了加强项目前期的监控,确保项目的质量、成本和进

度。在这一阶段,需要完成的流程包括:

(1)项目投资、规模的论证。

(2)项目资料的收集,包括项目技术资料、周边资源与环境资料、公共配套与物业需求资料、规划设计的可行性研究、概念方案总平面图、综合经济技术指标等。

(3)编制整个项目的设计计划和项目前期阶段的具体工作计划。

(4)概念设计并形成结果文件。

(5)形成项目的设计任务书。

#### 5.1.2.2　施工前期设计管理流程

该阶段是指前期的设计招标,方案、扩大初步设计、施工图设计,审图,材料设备采购阶段。在这一阶段,需要完成的流程包括:

(1)编制方案设计任务书。

(2)编制设计招标书、设计招标流程。

(3)设计交流。

(4)方案设计成果提交及内外部评审。

(5)设计合同签署。

(6)设计修改建议及方案调整。

(7)进行扩大初步设计,确定平面布局。

(8)设计文件过程控制。

(9)初步设计方案图确认。

(10)报建与详勘。

(11)综合各监管部门审批意见,编写施工图设计任务书。

(12)某些项目会重新选择施工图设计单位并内外部评审报批。

(13)设计过程沟通与过程控制,包括各节点确认。

(14)施工图纸确认。

(15)与其他各部门的设计交底。

#### 5.1.2.3　施工阶段的设计管理流程

这一阶段项目已经进行施工,主要依靠工程部门的管理来保证项目的质量、进度和成本控制。该阶段设计管理流程制度是为了施工图纸完成后,能配合工程部门协调施工顺利进行,快速补充遗漏或变更图纸及确认材料样板,并保持采购的通畅。需要完成的流程包括:

(1)材料清单确认。

(2)图纸深化与材料审批封样。

(3)设计协调与变更。

### 5.1.3　设计进度管理

设计管理应按设计阶段和设计专业对设计进度目标进行分解,需明确每阶段的进度控制目标,使各阶段设计在时间上环环相扣,形成不脱节的设计进度链。各阶段进度控制目标应以设计合同规定的各阶段设计文件提交的时间为依据,确定各阶段设计的开始时间、持续时间、完成时间、提交成果时间及审核审批时间。

#### 5.1.3.1 方案设计阶段设计进度控制主要工作

(1)参与制订设计招标计划,跟进招标实施。

(2)加快推进业主方方案确定,避免因意见不一迟缓决策,耽误后续方案修改和优化工作进度。

(3)明确方案优化完成时间并控制执行。

(4)制订设计方案送审报批和批后修改工作进度计划并跟踪实施。

(5)编撰方案设计阶段进度控制总结。

#### 5.1.3.2 初步设计阶段设计进度控制的主要工作

(1)协同招标管理提前开展初步设计招标和确定设计单位。

(2)提前准备和完成初步设计正式开始前的设计提供资料工作。

(3)重视设计接口(各专业之间、各设计单位之间、设计单位与供应商之间用于工程设计而需要交换的信息)的及时性、有效性、准确性和完整性。重点检查监控因设计接口问题可能引起的设计工期延误,及时与设计单位协调,拟订解决方案与措施。

(4)控制初步设计文件送审报批和批后修改工作进度时间。

(5)编制初步设计阶段进度控制总结报告。

#### 5.1.3.3 施工图设计阶段设计进度控制的主要工作

(1)初步设计文件批准后,应抓紧开展施工图设计工作,实施施工图设计进度计划。

(2)熟记招标文件和合同文件中有关进度控制的条款,有理、有据、有节地处理设计过程中出现的各种进度问题。

(3)重点跟踪检查各专业施工图设计执行情况,监控各专业交叉设计时可能产生的无序情况和设计接口问题及其引起的设计工期延误;应及时与设计单位协调,力促上下游专业间保持密切联系和有效沟通。

(4)协调主设计单位与分包设计单位的关系,落实各单位相互提供资料和确保信息通畅。

(5)协同设计单位,及时审核设计文件,做好设计成果的过程监控。

(6)控制设计过程中的业主变更及其实施时间。

(7)施工图设计文件经内部审核后应及时按规定送施工图审查机构,并做好与施工图审查机构的协调工作。

(8)编制施工图设计阶段的进度控制总结报告。

### 5.1.4 设计质量管理

项目设计质量控制的目标体现在通过设计过程的科学控制,最终提供满足业主需要的,符合国家法律法规、建设方针、设计原则、技术标准及设计合同约定的设计成果和服务。

#### 5.1.4.1 方案设计阶段设计质量控制

1. 方案设计文件编制深度要求

方案设计文件编制深度需符合国家最新版《工程设计文件编制深度规定》。

2. 方案设计质量控制要点

(1)做好方案设计任务书的策划和编制。方案设计相关设计要求主要通过方案设计任务书来体现,策划和编制方案设计任务书是项目前期策划的延续和细化过程,是方案设计质量控制的重要内容。

(2)方案设计应与当地的经济发展水平相适应,遵循安全、适用、经济、美观、环保、节能等原则。

(3)方案设计应符合项目前期文件批复和任务书等依据性文件。

(4)设计方案应严格执行国家强制性标准条文,满足现行的工程建设标准、设计规范、制图标准和设计文件编制深度规定。

#### 5.1.4.2 初步设计阶段设计质量控制

1. 初步设计文件编制深度要求

初步设计文件编制深度需符合国家最新版《工程设计文件编制深度的规定》。

2. 初步设计质量控制要点

(1)策划确定初步设计要求。初步设计阶段,应针对已获批准确认的设计方案,拟定初步设计要求,编制初步设计任务书。

(2)做好初步设计内审和优化工作。设计管理需要对初步设计成果进行审查。

(3)做好初步设计外审组织协调工作。

#### 5.1.4.3 施工图设计阶段设计质量控制

1. 施工图设计文件编制深度要求

施工图设计文件编制深度需符合国家最新版《工程设计文件编制深度规定》。

2. 施工图设计质量控制要点

(1)施工图设计应根据批准的初步设计开展编制,不得违反初步设计的原则和方案。如确要调整修改初步设计,须呈报业主审批。

(2)施工图设计文件应满足设备材料采购、非标准设备制作和施工需求。

(3)施工图设计应重点检查建筑与结构、建筑与设备、结构与设备等专业工种之间的冲突。

(4)施工图设计文件应确保其设计可实施性。

### 5.1.5 设计投资管理

在设计不同阶段实施的层层投资控制中,设计投资需经历多次“算”的计价过程,在设计推进过程中,设计管理部门应协同造价管理部门进行投资计划值和实际值动态跟踪比较,有偏即纠,将设计投资控制在项目计划总投资范围之内。设计管理需分析评价项目的经济性,并寻求提高设计经济性的途径,从而优化设计;在保证设计技术质量的前提下,实现建设项目的投入最小化和效益最大化。设计管理在进行设计投资控制时应做到高效利用有限资源,提高建设项目投资技术与经济的双重效益。

为保证工程项目造价的准确性及投资控制的科学性,项目分阶段对工程进行多次投资计算。从投资估算、设计概算与施工图预算等预期造价,到承包合同价、结算价和最后的竣工决算价等实际造价,是一个由粗到细,由浅入深,逐步深化,逐步细化并逐步接近实际投资的过程。设计管理应明确,投资与设计的逐步深化过程是相对应匹配的,对应关系为方案设计阶段对应投资估算、初步设计阶段对应工程、施工图设计阶段对应施工图预算。

#### 5.1.5.1　方案设计(投资估算)阶段投资控制

在方案设计阶段,投资控制主要是在优选和优化设计方案中实施。此阶段设计投资控制主要包括以下工作:

(1)参与设计方案评标,对投标设计方案的技术经济分析和设计估算做出评议和定量评价。

(2)参与编制设计方案优化要求文件中有关投资控制的内容。

(3)根据方案设计文件和估算书,对估算的依据、参数、过程和结论进行分析和审核。

(4)采用价值工程等方法对设计方案优化提出建议。

(5)参与编制初步设计要求文件中有关投资控制的内容。

(6)参与确定初步设计的设计限额。

#### 5.1.5.2　初步设计(工程概算)阶段投资控制

在概算阶段,设计管理的重要工作是向投资管理提供足够深度的初步设计成果文件和完备的其他资料文件。概算编制完成后,设计管理应根据项目设计情况对概算指标进行审核,并协同投资管理人员对项目各区域土建、安装概算指标进行合理性评估和分析,主要工作为:

(1)参与审核、评价初步设计文件中有关技术经济分析的内容。

(2)参与审核项目设计概算,提出评价建议。

(3)采用价值工程方法,寻求节约投资的可能性。

(4)参与编制施工图设计要求文件中有关投资控制的内容。

(5)参与确定施工图设计的设计限额。

#### 5.1.5.3　施工图设计(施工图预算)阶段投资控制

施工图设计阶段的设计投资控制重点是监控施工图设计按照初步设计进行,强化建设项目的经济性,严格控制设计限额,必要时对施工图设计进行修改或调整,使施工图预算控制在概算范围内。

#### 5.1.5.4　设计变更控制

管理控制设计变更应注重以下控制要点:

(1)事先分析预测项目范围的变更原因及其可能性,事先控制能够引起工程变更的因素和条件,按合同约定细化设计变更管理办法。

(2)了解跟进项目实施的中间过程和动态,在施工过程设计管理中,慎重审阅处理设计变更要求提出方的变更意见,防止出现不利于目标实现和不合理的变更,避免随意频繁变更导致项目施工实施的混乱和失控。

(3)协同项目设计负责人识别提出的设计变更的必要性、适用性及可行性,分析审定执行设计变更对工程设计质量、工期和费用的影响,包括对已安装部分或其他设计输出的影响及应采取的措施。

(4)变更后应及时合理调整项目设计管理的实施计划,并进行相应的工程进度、质量、价款和资源的跟进。

(5)加强设计变更的文档管理,所有的设计变更都必须有书面文件和记录,并有相关方代表签字。

## 5.2 水利工程初步设计咨询

初步设计是水利水电工程勘察设计的重要设计阶段,初步设计报告是指导工程项目建设的重要技术文件。水利水电工程勘察设计要与经济社会高质量发展相适应,做到生态优先、安全可靠、技术先进、经济合理、资源节约,实现建设项目经济效益、社会效益和环境效益相统一。勘察设计是保障工程建设质量和促进安全生产的源头,勘察设计单位要依法进行工程勘察设计,严格执行工程建设强制性标准,确保勘察设计文件的完整性、真实性和准确性,并对勘察设计的成果质量负责。

初步设计是根据批准的可行性研究报告和必要而准确的设计资料,对设计对象进行全面研究,阐明拟建工程在技术上的可行性和经济上的合理性,规定项目的各项基本技术参数,编制项目的总概算。初步设计必须在批准的可行性研究报告框架下开展工作。

编制初步设计报告应贯彻国家的方针政策,按照有关技术标准进行调查、勘测、试验、研究,在取得可靠的基本资料的基础上,进行方案技术设计。工程设计应安全可靠,技术先进,因地制宜,注重技术创新、节水节能、节约投资,宜采用新技术、新工艺、新设备、新材料。初步设计报告应有分析、论证和必要的方案比较,并有明确的结论和意见。

初步设计是水利水电工程建设程序中的一个重要阶段。经批准的初步设计是编制开工报告、招标设计、施工详图设计和控制投资的依据。

初步设计报告的主要内容和深度应符合下列要求:

(1)复核并确定工程场址的水文成果。

(2)查明水库区及主要建筑物的工程地质条件,评价存在的工程地质问题。对天然建筑材料进行复核,必要时对区域构造稳定性进行复核。

(3)说明工程任务及具体要求,复核工程规模,确定运行原则,明确运行方式。

(4)复核工程等级和设计标准,选定坝型,确定工程总体布置、输水线路、主要建筑物的轴线、结构型式和布置、控制高程、主要尺寸和数量。

(5)选定水力机械、电气、金属结构、采暖通风及空气调节等系统设计方案及设备型式和布置。

(6)确定消防设计方案和主要设施。

(7)复核对外交通运输方案、施工导流方式,选定料场、施工总布置,确定施工导流建筑物结构设计及布置、主要建筑物施工方法及施工总工期。提出建筑材料、劳动力、施工用电用水的需要数量及来源。

(8)复核建设征地范围和各项实物,确定农村移民生产安置规划和搬迁安置规划,提出集中居民点、城(集)镇迁建和专项设施复(改)建等初步设计文件,开展企(事)业单位资产补偿评估工作。

(9)复核环境影响,确定各项环境保护措施设计方案。

(10)复核水土流失防治责任范围,确定水土保持工程设计方案。

(11)确定劳动安全与工业卫生的设计方案,确定主要措施。

(12)确定工程的能源消耗种类和数量、能耗指标、设计原则、节能措施及工程节能设计方案。

(13)提出工程管理设计。

(14)确定工程信息化建设内容、功能及技术实现方案,确定系统部署方案及软、硬件技术要求和配置。

(15)编制设计概算。

(16)复核经济评价指标。

(17)提出工程建设初步设计的主要结论。

初步设计报告可包括下列附件:

(1)可行性研究报告批复文件及与工程有关的其他重要文件。

(2)相关专题论证、审查会议纪要或意见。

(3)工程地质勘察报告。

(4)建设征地与移民安置规划设计报告。

(5)其他重要专题和试验研究报告。

初步设计报告要综述本工程建设初步设计的主要结论;概括工程在工程技术、征地移民、生态环境、经济与财务、社会稳定等方面存在的问题和风险,及其解决措施或风险规避措施;提出技施阶段勘测设计、施工和运行管理的建议。

# 学习情境6 水利工程项目招标采购咨询

【学习情境描述】

基于招标采购咨询服务工作原则及工作内容,按照招标采购咨询服务工作流程及实施要求,合理确定建设项目招标采购进度计划,编制招标采购咨询服务工作过程的成果文件。

【学习目标】

1. 掌握“1+N”模式下招标采购咨询服务的工作内容。
2. 掌握招标采购咨询服务的工作流程。
3. 熟悉招标采购咨询服务的实施要求。
4. 能合理确定建设项目招标采购进度计划。
5. 能查阅相关资料,编制完成水利项目招标采购策划。

【任务书】

小组合作,编制完成《××河道工程建设项目招标采购策划》。具体要求如下:

1. 工程背景:自行设计;其中单项工程不少于4项,且必须包括堤防、桥梁、水闸、道路。
2. 服务模式:“1+N”模式。
3. 服务范围、服务内容:自行设定。

【工作计划】

学生根据工作任务划分填写表6-1。

表6-1 学生工作任务分工表

班级: 指导老师:
组号: 组 长:

| 序号 | 工作内容 | 负责人(姓名) |
|---|---|---|
| 1 | | |
| 2 | | |
| 3 | | |
| 4 | | |
| 5 | | |
| 6 | | |

【工作准备】

1. 各组派代表阐述工作计划。
2. 各组对其他组的工作计划提出自己不同的看法。

3. 教师结合大家完成的情况进行点评，选出最佳方案。

【工作实施】

各组按计划完成工作任务。

【引导问题】

1. 请简述招标采购工作原则。

2. 请简述“1+N”模式招标采购阶段全过程工程咨询业务内容。

3. 请简述招标文件审核的主要内容。

【评价反馈】

学生进行自评，评价自己是否能完成招标采购咨询服务的相关知识学习；是否能合作完成《××河道工程建设项目招标采购策划》的编制任务，编制质量如何等（见表6-2）。

**表6-2　学习过程评价表**

| 班级/组号： | | 学号/姓名： | | | |
|---|---|---|---|---|---|
| 序号 | 任务 | 分值 | 自评 | 互评 | 师评 |
| 1 | 工作效率：任务是否按计划时间完成 | 5 | | | |
| 2 | 工作质量：内容合理、文稿通顺、格式符合规定 | 10 | | | |
| 3 | 学习情况：相关知识学习完成情况 | 10 | | | |
| 4 | 引导问题：掌握情况 | 15 | | | |
| 5 | 文献索引：查阅、甄别、整理、引用资料能力 | 10 | | | |
| 6 | 工作态度：态度端正，无无故缺勤、迟到、早退 | 5 | | | |
| 7 | 创新意识：积极参与小组讨论，思路拓展情况 | 15 | | | |
| 8 | 语言表达：过程汇报、结果展示、汇报参与情况 | 10 | | | |
| 9 | 合作能力：小组成员合作交流、协调工作情况 | 10 | | | |
| 10 | 职业素养：自律、严谨、敬业、社会责任等 | 10 | | | |
| 合计 | | 100 | | | |

各组代表展示作品，介绍任务的完成过程。作品展示前应准备阐述材料，并完成评价（见表6-3）。

**表6-3　学习总评表**

| 总评 | 自评（20%）+互评（20%）+师评（60%） | 综合得分 | 教师（签名）： |
|---|---|---|---|

建设项目的招标采购，是在前期阶段形成的咨询成果基础上进行招标策划，并通过招标采购活动，选择具有相应能力和资质的中标人，通过合约进一步确定建设产品的功能、规模、标准、投资、完成时间等，并将招标人和中标人的责权利予以明确。招标采购阶段是实现投资人建设目标的准备阶段，该阶段确定的中标人是将前期阶段的咨询服务成果建成优质建筑产品的实施者。

根据现行的《中华人民共和国招标投标法》(简称《招标投标法》)、《中华人民共和国招标投标法实施条例》(简称《招标投标法实施条例》),招标采购活动包括招标策划、招标、投标、开标、评标、中标、定标、投诉与处理等一系列流程。招标采购活动应当遵循公开、公平、公正和诚实信用的原则。

# 6.1 招标采购阶段项目整体规划

## 6.1.1 依据

(1)相关法律法规、政策文件、标准规范等。

(2)项目可行性研究报告、投资人需求书、相关利益者需求分析、不同深度的勘察设计文件(含技术要求)、决策和设计阶段造价文件等。

(3)投资人经营计划,资金使用计划和供应情况,项目工期计划等。

(4)项目资金来源,项目性质,项目技术要求,投资人对工程造价、质量、工期的期望,以及资金的充裕程度等。

(5)承包人专业结构和市场供应能力分析。

(6)项目建设场地供应情况和周边基础设施的配套情况。

(7)潜在投标人专业结构和市场供应能力分析。

(8)招标过程所形成的书面文件。

(9)合同范本。

## 6.1.2 内容

招标策划工作的重点内容包括投资人需求分析、标段划分、招标方式选择、合同策划、时间安排等。充分做好这些重点工作的策划、计划、组织、控制的研究分析,并采取有针对性的预防措施,减少招标工作实施过程中的失误和被动局面,保证招标投标质量。

### 6.1.2.1 投资人需求分析

全过程工程咨询单位可通过实地调查法、访谈法、问卷调查法、原型逼近法等收集投资人对拟建项目质量控制、造价控制、进度控制、安全环境管理、风险控制、系统协调性和程序连续性等方面的需求信息,编制投资人需求分析报告。

### 6.1.2.2 标段划分

(1)标段划分的法律规定。《招标投标法》第十九条规定:招标项目需要划分标段、确定工期的,招标人应当合理划分标段、确定工期,并在招标文件中说明。

《招标投标法实施条例》第二十四条规定:招标人对招标项目划分标段的,应当遵守《招标投标法》的有关规定,不得利用划分标段限制或者排斥潜在投标人。依法必须进行招标的项目的招标人不得利用划分标段规避招标。

(2)标段划分的基本原则。划分标段应遵循的基本原则:合法合规、责任明确、经济高效、客观务实、便于操作。

(3)影响标段划分的因素。建设方可以把设计施工合并为一个标段,也可以把设计、施工划分为两个标段,还可以把设计划分为数个标段,如勘察、设计各为一个标段,把施工划分为若干标段,或把主体工程划为一个标段,配套工程按专业划分为相应的标段。影响上述工程标段划分的主要因素为:

①工程的资金来源。

②工程的性质。一般来说,建设方能够准确全面地提出规模、功能、技术要求的项目,可以采用把设计施工合并为一个标段的形式;不具备上述条件的,采用设计、施工分别划分为不同标段的形式进行招标。

③工程的技术要求。

④对工程造价的期望。

⑤对工期的期望。

⑥对质量的期望。

⑦资金的充裕程度。

以上是通用的影响标段划分的因素,不同的工种还有其特殊的因素,就是上述通用的因素,应用到具体的工程中,各个因素应予以考虑的权重也是各不相同的,只有充分遵循上述标段划分的原则,才能客观地评价和平衡影响标段划分的因素,以达到合理划分工程标段的目的。

因此,全过程工程咨询单位应根据拟建项目的内容、规模和专业复杂程度等提出标段划分的合理化建议。

#### 6.1.2.3 招标方式选择

全过程工程咨询单位应分析建设项目的复杂程度、项目所在地自然条件、潜在承包人情况等,并根据法律法规的规定、项目规模、发包范围以及投资人的需求,确定是采用公开招标还是邀请招标。

1. 公开招标

公开招标是指招标人以招标公告方式,邀请不特定的、符合公开招标资格条件的法人或者其他组织参加投标,按照法律程序和招标文件公开的评标方法、标准选择中标人的招标方式。依法必须进行货物招标的招标公告,应当在国家指定的报刊或者信息网络上发布。

根据国家发展改革委2018年第16号令《必须招标的工程项目规定》的第二条全部或者部分使用国有资金投资或者国家融资的项目包括:

(1)使用预算资金200万元人民币以上,并且该资金占投资额10%以上的项目;

(2)使用国有企业事业单位资金,并且该资金占控股或者主导地位的项目。

2. 邀请招标

邀请招标是指招标人邀请符合资格条件的特定的法人或者其他组织参加投标,按照法律程序和招标文件公开的评标方法、标准选择中标人的招标方式。邀请招标不必发布招标公告或招标资格预审文件,但应该组织必要的资格审查,且投标人不应少于3个。

(1)《招标投标法》规定,国家发展计划部门确定的重点项目和省、自治区、直辖市人民政府确定的地方重点项目不适宜公开招标的,经国家发展计划部门或省、自治区、直辖市人民政府批准,可以进行邀请招标。

(2)《招标投标法实施条例》规定,国有资金投资占控股或者主导地位的依法必须进行招标的项目,应当公开招标;但有下列情形之一的,可以进行邀请招标:

①技术复杂、有特殊要求或者受自然环境限制,只有少量潜在投标人可供选择。

②采用公开招标方式的费用占项目合同金额的比例过大。

以上所列情形,属于规定的需要履行项目审批、核准手续的依法必须进行招标的项目,由项目审批、核准部门在审批、核准项目时做出认定;其他项目由招标人申请有关行政监督部门做出认定。

(3)《水利工程建设项目勘察设计招标投标管理办法》规定,依法必须进行勘察设计招标的工程建设项目,在下列情况下经批准后可以进行邀请招标:

①项目的技术性、专业性较强,或者环境资源条件特殊,符合条件的潜在投标人数量有限。

②如采用公开招标,所需费用占水利工程建设项目总投资的比例过大。

③公开招标中,投标人少于 3 个,或者所有投标均被评标委员会否决,需要重新组织招标。

(4)《工程建设项目施工招标投标办法》规定,国家发展和改革委确定的重点项目和省、自治区、直辖市人民政府确定的地方重点项目,以及全部使用国有资金投资或者国有资金投资控股或者占主导地位的工程建设项目,应当公开招标;有下列情形之一的,经批准可以进行邀请招标:

①项目技术复杂或有特殊要求,只有少量几家潜在投标人可供选择的。

②受自然地域环境限制的。

③涉及国家安全、国家秘密或者抢险救灾,适宜招标但不适宜公开招标的。

④拟公开招标的费用与项目的价值相比,不值得的。

⑤法律、法规规定不宜公开招标的。

(5)《工程建设项目货物招标投标办法》规定,国家发展和改革委确定的重点项目和省、自治区、直辖市人民政府确定的地方重点建设项目,其货物采购应当公开招标;有下列情形之一的,经批准可以进行邀请招标:

①货物技术复杂或有特殊要求,只有少量几家潜在投标人可供选择的。

②涉及国家安全、国家秘密或者抢险救灾,适宜招标但不宜公开招标的。

③拟公开招标的费用与拟公开招标的投资相比得不偿失的。

④法律、行政法规规定不宜公开招标的。

采用邀请招标方式的,招标人应当向三家以上具备货物供应能力、资信良好的特定的法人或者其他组织发出投标邀请书。

#### 6.1.2.4 合同策划

合同策划包括合同种类选择和合同条件选择。合同种类有单价合同、总价合同、成本加酬金合同等。不同种类的合同,其应用条件、权利和责任的分配、支付方式以及风险分配方式均不相同,应根据建设项目的具体情况选择合同类型。

合同条件的选择。投资人应选择标准招标文件的合同条款,没有标准招标文件的宜选用合同示范文本的合同条件,结合招标投标目标进行调整完善。

合同策划是全过程工程咨询单位组织招标策划和开展发承包阶段咨询服务的一项重点工作,具体内容详见相关资料,这里不再详述。

### 6.1.2.5　招标时间安排

全过程工程咨询单位需要合理制订招标工作计划,既要和设计阶段计划、建设资金计划、征地拆迁计划、工期计划等相呼应,又要考虑合理的招标时间间隔,特别是有关法律法规对招标时间的规定,且要结合招标项目规模和范围,合理安排招标时间。依据现行国家法律法规的规定,各阶段招标时限的规定汇总见表 6-4。各行业的部门规章或各地的地方性法规、规章有可能对部分事务时限有与此不一致的规定,可以根据各地政策和项目特点进行调整。

**表 6-4　依法必须招标的工程建设项目招标投标事项时限规定汇总**

| 工作内容(事项) | 时限 |
| --- | --- |
| 招标文件(资格预审文件)发售时间 | 最短不得少于 5 d |
| 提交资格预审申请文件的时间 | 自资格预审文件停止发售之日起不得少于 5 d |
| 提交投标文件的时间 | 自招标文件开始发出之日起至投标文件递交截止之日止最短不少于 20 d。大型公共建筑工程概念性方案设计投标文件编制时间一般不少于 40 d。建筑工程实施性方案设计投标文件编制时间一般不少于 45 d |
| 对资格预审文件进行澄清或者修改的时间 | 澄清或者修改的内容可能影响资格预审申请文件编制的,应当在提交资格预审申请文件截止时间至少 3 d 前发出 |
| 对资格预审文件异议与答复的时间 | 对资格预审文件有异议的,应当在提交资格预审申请文件截止时间 2 d 前提出,投资人应当自收到异议之日起 3 d 内做出答复,做出答复前,应当暂停招标投标活动 |
| 对招标文件进行澄清或者修改的时间 | 澄清或者修改的内容可能影响投标文件编制的,应当在提交投标文件截止时间至少 15 d 前发出 |
| 对招标文件异议与答复的时间 | 对招标文件有异议的,应当在提交投标文件截止时间 10 d 前提出,投资人应当自收到异议之日起 3 d 内做出答复,做出答复前,应当暂停招标投标活动 |
| 对开标异议与答复的时间 | 承包人对开标有异议的,应当在开标现场提出,投资人应当当场做出答复 |
| 评标时间 | 投资人应当根据项目规模和技术复杂程度等因素合理确定评标时间。超过 1/3 的评标委员会成员认为评标时间不够的,投资人应当适当延长 |
| 开始公示中标候选人时间 | 自收到评标报告之日起 3 d 内 |
| 中标候选人公示时间 | 不得少于 3 d |

续表 6-4

| 工作内容(事项) | 时限 |
|---|---|
| 对评标结果异议与答复时间 | 承包人对评标结果有异议的,应当在中标候选人公示期间提出,投资人应当自收到异议之日起 3 d 内做出答复。做出答复前,应当暂停招标投标活动 |
| 投诉人提出投诉的时间 | 自知道或者应当知道其权益受到侵害之日起 10 d 内向有关行政监督部门投诉。异议为投诉前置条件的,异议答复期不计算在投诉限制期内 |
| 对投诉审查决定是否受理的时间 | 收到投诉书 5 d 内 |
| 对投诉做出处理决定的时间 | 受理投诉之日起 30 个工作日内;需要检验、检测、鉴定、专家评审的,所需时间不计算在内 |
| 投资人确定中标人时间 | 最迟应当在投标有效期满 30 d 前确定 |
| 向监督部门提交招标投标情况书面报告备案的时间 | 自确定中标人之日起 15 d 内 |
| 投资人与中标人签订合同时间 | 自中标通知书发出之日起 30 d 内 |
| 退还投标保证金时间 | 招标终止并收取投标保证金的,应及时退还;承包人依法撤回投标文件的,自收到撤回通知之日起 5 d 内退还;投资人与中标人签订合同后 5 个工作日内退还 |

### 6.1.3 程序

全过程工程咨询单位通过了解拟建项目情况、投资人需求分析、标段划分、招标方式选择、合同策划、招标时间安排等细节,将工作关键成果进行汇总整理,编写形成招标策划书。工作程序如图 6-1 所示。

图 6-1 招标策划书编写程序

## 6.2 招标采购阶段项目管理

全过程工程咨询单位应组织建立招标采购管理制度,确定招标采购流程和实施方式,规定管理与控制的程序和方法。需要特别强调的是,招标采购活动应当是在国家相关部门监督管理下有秩序地进行的一项涉及面广、竞争性强、利益关系敏感的经济活动。因此,招标投标活动及其当事人应当接受依法实施的监督,这对招标投标的当事人来说是一项法定的义务。由于招标投标活动范围很广,专业性又强,很难由一个部门统一进行监督,而是由各个不同的部门根据规定和各自的具体职责分别进行监督。各省、自治区、直辖市人民政府从本地实际出发,对各部门招标投标监督职责分工有具体规定,建设项目的招标采购管理应同时遵守工程建设项目所在地的规定。

## 6.2.1　全过程工程咨询单位在招标采购阶段需要管理的内容

(1)招标采购策划管理。

(2)招标采购制度管理。

(3)招标采购过程管理。

(4)招标采购合同管理。

(5)招标采购流程评价。

## 6.2.2　依据

(1)相关法律法规、政策文件、标准规范等。

(2)项目可行性研究报告、投资人需求书、相关利益者需求分析、不同深度的勘察设计文件(含技术要求)、决策和设计阶段造价文件等。

(3)招标人经营计划,资金使用计划和供应情况,项目工期计划等。

(4)项目资金来源,项目性质,项目技术要求,投资人对工程造价、质量、工期的期望,以及资金的充裕程度等。

(5)潜在投标人专业结构和市场供应能力分析。

(6)项目建设场地供应情况和周边基础设施的配套情况。

(7)招标过程所形成的书面文件。

(8)合同范本。

## 6.2.3　内容

### 6.2.3.1　招标采购策划管理

全过程工程咨询单位对项目进行招标策划:根据工程的勘察、设计、监理、施工,以及与工程建设有关的重要设备(进口机电设备除外)、材料采购的费用投资估算或批准概算来进行招标策划,明确哪些必须招标,哪些可不用招标,并编制相应的招标文件,通过一系列的招标活动完成招标。

### 6.2.3.2　招标采购制度管理

全过程工程咨询单位应协助招标人制定招标采购阶段的管理制度,招标采购管理制度中应包含招标采购组织机构及职责、招标采购工作准则、招标采购工作流程、质疑投诉处理、资料移交、代理服务费支付、招标代理机构的考核制度、招标采购人员职业规范、奖励与处罚,以及招标人和招标代理机构等各参建方在招标采购过程中的会签流程等内容。

本着规范招标、采购行为,保障招标人的根本利益,兼顾质量和成本,提高工作效率和市场竞争力的原则,完善招标采购制度。

#### 6.2.3.3 招标采购过程管理

建设项目招标采购过程管理主要包含招标程序管理及各阶段的主要工作内容管理。

招标程序是相应法律法规规定的招标过程中各个环节承前启后、相互关联的先后工作序列。招标程序对招标投标各方当事人具有强制约束力。违反法定程序需承担法律责任。

各阶段的主要工作内容是指招标人在招标、投标、开标、评标、定标、签订合同等阶段所要做的或监督委托的招标代理机构应做的主要事项,包括但不限于组织参建单位相关人员进行招标文件(资格预审文件)的讨论审核、工程量清单及控制价的审核,组织相关方人员进行招标答疑、招标流程合规化的监督、协助处理投诉质疑等主要管理工作。

1.招标文件(资格预审文件)的审核

(1)资格预审文件:招标范围,投标人资质条件,资格审查方法(有限数量制或合格制),资格审查标准。

(2)招标文件:招标范围,投标人资质条件,投标报价要求和内容,评标办法,主要合同条款,价款的调整及其他商务约定。

2.工程量清单及控制价的审核

工程量清单编制完成后应进行审核。

3.组织相关方人员进行招标答疑

全过程工程咨询单位组织相关参与单位,在开标之前进行招标答疑活动,招标人对任何一位投标人所提问题的回答,必须发送给每一位投标人,保证招标的公开和公平。回答函件作为招标文件的组成部分,如果书面解答的问题与招标文件中的规定不一致,以函件的解答为准。

4.招标流程合规化的监督

全过程工程咨询单位协助招标人严格把关招标流程,从“市场调研、评委抽取、招标条件、资格审查、评标过程、中标结果、合同签订、合同履行”八个关键环节入手,细化为包含具体监督内容的监督流程,由监督人员在招标投标监督过程中执行。

5.协助处理投诉质疑

全过程工程咨询单位耐心做好质疑答复工作,严防事态升级,重视投诉质疑回复工作。质疑投诉回复是质疑投诉处理的阶段性工作标志,对它的把握要做到恰到好处。

#### 6.2.3.4 招标采购合同管理

1.依据

(1)法律法规。2021年1月1日起实施的《中华人民共和国民法典》第三篇及其他相关法律法规、政策文件、标准规范等。

(2)建设项目工程资料。项目决策、设计阶段的成果文件,如可行性研究报告、勘察设计文件、项目概预算、主要的工程量和设备清单;投资人和全过程工程咨询单位提供的有关技术经济资料;类似工程的各种技术经济指标和参数以及其他有关的资料;项目的特征,包含项目的风险、项目的具体情况等;招标策划书;其他相关资料。

2. 内容

施工合同是保证工程施工建设顺利进行,保证投资、质量、进度、安全等各项目标顺利实施的统领性文件。施工合同应该体现公平、公正和双方真实意愿反映的特点,施工合同只有制定科学才能避免出现争议和纠纷,确保建设目标的实现。

(1)合同条款拟订。全过程工程咨询单位须根据项目实际情况,依据《施工合同示范文本》,科学合理拟订项目合同条款。

①合同协议书。合同协议书主要包括工程概况、合同工期、质量标准、签约合同价和合同价格形式、项目经理、合同文件构成、承诺以及补充协议等重要内容,集中约定了合同当事人基本的合同权利义务。

②通用合同条款。通用合同条款是合同当事人根据《中华人民共和国建筑法》《中华人民共和国民法典》等法律法规的规定,就工程建设的实施相关事项,对合同当事人的权利义务做出的原则性约定。

③专用合同条款。专用合同条款是根据不同建设工程的特点及具体情况,对通用合同条款原则性约定的细化、完善、补充、修改或另行约定的条款。

④补充合同条款。通用合同条款和专用合同条款未有约定的,必要时可在补充合同条款中加以约定。

(2)要点分析。承包范围以及合同签约双方的责任、权利和义务。明确合同的承包范围以及合同签约双方的责任、权利和义务,才能从总体上控制好工程质量、工程进度和工程造价;合同的承包范围以及合同签约双方的责权利和义务的描述不应采用高度概括的方法,应对承包范围以及合同签约双方的责权利和义务进行详尽的描述。

风险的范围及分担办法。在合同的制定中,合理确定风险的承担范围是非常重要的,风险的范围必须在合同中描述清楚,合理分担风险,避免把一切风险都推给中标人承担的做法。

严重不平衡报价的控制。“不平衡报价”是中标人普遍使用的一种投标策略,其目的是“早拿钱”(前期施工的项目报价高)和“多拿钱”(预计工程量可能会大幅增加的项目报价高),一定幅度的“不平衡”是正常的,但如果严重地不平衡报价,将严重影响造价的控制。为了控制严重不平衡报价的影响,在合同中应明确对严重不平衡报价的处理办法:①投资人有权进行清标并调整的办法;②在合同中设定对工程量增加或减少超过工程量清单中提供的数量的一定幅度(如10%)时,超出或减少部分工程的单价要进行调整的办法。通过这些条款的设置就能从招标环节杜绝不平衡报价的影响,实现造价的主动控制。

进度款的控制支付。进度款的支付条款应清楚支付的条件、依据、比例、时间、程序等。工程款的支付方式包括:预付款的支付与扣回方式、进度款的支付条件、质保金的数量与支付方式及工程款的结算等。

工程价款的调整、变更签证的程序及管理。合理设置人工、材料、设备价差的调整方法,明确变更签证价款的结算和支付条件。

违约及索赔的处理办法。清晰界定正常变更和索赔,明确违约责任及索赔的处理办法。合理利用工程保险、工程担保等风险控制措施,使风险得到适当转移、有效分散和合理规避,确保有效履约合同,实现投资控制目标。

(3)注意事项。

①合同条款策划要符合合同的基本原则,不仅要保证合法性、公正性,而且要合理分担风险,促使各方面互利合作,确保高效率地完成项目目标。

②合同条款策划应保证项目实施过程的系统性、协调性和可实施性。

③合同承包范围应清晰,合同主体和利益相关方责任、权利和义务明确。

④合同管理并不是在合同签订之后才开始的,招标过程中形成的大部分文件,在合同签订后都将成为对双方当事人有约束力的合同文件的组成文件。该阶段合同管理的主要内容有:审核资格预审文件(采用资格预审时);对潜在投标人进行资格预审;审核招标文件,依法组织招标;必要时组织现场踏勘;审核潜在投标人编制的投标方案和投标文件;审核开标、评标和定标工作;合同分析和审查工作;组织合同谈判和签订,落实履约担保;合同备案等。对中标人的投标文件进行审核后,再签订合同。

#### 6.2.3.5 招标采购流程评估

在项目招标采购完成之后,全过程工程咨询单位应对招标采购流程进行评估。将合同各参与主体在执行过程中的利弊得失、经验教训总结出来,为投资人同类型招标采购提供借鉴,为项目部及公司决策层提供参考。

### 6.2.4 程序

全过程工程咨询单位在招标采购阶段的项目管理工作,包括前期协助招标人制定招标采购管理的制度,组织策划招标采购流程,管理招标采购的过程,同时,对招标投标的合同进行管理,招标投标活动完成后,开展招标采购项目后评估。

### 6.2.5 注意事项

(1)全过程工程咨询单位在招标采购项目过程中,应对社会资源供需进行深入分析,如拟招标项目需要开挖土方和运输,若项目所在地附近存在土方需求,则应考虑将开挖土方供应给临近的需求者,以求降低成本、提高社会效益。

(2)应充分考虑项目功能、未来产权划分对标段影响,招标策划工作中应根据投资人的需要,对优先使用的功能、产权明晰的项目优先安排招标和实施。

(3)项目招标策划应与项目审批配套执行,充分考虑审批时限对招标时间安排的影响和带来的风险,避免项目因审批尚未通过而导致招标无效,影响项目建设程序。

(4)招标策划应充分评估项目建设场地的准备情况,特别需要在招标前完成土地购置和征地拆迁工作,现场“三通一平”条件充足,避免招标结束后中标人无法按时进场施工导致索赔或纠纷问题。

## 6.3 招标采购代理

工程招标代理,是指工程招标代理机构接受招标人的委托,从事工程的勘察、设计、施工、监理以及与工程建设有关的重要设备(进口机电设备除外)、材料采购招标的代理业务。工程招标代理工作包括:与招标人签订招标代理合同,拟订招标方案,提出招标申请,发布招标公告或发出投标邀请书,编制、发售资格预审文件,审查投标申请人资格,编制并发售招标文件,编制标的或投标控制价,踏勘现场与答疑,组织开标、评标定标与发出中标通知书,招标投标资料汇总与书面报告,协助招标人签订合同、合同备案等。

## 6.3.1　依据

### 6.3.1.1　法律法规

(1)相关法律法规、政策文件、标准规范等。

(2)《中华人民共和国标准施工招标文件》(2007年版)。

(3)《中华人民共和国招标投标法》(2017年修订)。

(4)《中华人民共和国招标投标法实施条例》(2017年修订)。

(5)《水利工程建设项目招标投标管理规定》(2002年)。

### 6.3.1.2　建设项目工程资料

(1)项目可行性研究报告、投资人需求书、相关利益者需求分析、不同深度的勘察设计文件(含技术要求)、决策和设计阶段造价文件等。

(2)投资人资金使用计划和供应情况,项目工期计划等。

(3)项目建设场地供应情况和周边基础设施的配套情况。

(4)潜在投标人技术、管理能力、信用情况等。

(5)材料设备市场供应能力。

(6)合同范本。

(7)招标策划书。

## 6.3.2　内容

全过程工程咨询单位对项目进行招标策划并编制完招标文件后,需要通过一系列招标活动完成对中标人的招标。

### 6.3.2.1　招标公告

按现行有关规定,招标公告的基本内容包括:

(1)招标条件。包括招标项目的名称,项目审批、核准或备案机关名称及批准文件编号,招标人的名称,项目资金来源和出资比例,阐明该项目已具备招标条件,招标方式为公开招标。

(2)招标项目的建设地点、规模、计划工期、招标范围、标段划分等。

(3)投标人的资质等级与资格要求。申请人应具备的资质等级、类似业绩、安全生产许可证、质量认证体系,以及对财务、人员、设备、信誉等方面的要求。

(4)招标文件或资格预审文件获取的时间、地点、方式,招标文件的售价,图纸押金等。

(5)投标文件递交的截止时间、地点。

(6)公告发布的媒体。依法必须招标项目的招标公告应当在国家指定的媒体发布,对于不属于必须招标的项目,招标人可以自由选择招标公告的发布媒介。

(7)联系方式,包括招标人和招标代理机构的联系人、地址、邮编、电话、传真、电子邮箱、开户银行和账号。

(8)其他。有关部委结合行业的具体特点进行了一些特殊规定,见表6-5。

表6-5 不同类型项目招标公告内容(包括但不限于)

| 类型 | 招标公告内容 |
| --- | --- |
| 工程建设项目勘察设计招标投标 | ①工程概况;<br>②招标方式、招标类型、招标内容及范围;<br>③投标人承担设计任务范围;<br>④对投标人资质、经验及业绩的要求;<br>⑤购买招标文件的时间、地点;<br>⑥招标文件工本费收费标准;<br>⑦投标截止时间、开标时间及地点;<br>⑧联系人及联系方式等 |
| 工程建设项目施工招标投标 | ①招标人的名称和地址;<br>②招标项目的内容、范围、规模、资金来源;<br>③招标项目的实施地点和工期;<br>④获取招标文件或资格预审文件的地点和时间;<br>⑤对招标文件或资格预审文件收取的费用;<br>⑥对投标人的资格等级要求;<br>⑦投标截止时间、开标时间及地点 |
| 工程建设项目货物招标投标 | ①招标人的名称和地址;<br>②招标货物的名称、数量、技术规格、资金来源;<br>③交货的地点和时间;<br>④获取招标文件或资格预审文件的地点和时间;<br>⑤对招标文件或资格预审文件收取的费用;<br>⑥提交资格预审申请或投标文件的地点和截止日期;<br>⑦对投标人的资格要求 |

此外,招标人采用邀请招标方式的,应当向3个以上具备承担招标项目能力、资信良好的特定法人或其他组织发出投标邀请书。投标邀请书的内容和招标公告的内容基本一致,但无须说明发布公告的媒介,需增加要求潜在投标人确认是否收到了投标邀请书的内容。

公开招标的项目,招标人采用资格预审办法对潜在投标人进行资格审查的,应当发布资格预审公告,编制资格预审文件。资格预审公告的基本内容和招标公告的内容基本一致,只需增加资格预审方法,表明是采用合格制还是有限数量制;资格预审结束后,向投标人发送资格预审合格通知书的同时发送投标邀请书。

#### 6.3.2.2 资格审查

为了保证潜在投标人能够公平地获取投标竞争的机会,确保投标人满足招标项目的资格条件,同时避免招标人和投标人不必要的资源浪费,招标人应当对投标人资格进行审查。资格审查分为资格预审和资格后审两种。

1. 资格预审

资格预审是指招标人采用公开招标方式,在投标前按照有关规定程序和要求公布资格预审公告和资格预审文件,对获取资格预审文件并递交资格预审申请文件的潜在投标人进行资格审查。一般适用于潜在投标人较多或者大型、技术复杂的工程项目。

(1)资格预审主要审查潜在投标人或者投标人是否符合下列条件:

①具有独立订立合同的权利。

②具有履行合同的能力,包括专业、技术资格和能力,资金、设备和其他物质设施状况,管理能力,经验、信誉和相应的从业人员。

③没有处于被责令停业,投标资格被取消,财产被接管、冻结、破产状态。

④在最近3年内没有骗取中标和严重违约及重大工程质量问题。

⑤法律、行政法规规定的其他资格条件等。

资格审查时,招标人不得以不合理的条件限制、排斥潜在投标人或投标人,不得对潜在投标人或投标人实行歧视待遇。任何单位和个人不得以行政手段或其他不合理方式限制投标人的数量。

(2)资格预审的程序。

①编制资格预审文件。

②发布资格预审公告。

③出售资格预审文件。

④对资格预审文件的澄清、修改。

⑤潜在投标人编制并递交资格预审申请文件。

⑥组建资格审查委员会。

⑦资格审查委员会对资格预审申请文件进行评审并编写资格评审报告。

⑧招标人审核资格评审报告,确定资格预审合格申请人。

⑨向通过资格预审的申请人发出投标邀请书(代资格预审合格通知书),并向未通过资格预审的申请人发出资格预审结果的书面通知。

(3)资格预审文件。资格预审文件是告知申请人资格预审条件、标准和方法,并对申请人的经营资格、履约能力进行评审,确定合格中标人的依据。

2. 资格后审

资格后审是指在开标后,在评标过程中对投标申请人进行的资格审查。采用资格后审的,对投标人资格要求的审查内容、评审方法和标准与资格预审基本相同,评审工作由招标人依法组建的评标委员会负责。招标人应当在招标文件中载明对投标人资格要求的条件、标准和方法。

经过资格预审的,一般不再进行资格后审,但招标文件另有规定的除外。

### 6.3.2.3 招标文件编制

招标文件是招标人向潜在投标人发出的要约邀请文件,是告知投标人招标项目内容、范围、数量与招标要求,投标资格要求,招标投标程序,投标文件编制与递交要求,评标标准和方法,合同条款与技术标准等招标投标活动主体必须掌握的信息和遵守的依据,对招标投标各方均具有法律约束力。

1. 编制招标文件应遵循的原则和要求

招标文件的编制必须遵守国家有关招标投标的法律、法规和部门规章的规定,应遵循下列原则和要求:

(1)招标文件必须遵循公开、公平、公正的原则,不得以不合理的条件限制或者排斥潜在投标人,不得对潜在投标人实行歧视待遇。

(2)招标文件必须遵循诚实信用的原则,招标人向投标人提供的工程项目情况,特别是工程项目的审批、资金来源和落实等情况,都要确保真实和可靠。

(3)招标文件介绍的工程项目情况和提出的要求,必须与资格预审文件的内容相一致。

(4)招标文件的内容要能清楚地反映工程项目的规模、性质、商务和技术要求等内容,设计图纸应与技术规范或技术要求相一致,使招标文件系统、完整、准确。

(5)招标文件规定的各项技术标准应符合国家强制性标准。

(6)招标文件不得要求或者标明特定的专利、商标、名称、设计、原产地或材料、构配件等生产供应者,以及含有倾向或者排斥投标申请人的其他内容。如果必须引用某一生产供应者的技术标准才能准确或清楚地说明拟招标项目的技术标准时,则应当在参照后面加上“或相当于”的字样。

(7)招标人应当在招标文件中规定实质性要求和条件,并用醒目的方式标明。

2. 招标文件的内容

(1)按现行有关规定,招标文件的基本内容包括:

①招标公告或投标邀请书。采用资格预审的形式时,投标邀请书可代资格预审通过通知书,是用来邀请资格预审合格的投标人投标的;在邀请招标时,不发布招标公告,是用投标邀请书直接邀请潜在投标人参加投标。

②投标人须知。包括工程概况,招标范围,资格审查条件,工程资金来源或者落实情况,标段划分,工期要求,质量标准,现场踏勘和投标预备会,投标文件编制、提交、修改、撤回的要求,投标报价要求,投标有效期,开标的时间和地点等。

③评标标准和评标方法。包括选择评标方法、确定评审因素和标准以及确定评标程序。

④技术条款(含技术标准、规格、使用要求以及图纸等)。

⑤投标文件格式。包括投标函、投标函附录、投标担保书、投标担保银行保函格式、投标文件签署、授权委托书及招标文件要求投标人提交的其他投标资格格式。

⑥拟签订合同主要条款及合同格式。一般分为通用条款和专用条款两部分。通用条款具有普遍适用性;专用条款是针对某一特定工程项目合同的具体规定,是对通用条款的补充和修改。

⑦附件和其他要求投标人提供的材料。

对不同类型项目招标文件的内容,有关部委结合行业的具体特点做出一些特殊规定。

(2)对于工程勘察设计招标文件,《工程建设项目勘察设计招标投标办法》规定,勘察设计招标文件应当包括下列内容：

①投标须知。

②投标文件格式及主要合同条款。

③项目说明书，包括资金来源情况。

④勘察设计范围，对勘察设计进度、阶段和深度的要求。

⑤勘察设计基础资料。

⑥勘察设计费用支付方式，对未中标人是否给予补偿及补偿标准。

⑦投标报价要求及投标有效期。

⑧对投标人资格审查的标准。

⑨评标标准和方法。

(3) 对于工程项目施工招标文件，《工程建设项目施工招标投标办法》规定，招标人根据施工招标项目的特点和需要编制招标文件。招标文件一般包括下列内容：

①投标邀请书。

②投标人须知。

③合同主要条款。

④投标文件格式。

⑤采用工程量清单招标的，应当提供工程量清单。

⑥技术条款。

⑦设计图纸。

⑧评标标准和方法。

⑨投标辅助材料。

⑩招标人应当在招标文件中规定实质性要求和条件，并用醒目的方式标明。

(4) 对于工程项目货物招标文件，《工程建设项目货物招标投标办法》规定，一般包括下列内容：

①投标邀请书。

②投标人须知。

③投标文件格式。

④技术规格、参数及其他要求。

⑤评标标准和方法。

⑥合同主要条款。

招标人应当在招标文件中规定实质性要求和条件，说明不满足其中任何一项实质性要求和条件的投标将被拒绝，并用醒目的方式标明；没有标明的要求和条件在评标时不得作为实质性要求和条件。对于非实质性要求和条件，应规定允许偏差的最大范围、最高项数，以及对这些偏差进行调整的方法。

国家对招标货物的技术、标准、质量等有特殊要求的，招标人应当在招标文件中提出相应特殊要求，并将其作为实质性要求和条件。

3. 招标文件的发放

招标代理机构应当以书面的形式通知选定的符合资质条件的投标申请人领取招标文

件,书面通知中应包括获取招标文件的时间、地点和方式。

4. 编制招标文件的注意事项(需增加内容)

(1)招标文件评分细则中专家打分不能存在空当,量化具体评分分值,错误案例如下:招标文件的评分细则中规定,工程质量保证措施全面、具体、可行等,评标专家可据实给出一般为1~3分,良为4~6分,优7~9分等。

(2)投标文件的内容及格式应与其他章节相对应,不得提出违反法律法规或不合理的其他要求。

(3)招标文件中答疑时间、投标截止时间等节点时间满足相关法律法规要求。

(4)《合同条款》《投标人须知》《工程量清单》等每个环节是否符合相关规定。

(5)必要时,可通过图纸查看招标文件描述的工程概况(规模)、类似业绩要求的规模是否与图纸一致。

#### 6.3.2.4 现场踏勘与答疑

(1)现场踏勘。招标人组织现场踏勘和招标文件答疑会,应特别注意的是不得向任何单位和个人透露参加现场踏勘和出席交底答疑会的投标人的情况。签到应采取分别签到记录。

(2)答疑或投标预备会。投标人对有需要解释的问题,以书面形式在招标文件或招标人规定的时间内向招标人提出。招标人对有必要解释说明的问题以补充招标文件的形式发放给投标人。

#### 6.3.2.5 组织评标委员会

招标人或招标代理机构根据招标建筑工程项目特点和需要组建评标委员会,一般工程项目按照当地有关规定执行。评标委员会成员名单在中标人确定前应当保密。

#### 6.3.2.6 接受投标有关文件

在投标过程中,全过程工程咨询单位主要的工作内容是接收投标人提交的投标文件和投标保证金等,并审核投标文件和投标保证金是否符合招标文件和有关法律法规的规定。

#### 6.3.2.7 开标

(1)开标应当在招标文件确定的提交投标文件截止时间的同一时间公开进行,开标地点应当为招标文件中预先确定的地点。

(2)开标时,由中标人或者其推选的代表检查投标文件的密封情况,也可以由投资人委托的公证机构检查并公证;经确认无误后,由工作人员当众拆封,宣读中标人名称、投标价格和投标文件的其他主要内容。

#### 6.3.2.8 清标

在全过程工程咨询服务中,针对项目的需要,专业咨询工程师(招标代理)在开标后、评标前对投标报价进行分析,编制清标报告成果文件。清标报告应包括清标报告封面、清标报告的签署页、清标报告编制说明、清标报告正文及相关附件。及时检查清标报告内容是否完整和符合有关规定,然后提交总咨询师和投资人复核确认。

清标报告正文宜阐述清标的内容、清标的范围、清标的方法、清标的结果和主要问题等。一般应主要包括:

(1)算术性错误的复核与整理,不平衡报价的分析与整理,错项、漏项、多项的核查与整理。

(2)综合单价、取费标准合理性分析和整理。

(3)投标报价的合理性和全面性分析与整理,投标文件中含义不明确、对同一问题表述不一致、明显的文字错误的核查与整理等。

(4)投标文件和招标文件是否吻合;招标文件是否存在歧义问题,是否需要组织澄清等问题。

#### 6.3.2.9 评标

(1)投资人或其委托的全过程工程咨询单位应依法组建评标委员会,与中标人有利害关系的人不得进入相关项目的评标委员会。

(2)评标委员会可以要求投标人对投标文件中含义不明确的内容做必要的澄清或者说明,但是澄清或者说明不得超出投标文件的范围或者改变投标文件的实质性内容(如有时)。

(3)评标委员会应当按照招标文件确定的评标标准和方法,对投标文件进行评审和比较,设有标底的,应当参考标底。评标委员会完成评标后,应当向投资人提出书面评标报告,并推荐合格的中标候选人。

#### 6.3.2.10 定标(发中标通知书)

(1)根据评标委员会提出的书面评标报告和推荐的中标候选人确定中标人。投资人也可以授权评标委员会直接确定中标人。

(2)中标人确定后,投资人应当向中标人发出中标通知书,并同时将中标结果通知所有未中标的投标人。

(3)中标通知书对投资人和中标人具有法律效力。中标通知书发出后,投资人改变中标结果的,或者中标人放弃中标项目的,应当依法承担法律责任。

全过程咨询机构到相关行政监督部门将定标结果进行备案(或按项目所在地规定),并公示中标候选人。

#### 6.3.2.11 签订合同

根据《中华人民共和国招标投标法》,投资人和中标人应当自中标通知书发出之日起30 d内,按照招标文件和中标人的投标文件订立书面合同。全过程工程咨询单位应协助投资人进行合同澄清、签订合同等工作,同时根据投资人的需求和项目需要,可协助投资人进行合同谈判、细化合同条款等内容。投资人和中标人不得再订立背离合同实质性内容的其他协议。

### 6.3.3 程序

全过程工程咨询单位须严格执行有关法律法规和政策规定的程序和内容,规范严谨组织项目招标采购过程管理。

### 6.3.4 注意事项

(1)全过程工程咨询单位、投资人、中标人和相关利益方应依法做好廉洁管理工作,确保项目招标投标工作公正、公平开展。

(2)招标文件、资格预审文件的发售、澄清、修改的时限,或者确定的提交资格预审申请文件、投标文件的时限需符合招标投标法律法规规定。不得擅自更改招标文件规定的投标截止时间和递交地点。

(3)不得超过规定的比例收取投标保证金、履约保证金或者不按照规定退还投标保证金及银行同期存款利息。

(4)投资人应按规定时限发出中标通知书,中标通知书发出后无正当理由不得改变中标结果。

(5)投资人应按规定时限与中标人订立合同;不得在订立合同时向中标人提出附加条件。

(6)投资人和中标人应按照招标文件和中标人的投标文件订立合同,合同的主要条款与招标文件、中标人的投标文件的内容应一致,投资人、中标人不得订立背离合同实质性内容的协议。

## 6.4 全过程咨询项目招标采购投资控制

招标采购阶段投资管控作为建设项目全过程投资管控的重要组成部分,是工程投资事前控制的主要手段,不仅为施工阶段和工程竣工结算阶段的投资管控奠定了基础,而且对于提升建设项目投资管理水平和投资控制效果具有十分重要的意义。

招标采购阶段,是确定合同价款的一个重要阶段,它通过施工图实际算量,已经比较接近工程的实际造价且对建筑成品已经能初步体现,对后期工程竣工结算有着直接的影响。

### 6.4.1 工程量清单编制与审核

#### 6.4.1.1 依据

(1)现行工程量清单计价规范。

(2)国家或省级、行业建设主管部门颁发的计价定额和办法。

(3)工程设计文件。

(4)与工程项目有关的标准、规范、技术资料。

(5)招标文件及其补充通知、答疑纪要。

(6)施工现场实际情况、地勘水文资料、工程特点及常规施工方案。

#### 6.4.1.2 内容

1. 分部分项工程量清单编制

分部分项工程量清单是指表示拟建工程分项实体工程项目名称和相应数量的明细清单,应该包括项目编码、项目名称、项目特征、计量单位和工程量五个部分。

补充项目为附录中未包括的项目,有补充项目时,编制人应做补充,并报省级或行业工程造价管理机构备案。

2. 措施项目清单编制

措施项目清单是未完成工程项目施工,发生于该工程施工前、施工过程中技术、生活、文明、安全等方面的实体项目清单。编制时需考虑多方面的因素,除工程本身,还涉及气象、水文、环境、安全等因素。措施项目清单应根据拟建工程的实际情况列项,若工程量清单计价规范中存在未列项目,可根据实际情况进行补充。

(1)措施项目清单的编制依据。

①拟建工程的施工组织设计。

②拟建工程的施工技术方案。

③与拟建工程相关的工程施工规范和工程验收规范。

④招标文件。

⑤设计文件。

(2)措施项目清单的确定要按照以下要求:

①参考拟建工程的施工组织设计,以确定环境保护、安全文明施工、二次搬运等项目。

②参考施工技术方案,以确定夜间施工、混凝土模板与支架、施工排水、施工降水、垂直运输机械、大型机械设备进出场及安拆脚手架等项目。

③参考相关施工规范与工程验收规范,以及技术方案没有表述但是为了实现施工规范和验收规范要求而必须发生的技术措施。

④确定设计文件中一些不足以写进技术方案的,但是要通过一定的技术措施才能实现的内容。

⑤确定招标文件中提出的某些必须通过一定的技术措施才能实现的要求。

3. 其他项目清单编制

其他项目清单是指除分部分项工程量清单、措施项目清单所包含的内容以外,因招标人的特殊要求而发生的与拟建工程有关的其他费用项目和相应数量的清单。其影响因素包括工程建设标准的高低、工程的复杂程度、工程的工期长短、工程的组成内容、发包人对工程管理要求等。其他项目清单的内容包括暂列金额、暂估价,计日工和总承包服务费,未包含项目需要补充。

(1)暂列金额指招标人在工程量清单中暂定并包括在合同价款中的一笔款项。用于施工合同签订时未确定或者不可预见的所需材料、设备、服务的采购,施工中可能发生的工程变更、合同约定调整因素出现时的工程价款调整以及发生的索赔、现场签证等费用。暂估价是指招标人在工程量清单中提供的用于支付必然发生但暂时不能确定价格的材料的单价以及专业工程的金额。

(2)在工程施工中,暂列金额、暂估价所包含的工作范围和图纸、标准深化固定后,按照工程专业、设备、材料类别等分类汇总的金额,达到法定招标范围标准的,应由招标人同中标人联合招标,确定承包人和承包价格。

(3)在工程实施中,暂列金额、暂估价所包含的工作范围和图纸、标准深化固定后,按照工程专业、设备、材料类别等分类汇总的金额,未达到法定招标范围标准但适用政府采购规定的,应按照政府采购规定确定承包人和承包价格。

(4)在工程施工中,暂列金额、暂估价所包含的工作范围和图纸、标准深化固定后,按照工程专业、设备、材料类别等分类汇总的金额,未达到法定招标范围标准也不适用政府采购规定,承包人有法定的承包资格的,由承包人承包,承包人无法定的承包资格但有法定的分包权的,由承包人分包,招标人同承包人结算的价格按招标投标文件相关规定确定。

(5)在工程实施中,暂列金额、暂估价所包含的工作范围和图纸、标准深化固定后,按照工程专业、设备、材料类别等分类汇总的金额,未达到法定招标范围标准也不适用政府采购规定,承包人既无法定的承包资格又无法定的分包权的,由招标人另行发包。

(6)在工程实施中,暂列金额、暂估价所包含的工作范围由其他承包人承包的,纳入项目总承包人的管理和协调范围,由其他承包人向项目总承包人承担质量、安全、文明施工、工期责任,项目总承包人向招标人承担责任。

4. 规费、税金项目清单编制

规费项目清单应包括工程排污费、社会保障费(养老保险、失业保险、医疗保险)、住房公积金、危险作业意外伤害保险费。税金项目清单包括营业税、城市建设维护税、教育费附加。

#### 6.4.1.3 程序

(1)工程量清单编制流程依据工程量清单计价规范和《建设项目全过程造价咨询规程》(CECA/GC 4—2017)确定。

(2)工程量清单审核程序。工程量清单的审核可以分为对封面及相关盖章的审核、工程量清单总说明的审核、分部分项工程量清单的审核、措施项目清单的审核、其他项目清单的审核、规费税金项目清单的审核及补充工程量清单项目的审核。

#### 6.4.1.4 注意事项

在编制工程量清单时,应做好以下工作:

(1)充分理解招标文件的招标范围,协助投资人完善设计文件。

(2)认真查看现场,措施项目应该与施工现场条件和项目特点相吻合。

(3)工程量清单应表达清晰,满足投标报价要求。

(4)在工程量清单中应明确相关问题的处理及与造价有关的条件的设置,如暂估价,工程一切险和第三方责任险的投保方、投保基数和费率及其他保险费用,特殊费用的说明,各类设备的提供、维护等的费用是否包括在工程量清单的单价与总额中,暂列金额的使用条件及不可预见费的计算基础和费率。

(5)工程量清单的编制人员要结合项目的目的要求、设计原则、设计标准、质量标准、工程项目内外条件,及相关资料和信息全面兼顾进行,不能仅仅依靠施工图进行编制,还应分析研究施工组织设计、施工方案,只有这样才可以避免由于图纸设计与实际要求不吻合造成的设计变更。

### 6.4.2 招标控制价编制与审核

#### 6.4.2.1 依据

(1)现行工程量清单计价规范和《建设项目全过程造价咨询规程》(CECA/GC 4—2017)。

(2)国家或省级行业建设主管部门颁发的计价依据和办法。

(3)经过批准和会审的全部建设工程设计文件及相关资料,包括施工图纸等。

(4)与工程项目有关的标准、规范、技术资料。

(5)招标文件及其补充通知、答疑纪要。

(6)施工现场情况、工程特点及常规施工方案。

(7)批准的初步设计概算或修正概算文件。

(8)工程造价管理机构发布的工程造价信息及市场价格。

(9)招标控制价编制委托代理合同。

(10)其他相关资料。

对于实际工程项目编制招标控制价,采用编制前期准备工作中所收集的相关资料和文件作为依据。

#### 6.4.2.2　内容

招标控制价计价的内容应根据工程量清单计价规范的具体要求来编制。

#### 6.4.2.3　程序

(1)招标控制价编制程序。招标控制价编制工作的基本程序包括编制前准备、收集编制资料、编制招标控制价价格、整理招标控制价文件相关资料、形成招标控制价编制成果文件。

(2)招标控制价审核程序。招标控制价审核工作的基本流程包括审核前准备、审核招标控制价文件、形成招标控制价审核成果文件。

#### 6.4.2.4　注意事项

(1)编制招标控制价应与招标文件(含工程量清单和图纸)相吻合,并结合施工现场情况确定,确保招标控制价的编制内容符合现场的实际情况,以免造成招标控制价与实际情况脱离。

(2)招标控制价确定既要符合相关规定,也要有可靠的信息来源,又要与市场情况相吻合。

(3)措施项目费用的计取范围、标准必须符合规定,并与拟定的合适的施工组织设计和施工方案相对应。

(4)在编制招标控制价时,要有对招标文件进行进一步审议的思路,对存在的问题及时反馈处理,避免合同履行时的纠纷或争议等问题。

### 6.4.3　合同价款的约定

#### 6.4.3.1　签约合同价与中标价的关系

(1)签约合同价是指合同双方签订合同时在协议书中列明的合同价格。

(2)对于以单价合同形式招标的项目,工程量清单中各种价格的合计即为合同价。

(3)签约合同价就是中标价,因为中标价是指评标时经过算术修正的并在中标通知书中申明招标人接受的投标价格。

#### 6.4.3.2　合同价款约定的规定和内容

1.合同签订的时间及规定

招标人和中标人应当在投标有效期内自中标通知书发出之日起30 d内按招标文件

和投标文件订立合同。

(1)中标人违约。中标人无正当理由拒签合同的,招标人取消其中标资格,其投标保证金不予退还;给招标人造成的损失超过投标保证金数额的,中标人还应当对超过部分予以赔偿。

(2)招标人违约。发出中标通知书后,招标人无正当理由拒签合同的,招标人向中标人退还投标保证金;给中标人造成损失的,还应当赔偿损失。

招标人与中标人签订合同后5 d内,应当向中标人和未中标的投标人退还投标保证金及银行同期存款利息。

2. 合同价款类型的选择

招标的工程:价款依据招标投标文件在书面合同中约定。不得违背招标投标文件中关于工期、造价、质量方面的实质性内容。招标文件与投标文件不一致时,以投标文件为准。

不招标的工程:在招标投标双方认可的合同价款基础上,在合同中约定。

(1)鼓励采用单价方式:实行工程量清单计价的工程。

(2)总价方式:技术难度较低、工期较短的建设工程。

(3)成本加酬金方式:紧急抢险、救灾以及施工技术特别复杂的建设工程。

## 6.4.4 其他

### 6.4.4.1 中标后对中标人投标书的复核

评标结果出来,当初步确定中标人后,需要对中标人投标书复核或进行清标工作。

### 6.4.4.2 清标

1. 清标的定义和目的

所谓清标就是通过核对、比较、筛选等方法,对投标文件进行的基础性的数据分析和整理工作。其目的是找出投标文件中可能存在疑义或显著异常的数据,为初步评审以及详细评审中的质疑工作提供基础。技术标和商务标都有进行清标的必要,但一般清标主要是针对商务标(投标报价)部分。

清标也是国际上通行的做法。在现有建设工程招标投标法律法规的框架体系内,清标属于评标工作的范畴。

清标的实质是通过清标专家对投标文件客观、专业、负责的核查和分析,找出问题、剖析原因、给出专业意见,供评标专家和投资人参考,以提高评标质量,并为后续的工程项目管理提供指引。

2. 清标工作组的组成

清标应该由清标工作组完成,也可以由招标人依法组建的评标委员会进行。清标工作组应该由招标人选派或者邀请熟悉招标工程项目情况和招标投标程序、专业水平和职业素质较高的专业人员组成,招标人也可以委托工程招标代理单位、工程造价咨询单位或者监理单位组织具备相应条件的人员组成清标工作组,清标工作组人员数量应该视工作量的大小确定,一般建议在3人以上。

3. 清标工作的原则

清标工作是评标工作的基础性工作。清标工作是仅对各投标文件的商务标投标状况做出客观性比较，不能改变各投标文件的实质性内容。清标工作应客观、准确、力求全面，不得营私舞弊、歪曲事实。

清标小组的任何人员均不得行使依法应当由评标委员会成员行使的评审、评判权力。

清标工作组同样应当遵守法律、法规、规章等关于评标工作原则、评标保密和关于评标委员会评标的法律规定。

4. 清标工作的主要内容

(1)算术性错误的复核与整理。

(2)不平衡报价的分析与整理。

(3)错项、漏项、多项的复核与整理。

(4)综合单价、取费标准合理性分析与整理。

(5)投标报价的合理性和全面性分析与整理。

(6)形成书面的清标情况报告。

5. 清标的重点

清标的重点包括以下几点：

(1)对照招标文件，查看投标人的投标文件是否完全响应招标文件。

(2)对工程量大的单价和单价过高于或过低于清标均价的项目要重点审查。

(3)对措施费用合价包干的项目单价，要对照施工方案的可行性进行审查。

(4)对工程总价、各项目单价及要素价格的合理性进行分析、测算。

(5)对投标人所采用的报价技巧，要辨证地分析判断其合理性。

(6)在清标过程中要发现清单不严谨的表现所在，妥善处理。

6. 清标报告的内容

清标报告是评标委员会进行评审的主要依据，它的准确与否将可能直接影响评标委员会的评审结果和最终的中标结果，因此至关重要。清标报告一般应包括如下内容：

(1)招标工程项目的范围、内容、规模等情况。

(2)对投标价格进行换算的依据和换算结果。

(3)投标文件算术计算错误的修正方法、修正标准和建议的修正结果。

(4)在列出的所有偏差中，建议作为重大偏差的情形和相关依据。

(5)在列出的所有偏差中，建议作为细微偏差的情形和进行相应补正所依据的方法、标准。

(6)列出投标价格过高或者过低的清单项目的序号、项目编码、项目名称、项目特征、工程内容，与招标文件规定的标准之间存在的偏差幅度和产生偏差的技术、经济等方面原因的摘录。

(7)投标文件中存在的含义不明确、对同类问题表述不一致或者有明显文字错误的情形。

(8)其他在清标过程中发现，要提请评标委员会讨论、决定的投标文件中的问题。

#### 6.4.4.3　审核评标方法和评分标准

1. 审核拟采用的评标方法

在《标准施工招标文件》中给出了经评审的最低投标价法和综合评估法，审核项目的评标方法是否适合项目的特点。

2. 审核评分标准

在招标文件的“评标办法前附表”中,招标代理机构对各项评分因素均制定了评分标准,并确定了施工组织设计、项目管理机构、投标报价、其他评分因素的权重,还确定了评标基准价的计算方法。对上述评分标准进行审核时应掌握下列原则:

(1)施工组织设计评分标准要强调投标人对工程项目特点、重点、难点的把握,以及施工组织和施工方案的针对性、科学性和可行性。

(2)项目管理机构评分标准要强调项目经理和技术负责人的任职资格、学历和实实在在的业绩,应要求附证明材料;强调项目管理机构人员的到位承诺;应增加对项目经理、技术负责人等主要成员面试的评分。

(3)投标报价的权重要适当,对技术不复杂、规模不太大或对投标人均比较了解,且对各投标人均较信任情况下,权重宜加大;反之,权重不宜过大。

(4)其他评分因素可增加对各投标单位考察的结果、施工单位及项目经理的信用评分(市场与现场管理联动)等项内容,使评标不只是评委对投标文件的评审,应综合投标人的实际素质、能力、业绩和信用程度。

#### 6.4.4.4 确定中标人

投标人对清标存在问题给予书面答复澄清承诺函,最终经评标委员会提出的书面评标报告和推荐的中标候选人确定中标人。

#### 6.4.4.5 合同洽谈及签订

全过程工程咨询单位应协助投资人进行合同澄清、洽谈、细化合同条款等工作,投资人和中标人应当自中标通知书发出之日起30 d内,按照招标文件和中标人的投标文件订立书面合同。

## 6.5 工程总承包模式的发、承包招标

《国务院办公厅关于促进建筑业持续健康发展的意见》(国办发〔2017〕19号)明确提出:“完善工程建设组织模式,加快推行工程总承包。”工程总承包(EPC),是指从事工程总承包的单位按照与投资人签订的合同,对工程项目的设计、采购、施工等实行全过程或者若干阶段承包,并对工程的质量、安全、工期和造价等全面负责的工程建设组织实施方式。

工程总承包模式是国际上常用的工程项目的承、发包模式之一,它可以从根本上解决传统承、发包模式下设计和施工不协调而造成的弊端,由承包人承担工程项目的勘察、设计、采购、施工、试运行等全过程的工作,从而保证项目建设过程的流畅性和协作性,然而,它对投资人的要求也更加严格,要求投资人必须提出明确的建设需求和建设目标,项目具备相应的发包条件。本节简要阐述在工程总承包模式下,全过程工程咨询单位如何开展发承包阶段咨询服务工作。

## 6.5.1　工程总承包模式发、承包条件

### 6.5.1.1　发包条件

建设单位应当在发包前完成项目审批、核准或者备案程序。采用工程总承包方式的企业投资项目,应当在核准或者备案后进行工程总承包项目发包。采用工程总承包方式的政府投资项目,原则上应当在初步设计审批完成后进行工程总承包项目发包;其中,按照国家有关规定简化报批文件和审批程序的政府投资项目,应当在完成相应的投资决策审批后进行工程总承包项目发包。

### 6.5.1.2　承包条件

工程总承包单位应当同时具有与工程规模相适应的工程设计资质和施工资质,或者由具有相应资质的设计单位和施工单位组成联合体。工程总承包单位应当具有相应的项目管理体系和项目管理能力、财务和风险承担能力,以及与发包工程相类似的设计、施工或者工程总承包业绩。

设计单位和施工单位组成联合体的,应当根据项目的特点和复杂程度,合理确定牵头单位,并在联合体协议中明确联合体成员单位的责任和权利。联合体各方应当共同与建设单位签订工程总承包合同,就工程总承包项目承担连带责任。

工程总承包单位不得是工程总承包项目的代建单位、项目管理单位、监理单位、造价咨询单位、招标代理单位。

政府投资项目的项目建议书、可行性研究报告、初步设计文件编制单位及其评估单位,一般不得成为该项目的工程总承包单位。政府投资项目招标人公开已经完成的项目建议书、可行性研究报告、初步设计文件的,上述单位可以参与该工程总承包项目的投标,经依法评标、定标,成为工程总承包单位。

全过程工程咨询单位应积极发挥专业作用,在工程总承包项目中协助投资人做好前期工作,深入研究工程项目建设方案,在可行性研究、方案设计或者初步设计完成后,在项目承发包范围、建设规模、建设标准、功能需求、投资限额、工程质量和进度要求确定后,进行工程总承包项目发承包。若项目建设范围、建设规模、建设标准、功能需求不明确等,前期条件不充分的,不宜采用工程总承包方式和开展工程总承包发包工作。

## 6.5.2　工程总承包模式发、承包招标文件编制

全过程工程咨询单位接受投资人的委托,根据投资人的要求和项目前期资料,科学合理地开展工程总承包项目发、承包咨询工作,参与招标过程。但由于工程总承包项目自身的特殊性,全过程工程咨询单位的总咨询师、专业咨询工程师(招标代理、造价等)在开展发、承包咨询服务时应重点做好以下几方面的工作。

### 6.5.2.1　发包方式选择

工程总承包项目可以依法采用招标(公开招标、邀请招标)或者直接发包的方式选择工程总承包人。工程总承包项目范围内的设计、采购或者施工中有任意一项属于依法必须招标的,应当采用招标的方式选择工程总承包单位。

#### 6.5.2.2 招标文件编制

工程总承包项目由于其发标前具备的准备条件,与传统的项目发、承包模式所具备的条件不同。全过程工程咨询单位在编制招标文件时,应包括下列内容:

(1)投标人须知。

(2)评标办法和标准。

(3)拟签订合同的主要条款。

(4)发包人要求,列明项目的目标、范围、设计和其他技术标准,包括对项目的内容、范围、规模、标准、功能、质量、安全、节约能源、生态环境保护、工期、验收等的明确要求。

(5)建设单位提供的资料和条件,包括发包前完成的水文地质、工程地质、地形等勘察资料,以及可行性研究报告、方案设计文件或者初步设计文件等。

(6)投标文件格式。

(7)要求投标人提交的其他材料。

#### 6.5.2.3 评标办法

工程总承包项目评标一般采用综合评估法,评审的主要因素包括承包人企业信用、工程总承包报价、项目管理组织方案、设计方案、设备采购方案、施工组织设计或者施工计划、工程质量安全专项方案、工程业绩、项目经理资格条件等。全过程工程咨询单位应结合拟建项目情况,针对上述主要评审因素进行认真研究,科学制定项目的评标办法和细则。

#### 6.5.2.4 合同计价方式

企业投资项目的工程总承包宜采用总价合同,政府投资项目的工程总承包应当合理确定合同价格形式。采用总价合同的,除合同约定可以调整的情形外,合同总价一般不予调整。

全过程工程咨询单位应依据行业主管部门制定的计价规则,为投资人拟订合法科学的计价方式和条款,并协助投资人和总承包人在合同中约定具体的工程总承包计价方式和计价方法。

依法必须招标的工程项目,合同固定价格应当在充分竞争的基础上合理确定。除合同约定的变更调整部分外,合同固定价格一般不予调整。

#### 6.5.2.5 风险分担

全过程工程咨询单位应协助投资人加强风险管理,在招标文件、合同中约定风险分担方法。建设单位承担的风险主要包括:

(1)主要工程材料、设备、人工价格与招标时基期价相比,波动幅度超过合同约定幅度的部分。

(2)因国家法律、法规、政策变化引起的合同价格的变化。

(3)不可预见的地质条件造成的工程费用和工期的变化。

(4)因建设单位原因产生的工程费用和工期的变化。

(5)不可抗力造成的工程费用和工期的变化。

鼓励建设单位和工程总承包单位运用保险手段增强防范风险能力。

# 6.6 国际工程招标

国际工程是指一个工程项目的策划、咨询、融资、采购、承包、管理以及培训等各个阶段或环节,其主要参与者(单位或个人、产品或服务)来自不止一个国家或地区,并按照国际上通用的工程项目管理理念进行管理的工程。国际工程包括我国公司去海外参与投资或实施的各项工程,也包括国际组织或国外的公司到我国来投资和实施的工程。

招标是一种国际上普遍应用的、有组织的市场采购行为,是建筑工程项目、货物及服务中广泛使用的买卖交易方式。

招标是国际通用的一种发包方式之一。多数国家都制定了适合本国特点的招标法规以统一其国内招标办法,但还没有形成一种各国都应遵守的带有强制性的招标规定。国际工程招标,也都根据国家或地区的习惯选用一种具有代表性,适用范围广,并且适用本地区的某一国家的招标法规,如世界银行贷款项目招标和采购法规、英国招标法规和法国使用的工程招标制度等。

世界银行制定了包括国际竞争性招标、国内竞争性招标、有限国际性招标等的一整套工程采购招标体系。在执行中,普遍认为该招标体系能够体现该行的采购政策。世界银行的采购政策要点是:既经济,又有效益;促进卖方之间公平自愿参加竞争,形成买卖市场,取得交易活动的主导地位,在卖方的竞争中,合理取得各种对买方有利的条件;程序公开、机会均等,手续严密,评定公正,保护和促进借款国的建筑业发展。世界银行的招标方法,相对更适合发展中国家的情况。

## 6.6.1 国际工程招标投标的特点

### 6.6.1.1 法规性强

招标和投标是市场上购买大宗商品的基本方法。在市场经济条件下,招标投标既利于市场规范化管理,也有利于社会资源的有效利用。国内外项目招标投标有相应的规定,工程招标投标必须遵循相应的法律法规。

### 6.6.1.2 专业性强

工程招标投标涉及工程技术、工程质量、工程经济、合同、商务、法律法规等,专业性强。主要体现在:

(1)工程技术专业性强。

(2)招标投标工作专业性要求高。

(3)招标与投标的法律法规的专业性强。

### 6.6.1.3 透明度高

在整个招标和招标过程中必须遵循“公平、公正、公开”的原则。招标过程中的高透明度是保证招标公平公正的前提。

### 6.6.1.4 风险性高

工程招标投标都是一次性的,确定买卖双方经济合同关系在前,产品或服务的提供在后。买卖双方以未来产品的预期价格进行交易,招标投标的市场交易方式的这种特殊性决定了其风险性。产品是未来即将生产或提供的,产品生产的质量、提供的服务要等到得到产品后或服务完成后才可确知;交易价格是根据一定原则预期估计的,产品的最终价格也要到提供产品或服务终了时才能最后确定。这些无论对业主还是承包人都具有风险。加强招标投标中的风险控制是保证企业经营目标实现的重要手段。

#### 6.6.1.5　理论性与实践性强

工程招标投标的基本原理和招标工作程序及招标投标文件的组成、标底标价的计算、投标策略等以及所涉及的各个方面都具有很强的理论性。同时,工程项目招标投标也具有很强的实践性,只有通过实际编制招标投标文件,参加工程招标投标工作实践,才能全面掌握工程招标投标技术的实际应用。

### 6.6.2　国际工程招标方式

目前,国际上采用的招标方式基本上可以归纳为四类:公开招标、邀请招标、两阶段招标和议标。

#### 6.6.2.1　公开招标

公开招标,也称为无限竞争性公开招标(unlimited competitive open bidding,UCOB)。这种招标方式先由招标人在国内外有关报纸及刊物上刊登招标广告,凡对该招标项目感兴趣的投标人,都有同等的机会了解投标要求,进行投标,以形成尽可能广泛的竞争格局。

公开招标方式多用于政府投资的工程,也是世界银行贷款项目招标采购的方式之一。

公开招标具有代表性的做法有世界银行贷款项目公开招标方式和英国、法国的公开招标方式。

1. 世界银行贷款项目的公开招标方式

世界银行贷款项目的公开招标方式包括国际竞争性招标和国内竞争性招标两种。

(1)国际竞争性招标。是世界银行贷款项目的一种主要招标方式,该行规定,凡采购金额在一定限额以上的货物采购和工程合同,都必须采用此种招标方式。对一般借款国,限额界限在10万~25万美元。我国在世界银行的贷款项目金额都比较大,故对我国的限额放宽一些,目前我国和世界银行商定:限额在100万美元以上的采用国际竞争性招标。

国际竞争性招标有很多特点,但有三点是最基本的。

第一,广泛地通告投标机会,使所有合格的国家里一切感兴趣并且合格的企业都可参加投标,通告可以用各种方式进行,经常是多种形式结合使用:①在一种官方杂志发布;②在国内报纸发布广告;③通知该国的各国使馆;④发布对于大的,特殊的或重要的合同)在国际发行的报纸或有关的外贸杂志广告。除使用期刊或报纸刊登广告外,世界银行、美洲开发银行、亚洲开发银行和联合国开发计划署现在还要求必须通过联合国《发展论坛报(商业版)》的"一般采购通告"栏目发布采购机会。

第二,以技术说明书的方式,公正的表述拟建工程的技术要求,以保证不同国籍的合格企业能够尽可能广泛地参与投标。

第三,必须根据标书中具体说明的评标标准,一般是将评标价格最低的合格投标人确定为中标人。这条规则对于保证竞争程序得以公平进行是很重要的。

国际竞争性招标最适用于采购大型设备及大型土木工程施工。这些项目不同国家的承包商都会有兴趣参加投标。

国际竞争性招标虽然耗时长,但却是各国适用的采购场合中达到其采购目的的最佳办法。

(2)国内竞争性招标。顾名思义,是通过在本国国内刊登广告。按照国内招标办法进行。在不需要或不希望外商参加投标的情况下,政府倾向于国内竞争性招标;也有些工程规模小、地点分散或属于劳动密集型工程,外商对此缺乏兴趣,因此采用国内竞争性招标。

国内竞争性招标与国际竞争性招标的不同点表现在:

第一,广告只限于登在国内报纸或官方杂志。广告语言可用本国语言,不必通知外国使馆或工程所在国的代表。

第二,招标文件和投标文件均可用本国文字编写;投标银行保函可由本国银行出具;投标报价和付款一般使用本国货币;评价价格基础可为货物使用现场价格;不实行国内优惠和借款人规定的其他优惠;履约银行保函由本国银行出具;仲裁在本国进行;从刊登广告或发出招标文件到截止投标时间为:设备采购不少于30 d,工程项目不少于45 d。

除上述不同点外,其他程序与国际竞争性招标相同,也必须考虑公开、经济和效益因素。

2. 英国、法国的公开招标方式

英国和法国的招标制度,也具有一定的代表性。

(1)英国的公开招标方式。是由招标人公开发布广告或登报,投标人自愿投标。投标人的数目不限。承包商报的投标书均原封保存,直至招标截止时才由有关负责人当众启封。按照这种招标方式,往往会形成低价中标。英国公开招标方式,多用于政府投资工程,私人投资工程一般不采用这种方式。

(2)法国的公开招标方式。法国的公开招标有两种方式,即价格竞争性公开招标和竞争性公开招标。据法国《公共事业法典》规定,公开招标需在官方公报发表通告,愿意参加投标的法人企业均可申报。价格竞争性公开招标,在工程上规定上限价格,招标只能在此范围内进行;竞争性公开招标不规定该工程的上限价格,而是综合考虑包括价格以外的其他要素后决定中标人。实际上,90%的招标都是最低价中标。

3. 公开招标的特点

第一,为一切有能力的承包商提供一个平等的竞争机会(a fair competitive opporrtunity)。

第二,业主可以选择一个比较理想的拥有丰富的工程经验、必要的技术条件、良好的资金状况的承包商。

第三,利于降低工程造价。

第四,有可能出现投机商,应加强资格预审,认真评标。这些投机商会故意压低报价以挤掉其他态度严肃认真而报价较高的承包商,也可能在中标后,在某一施工阶段以各种借口要挟业主。

### 6.6.2.2 邀请招标

邀请招标,也称为有限竞争性选择招标(limited competitive selected bidding)。这种招标方式一般不在报上登广告,业主根据自己的经验和资料或请咨询公司提供承包商的情况,然后根据企业的信誉、技术水平、过去承担过类似工程的质量、资金、技术力量、设备能力、经营能力等条件,邀请某些承包商来参加投标。

1. 邀请招标的步骤

邀请招标的具体做法一般包括以下几个步骤:

(1)招标人在自己熟悉的承包商(供货商)中选择一定数量的企业,或者采取发布通告的方式在报名的企业中选定。然后审查选定企业的资质,做出初步选择。

(2)招标人向初步选中的投标人征询是否愿意参加投标。在规定的最后答复日期之前,选择一定数量同意参加投标的施工企业,制定招标名单。要适当确定邀请企业的数量,不宜过多。限制邀请投标人的数量,除想减少审查投标书等工作量和节省招标费用外,还因为施工企业参加投标后,需做大量的工作,如查勘现场、参加标前会、编制标书等,都需要支付较大的费用。邀请的单位越多,耗费的投标费用越大。对不中标的施工企业来说,支出的费用最终还是要在其他工程项目中得到补偿,这就必然导致工程造价的提高。所以,对一些投标费用较高的特殊工程,邀请单位还可适当减少。

制定邀请名单,应尽可能保证选定的单位都是符合招标条件的。这样,在评标时就可以主要依靠报价(或性价比)的高低来选定中标单位。对那些未被选中的投标人,应当及时通知他们。

(3)向名单上的企业发出正式邀请和招标文件。

(4)投标人递交投标文件,选定中标单位。

2. 邀请招标的特点

这种方式由于参加投标施工企业的数量有限,不仅可以节省招标的费用,缩短招标的时间,也增加了投标人的中标概率,对双方都有一定的好处。但这种方式限制了竞争范围,可能会把一些很有实力的竞争者排除在外。因此,有些国家和地区,国家投资项目等特别强调自由竞争、机会均等、公正原则时,对招标中使用邀请招标的方式制定了严格的限制条件。这些条件一般包括:

(1)项目性质特殊,只有少数企业可以承担。

(2)公开招标需要的费用太高,与招标所能得到的好处不成比例。

(3)公开招标未能产生中标单位。

(4)因工期紧迫和保密等特殊要求,不宜公开招标。

国外私人投资的项目,多采用邀请招标。

#### 6.6.2.3 两阶段招标

两阶段招标(two-stage bidding),也称为两段招标。实质上是一种公开招标和邀请招标综合起来的招标方式。第一段,按公开招标方式进行招标,经过开标和评标之后,邀请最有资格的数家承包商进行第二阶段投标报价,最后确定中标人。世界银行的两步标法及法国的指定招标就属于这种方式。

1. 两阶段招标的适用范围

两阶段招标一般适用于以下两种情况:

(1)在第一阶段报价、开标、评标之后,如最低标价超出标底20%,且经过减价之后仍达不到要求,可邀请其中标价最低的几家商谈,再做第二阶段投标报价。

(2)对一些大型、复杂的项目,可考虑采用两阶段招标。先要求投标人提交"技术标",即进行技术方案招标。通过技术标的投标人才能提交商务标。

有时,承包商在投标时把技术标与商务标分开包装。先评技术标,技术标通过,再打开商务标;技术标未通过者,商务标原封不动,退还给投标人。

2. 两阶段招标的特点

(1)应用于一些专业化强的项目,如一些大型化工设备安装就常常采用这种方式。

(2)投标过程较长,在十分必要时才采用。

#### 6.6.2.4　议标

议标,也称为谈判招标或指定招标(negotiated bidding)。招标人与几家潜在的投标人就招标事宜进行协商,达成协议后将工程委托承包(或指定供货)。

(1)议标的优点。这种招标方式的优点是不需要准备完整的招标文件,节约时间。可以较快地达成协议,开展工作。

(2)议标的缺点。议标的缺点很明显,且由于议标背离了公开竞争的原则,必然导致一些弊病。如招标人反复压价;招标投标双方互相勾结,损害国家的利益;招标过程不公开、不透明,失去了公正性。

(3)议标的适用范围。一般来说,特殊工程才采用议标确定中标人。这里所说的特殊工程主要包括以下几种情况:需要专门技术或设备、军事保密性工程设备、抢险救灾项目、小型项目等。

## 6.7　电子招标投标模式

国家发展和改革委、住房和城乡建设部等八部委颁布的《电子招标投标办法》对电子招标投标进行定义,电子招标投标活动是指以数据电文形式,依托电子招标投标系统完成的全部或者部分招标投标交易、公共服务和行政监督活动。

对其进行分析可知,电子招标投标活动,一是招标投标文本、程序采用数据电文形式;二是依托电子招标投标网络系统;三是具有完成交易、信息服务和在线监督三项职能的综合交易平台。交易平台是以数据电文形式完成招标投标交易活动的信息平台;公共服务平台是满足交易平台之间信息交换、资源共享需要,并为市场主体、行政监督部门和社会公众提供信息服务的信息平台;行政监督平台是行政监督部门和监察机关在线监督电子招标投标活动的信息平台。

在招标投标涉及的三大平台中,交易平台是招标投标相对人招标采购的交易市场,体现了相对人的私有权利,其组建运营应当依靠市场在竞争中发展,政府的作用是提供维持公平市场秩序的保障,权力不应当干预交易平台的建立、运行和竞争,不能指定运营商或进行地区保护等。服务平台是为社会提供公共信息服务的平台,属于公益性质,可以由政府或协会、招标投标交易场所等部门以公益为目的按专业或行业建立、运营。在线监督平台属于行政权力维持和保证市场秩序的渠道,监督平台由政府行政监督部门和监察部门依照法定分工组建和维持其运行并开展监督活动。三大平台所展现的功能涵盖工程项目招标投标的不同方面。功能相互补充,全方位互联互通,共同促进电子招标投标系统的全面发展。

电子招标投标市场发展的最终目标,是在全国范围内建立起交易平台、公共服务平台、行政监督平台,以及分类清晰、功能互补、互联互通的电子招标投标系统,最终实现所有招标项目全过程电子化。电子招标投标的推广提升了对招标投标市场的管理机制,基于企业内部网络和外部互联网,建立一个多方、多部门、多层级协同工作的物资采购网上招标投标平台,全面实现网上招标投标,建立物资供应商信用及准入控制机制,对中标人进行跟踪监管和闭环管理,促进物资供应商重视诚信,重视竞争,促进中标人不断提高履约质量。

## 6.7.1 电子招标模式

电子招标投标的发展对于我国的招标投标市场建设至关重要,电子招标系统模式是整个电子招标投标活动应用的基础。从我国电子招标投标市场的发展历程来看,在招标投标市场运行的电子招标应用模式主要有离线评标模式和全过程在线模式两种。在这两种电子招标应用模式中,大部分的电子招标投标系统都包含了在线发布招标公告、出售标书、在线答疑和在线开标功能,部分公司在先前简单开标模式的基础上进一步研发,实现了电子招标系统离线评标功能,随着我国信息化技术的快速发展,成熟的 IT 网络环境及高度标准化的业务流程使得部分公司实现了全过程的在线开标评标功能,为电子招标投标市场的逐步完善起到重要作用。电子招标模式主要有以下两种。

### 6.7.1.1 离线评标模式

离线评标模式是在简单开标模式的基础上发展起来的。通过对我国电子招标投标市场相关信息技术与网络环境的进一步建设,优化各个阶段的操作流程,离线评标模式基本上能够将招标投标信息电子化和招标投标服务在线化的功能覆盖到招标投标的各个环节,因此离线评标模式比简单的开标模式在操作功能上和信息安全功能上优势更明显,能够处理很多招标投标活动出现的复杂情况,同时也避免了很多招标投标的电子信息安全问题。离线评标模式的评标过程是在与互联网隔离的环境下进行的,将该功能模块分割出来主要是考虑评标过程的安全问题而采用的一种过渡方案,该电子招标模式是随着市场成熟度发展而发展的,在整个社会和相关企业的信用环境和网络安全环境、网络安全保障技术成熟之后可以采用全过程的在线电子评标模式。

### 6.7.1.2 全过程在线模式

全过程在线的电子招标投标模式是将招标投标相关活动网络化的最优模式,电子招标投标的所有活动均在线进行,统一的网络环境使得招标人、投标人、评标专家以及相关招标投标代理机构之间的联系更为方便快捷,是一个完整而统一的电子招标投标应用系统。在整个电子招标投标模式的应用过程中,整体的网络环境和统一的操作流程使得电子招标投标活动变得更加便捷和流畅,有效地节省了复杂的招标投标活动所带来的时间成本和经济成本,而整体的网络数据库存储,使得电子招标投标有迹可循,相关的电子招标投标活动依据和档案查找方便,电子化、网络化的电子招标投标信息以及相关信息的储存为招标投标的存档带来了极大的方便,也便捷了政府相关部门对招标投标活动的监督与管理,有效地促进了我国电子招标投标市场整体的发展。全过程的在线化加快了招标投标参与方之间的信息共享与信息流动,提高了招标投标的工作效率,全过程在线模式的具体功能展示如图 6-2 所示。

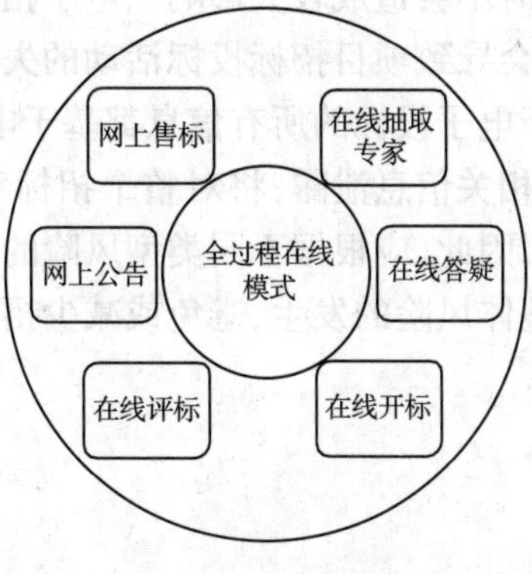


**图 6-2　全过程在线模式**

我国的电子招标采购工作已经有了一定的应用基础。在一些国际招标领域,以及一些企业单位,其电子招标采购工作已经开始。中国采购与招标网已经实现了标书网上下载、评标专家网上抽取、开标过程网上公示等功能。据了解,在大多数行业电子标应用过程中,投标、开标、评标等环节的电子化程度还普遍偏低,电子招标投标作为一种新型的招标模式,已经引起了国家相关部门的高度重视。

相比传统招标模式,电子招标的优势主要在于提高招标投标的效率,以网络为载体减少监管机构压力,便于数据存取和获得,减少废标率,建立招标投标市场诚信等。总之,招标投标电子化,有利于我国加快建设资源节约型、环境友好型社会。

## 6.7.2　电子招标投标与传统招投标风险的差异性分析

### 6.7.2.1　风险来源分析

对工程项目的传统招标投标方式进行风险分析,发现风险来源主要集中在两个方面:一个是招标投标的过程风险,另一个是招标投标的外部环境风险。传统招标方式风险源于招标程序及招标过程中不同阶段的具体工作。传统招标包括招标准备阶段、招标阶段和评标阶段,涉及招标文件的准备,资格预审风险和评估方法风险,合同管理风险和重新招标风险;传统招标模式的外部环境风险包括保险管理、市场风险和法律风险。根据电子招标模型分析发现,电子招标不仅包括招标投标的过程风险和招标投标的外部环境风险,还包括电子招标信息技术风险。电子投标模式依靠先进的电子信息技术和综合网络环境进行电子投标平台招标、评标,电子投标信息传输、数据存储、网络运行安全等一系列活动。它是保障电子招标模式应用的基础,也是电子信息技术风险的主要来源。除电子信息技术风险外,网络运行监督风险、政府权力和干预风险是电子竞价模式的风险来源。这表明电子招标模式的风险来源比传统招标模式更为广泛和复杂。

### 6.7.2.2　风险影响分析

不同性质类型的风险对传统招标和电子招标有不同的影响。招标风险分为内部流程风险和外部环境风险。内部流程风险是影响招标投标活动的主要因素,它对招标和投标活动产生了更大的影响,风险造成的后果更为严重。外部环境风险是影响招标活动的次要因素,对招标投标活动的影响有一定的局限性。在传统模式下,招标过程中的大部分风险都是部分风险,在风险发生时不会造成较大影响。电子招标模式风险的发生,特别是电子信息技术风险的发生,不仅会导致项目招标投标活动的失败,而且会对整个电子招标行业产生一系列不利影响。由于电子投标的所有信息都基于电子信息网络和数据库存储模型,一旦电子投标信息和企业相关信息泄露,将对整个招标和投标市场产生巨大影响,影响整个招标投标市场的发展。因此,应根据不同类型风险的特点制定风险应对策略,全过程工程咨询单位应坚决控制整体风险的发生,避免或减少招标和投标风险带来的损失。

# 学习情境7　水利工程项目合同管理咨询

【学习情境描述】

基于工程项目管理合同类型及合同管理流程，熟悉全过程工程项目合同类型，拟定《水利工程项目工程总承包合同》《水利工程项目全过程工程咨询服务合同》专用条款。

【学习目标】

1. 熟悉全过程工程项目合同类型。

2. 能拟定《水利工程项目工程总承包合同》专用条款。

3. 能拟定《水利工程项目全过程工程咨询服务合同》主要条款。

【引导问题】

1. 工程项目合同，根据合同中的任务内容可划分为哪些合同类型？

2. 请简述《建设项目工程总承包合同(示范文本)》中的通用条款组成部分。

3.《全过程工程咨询服务合同示范文本》由哪三部分组成？

## 7.1　工程项目合同管理综述

### 7.1.1　工程项目合同类型

一个工程项目的实施，涉及的建设任务很多，往往需要许多单位共同参与，不同的建设任务往往由不同的单位分别承担，这些参与单位与业主之间应该通过合同明确其承担的任务和责任以及所拥有的权利。

由于工程项目规模和特点的差异，不同项目的合同数量可能会有很大的差别，大型建设项目可能会有成百上千个合同。但不论合同数量的多少，根据合同中的任务内容可划分为勘察合同、设计合同、施工承包合同、物资采购合同、工程监理合同、咨询合同及代理合同等。根据《中华人民共和国民法典》，勘察合同、设计合同、施工承包合同属于建设工程合同；工程监理合同、咨询合同等属于委托合同。

按照合同计价方式分，主要有三种类型，即总价合同、单价合同和成本加酬金合同。

### 7.1.2　工程项目的合同管理

工程项目的合同管理是指投资人与全过程工程咨询单位通过合同的方式明确各方的权利义务，并授权全过程工程咨询单位对工程项目建设进行全过程或分阶段的管理和服务活动。同时，全过程工程咨询单位根据投资人委托的管理和服务的内容，承担与工程建设相关的管理工作，协调各承包人、供应商之间的合同关系，起草、编制合同，负责合同条款解释及解决合同的争议与纠纷等。

全过程工程咨询单位应协助投资人采用适当的管理方式，建立健全合同管理体系以

实施全面合同管理,确保建设项目有序进行。全面合同管理应做到:

(1)建立标准合同管理程序。

(2)明确合同相关各方的工作职责、权限和工作流程。

(3)明确合同进度、投资、质量、安全等事项的管理流程与时限等。

合同管理一般包括合同评审、相关部门会签、合同签订、合同履行、合同执行、合同归档等。合同管理流程如图 7-1 所示。

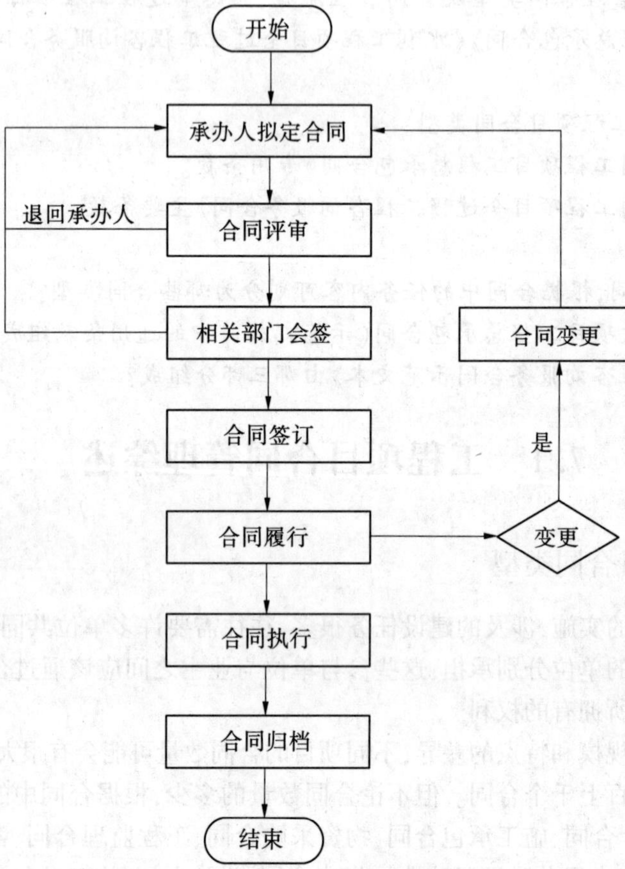


图 7-1　合同管理流程

## 7.2　工程总承包合同

工程总承包合同是指发包人与工程总承包单位之间为完成特定的工程总承包任务,明确双方义务和责任的协议,根据工程总承包合同,工程总承包单位作为承包人,应完成合同约定的工程设计、采购、施工等任务;发包人应提供必要的条件并支付合同价款。

为促进建设项目工程总承包的健康发展,规范工程总承包合同当事人的市场行为,住房和城乡建设部、市场监管总局制定了《建设项目工程总承包合同(示范文本)》(GF-2020-0216),自 2021 年 1 月 1 日起执行。在国际上,有的专业组织(如国际咨询工程师联合会FIDIC)也对建设工程项目总承包进行了专门研究,并发布了有关合同示范文本,可作为参考。

### 7.2.1 合同计价方式和风险承担

#### 7.2.1.1 合同计价方式

工程总承包项目宜采用固定总价合同,全过程工程咨询单位应依据建设主管部门制定的计价规则,为投资人拟订合法、科学的计价方式和条款,并协助投资人和总承包人在合同中约定具体的工程总承包计价方式和计价方法。

依法必须招标的工程项目,合同固定价格应当在充分竞争的基础上合理确定。除合同约定的变更调整部分外,合同固定价格一般不予调整。

#### 7.2.1.2 风险分担

全过程工程咨询单位应协助投资人加强风险管理,在招标文件、合同中约定合理的风险分担方法。投资人承担的主要风险一般包括:

(1)投资人提出的建设范围、建设规模、建设标准、功能需求、工期或者质量要求的调整。

(2)主要工程材料价格和招标时基价相比,波动幅度超过合同约定幅度的部分。

(3)因国家法律、法规、政策变化引起的合同价格的变化。

(4)难以预见的地质自然灾害、不可预知的地下溶洞、采空区或者障碍物、有毒气体等重大地质变化,其损失和处置费由投资人承担;因工程总承包单位施工组织、措施不当等造成的上述问题,其损失和处置费由工程总承包单位承担。

(5)其他不可抗力所造成的工程费用的增加。

除上述投资人承担的风险外,其他风险可以在合同中约定由工程总承包人承担。

建设工程项目总承包与施工承包的最大不同之处在于承包商要负责全部或部分的设计,并负责物资设备的采购。因此,在建设工程项目总承包合同条款中,要重点关注以下几个方面:

(1)项目总承包的任务;

(2)开展项目总承包的依据;

(3)项目总承包单位的义务和责任;

(4)发包人的义务和权利;

(5)进度计划;

(6)技术和设计;

(7)工程物资;

(8)施工。

### 7.2.2 《建设项目工程总承包合同(示范文本)》

为贯彻落实《中共中央 国务院关于进一步加强城市规划建设管理工作的若干意见》和《国务院办公厅关于促进建筑业持续健康发展的意见》要求,加快推进工程总承包,完善工程总承包管理制度,住房和城乡建设部、市场监管总局正式发布了《建设项目工程总承包合同(示范文本)》,并于2021年1月1日起正式执行。

《建设项目工程总承包合同(示范文本)》适用于房屋建筑和市政基础设施项目工程总承包承发包活动,为推荐使用的非强制性使用文本。

7.2.2.1 **《建设项目工程总承包合同(示范文本)》的组成**

《建设项目工程总承包合同(示范文本)》由合同协议书、通用合同条款和专用合同条款三部分组成。

1. 合同协议书

《建设项目工程总承包合同(示范文本)》合同协议书共计11条,主要包括工程概况、合同工期、质量标准、签约合同价与合同价格形式、工程总承包项目经理、合同文件构成、承诺、订立时间、订立地点、合同生效和合同份数,集中约定了合同当事人基本的合同权利和义务。

2. 通用合同条款

通用合同条款是合同当事人根据《中华人民共和国民法典》《中华人民共和国建筑法》等法律法规的规定,就工程总承包项目的实施及相关事项,对合同当事人的权利义务做出的原则性约定。通用合同条款共计20条,包括一般约定、发包人、承包人、施工、工期和进度等内容。

3. 专用合同条款

专用合同条款是合同当事人根据不同建设项目的特点及具体情况,通过双方的谈判、协商对通用合同条款原则性约定细化、完善、补充、修改或另行约定的合同条款。

7.2.2.2 **《建设项目工程总承包合同(示范文本)》的性质**

《建设项目工程总承包合同(示范文本)》为推荐使用的非强制性使用文本。合同当事人可结合建设工程的具体情况,根据《建设项目工程总承包合同(示范文本)》订立合同,并按照法律法规和合同约定承担相应的法律责任及合同权利义务。

# 7.3 全过程工程咨询服务合同

全过程工程咨询服务涉及工程全生命周期内的策划咨询、前期可研、工程设计、招标代理、造价咨询、工程监理、施工前期准备、施工过程管理、竣工验收及运营保修等各个阶段的管理服务。

## 7.3.1 住房和城乡建设部《全过程工程咨询服务合同示范文本》

2020年8月,中华人民共和国住房和城乡建设部建筑市场监管司发布了《全过程工程咨询服务合同示范文本(征求意见稿)》。

7.3.1.1 **《全过程工程咨询服务合同示范文本》的组成**

由合同协议书、通用合同条款和专用合同条款三部分组成。

1. 合同协议书

《全过程工程咨询服务合同示范文本》中合同协议书是委托人与咨询人就合同内容协商达成一致意见后,相互承诺履行合同而签署的协议书。合同协议书共计9条,集中约定了合同当事人基本的权利义务，包括：项目概况、服务范围、委托人代表与咨询项目总负责人、服务费用、服务期限、合同文件的组成、双方承诺、词语含义等重要内容，并约定了合同订立生效条件及合同订立的时间、地点和合同份数。

2. 通用合同条款

通用合同条款是合同当事人根据《中华人民共和国民法典》《中华人民共和国建筑法》《政府投资条例》等法律、法规和规章的规定，就全过程工程咨询服务的提供及相关事项，对合同当事人的权利义务做出的原则性规定。

通用合同条款共计 13 条，具体条款分别为：一般规定、委托人、咨询人、服务要求和服务成果、进度计划、延误和暂停、服务费用和支付、变更和服务费用调整、知识产权、保险、不可抗力、违约责任、合同解除、争议解决。前述条款安排既考虑了现行法律法规对全过程工程咨询服务的有关要求，也考虑了目前的各类工程咨询服务中的通常做法，具有较强的普遍性和通用性，是通用于全过程工程咨询服务的基础性条款。

3. 专用合同条款

专用合同条款是指合同当事人根据法律、法规和规章的规定，结合具体建设项目实际，通过双方的谈判、协商对相应通用合同条款的原则性约定进行细化、完善、补充、修改或另行约定的条款。

#### 7.3.1.2　专用合同条款的应用

(1)专用合同条款的编号应与相应的通用合同条款的编号一致，并与通用合同条款按照同一编号的条款一起阅读和理解，当两者之间有不同之处时，以专用合同条款为准。

(2)在专用合同条款中有“横道线”的地方，合同当事人可针对相应的通用合同条款进行细化、完善、补充、修改或另行约定；如果不需进行细化、完善、补充、修改或另行约定，则填写“无”或画“/”。

(3)对于在专用合同条款中未列出的通用合同条款，合同当事人根据建设项目的具体情况认为需要进行细化、完善、补充、修改或另行约定的，可增加相关专用合同条款或附件。

#### 7.3.1.3　《全过程工程咨询服务合同示范文本》的性质和适用范围

《全过程工程咨询服务合同示范文本》为非强制性使用文本，适用于房屋建筑和市政基础设施项目开展的全过程工程咨询服务。委托人与咨询人可结合建设工程的具体情况，参考《全过程工程咨询服务合同示范文本》订立合同，并按照法律、法规、规章的规定和合同约定承担相应的法律责任及履行合同的权利义务。

对于政府投资项目，鼓励使用《全过程工程咨询服务合同示范文本》编制依法必须进行招标的全过程工程咨询服务招标文件。

### 7.3.2　水利行业《水利水电工程全过程工程咨询服务合同示范文本》

2021 年 7 月，中国工程咨询协会发布的《水利水电工程全过程工程咨询服务导则》(T/CNAEC 8001—2021)里，包含了《水利水电工程全过程工程咨询服务合同示范文本》。

本示范文本由协议书、通用条款、专用条款、全过程工程咨询服务要求组成，通用条件内容不应修改，专用条件可由合同双方依据项目需求进行完善及补充。

7.3.2.1 **合同协议书**

《水利水电工程全过程工程咨询服务合同示范文本》中合同协议书是委托人与受托人就建设项目委托全过程工程咨询服务事项协商一致后,订立的合同。

合同协议书共计 10 条,集中约定了合同当事人基本的权利义务,包括:工程概况、词语限定、全过程工程咨询服务目标、全过程工程咨询服务范围和内容、组成本合同的文件、全过程工程咨询项目负责人或专项咨询负责人、咨询服务费用、服务期限、双方承诺、合同订立和生效等内容。

7.3.2.2 **通用条款**

通用条款明确了合同当事人的权利义务,共计 9 条,具体条款分别为:定义与解释,受托人的权利和义务,委托人的权利和义务,管理和文档,违约责任,支付,合同生效、变更、暂停、解除与终止,争议解决,其他。

7.3.2.3 **专用条款**

专用条款共计 10 条,具体条款分别为:定义与解释,受托人的义务,委托人的义务,管理及目标,违约责任,支付,合同生效、变更、暂停、解除与终止,争议解决,其他,补充条款。

7.3.2.4 **全过程工程咨询服务要求**

服务要求共计两大项,分别为:全过程工程咨询服务项目管理的范围和工作内容,全过程工程咨询服务项目管理的工作要求。

# 学习情境8　水利工程项目监理服务咨询

【学习情境描述】

基于工程监理服务的工作内容,按照工程监理服务工作流程及实施要求,编制工程监理服务工作过程的成果文件。

【学习目标】

1. 掌握“1+N”模式下工程监理服务的工作内容。
2. 掌握工程监理服务的工作流程。
3. 熟悉工程监理服务的实施要求。
4. 能查阅相关资料,编制完成《建设项目监理例会会议纪要》。

【任务书】

小组合作,编制完成《××河道工程监理例会会议纪要》或《××河道工程监理月报》。具体要求如下:

1. 工程背景:自行设计;其中单项工程不少于6项,且必须包括堤防、桥梁、水闸、道路。
2. 服务模式:“1+N”模式。
3. 服务范围、服务内容:自行设定。

【工作计划】

学生根据工作任务划分填写表8-1。

表8-1　学生工作任务分工表

班级:　　　　　　　　　　指导老师:

组号:　　　　　　　　　　组　　长:

| 序号 | 工作内容 | 负责人(姓名) |
|---|---|---|
| 1 | | |
| 2 | | |
| 3 | | |
| 4 | | |
| 5 | | |
| 6 | | |

【工作准备】

1. 各组派代表阐述工作计划。

2. 各组对其他组的工作计划提出自己不同的看法。

3. 教师结合大家完成的情况进行点评,选出最佳方案。

【工作实施】

各组按计划完成工作任务。

【引导问题】

1. 请简述“1+N”模式下工程监理服务主要工作内容。

2. 请简述施工准备阶段监理的主要任务。

【评价反馈】

学生进行自评,评价自己是否能完成工程监理服务的相关知识学习;是否能合作完成《××河道工程监理例会会议纪要》或《××河道工程监理月报》的编制任务,编制质量如何等(见表8-2)。

**表8-2　学习过程评价表**

| 班级/组号: | | 学号/姓名: | | | |
|---|---|---|---|---|---|
| 序号 | 任务 | 分值 | 自评 | 互评 | 师评 |
| 1 | 工作效率:任务是否按计划时间完成 | 5 | | | |
| 2 | 工作质量:内容合理、文稿通顺、格式符合规定 | 10 | | | |
| 3 | 学习情况:相关知识学习完成情况 | 10 | | | |
| 4 | 引导问题:掌握情况 | 15 | | | |
| 5 | 文献索引:查阅、甄别、整理、引用资料能力 | 10 | | | |
| 6 | 工作态度:态度端正,无无故缺勤、迟到、早退 | 5 | | | |
| 7 | 创新意识:积极参与小组讨论,思路拓展情况 | 15 | | | |
| 8 | 语言表达:过程汇报、结果展示、汇报参与情况 | 10 | | | |
| 9 | 合作能力:小组成员合作交流、协调工作情况 | 10 | | | |
| 10 | 职业素养:自律、严谨、敬业、社会责任等 | 10 | | | |
| 合计 | | 100 | | | |

各组代表展示作品,介绍任务的完成过程。作品展示前应准备阐述材料,并完成评价(见表8-3)。

**表8-3　学习总评表**

| 总评 | 自评(20%)+互评(20%)+师评(60%) | 综合得分 | 教师(签名): |
|---|---|---|---|
| | | | |

工程项目建设的实施阶段,应理解为形成工程实体的阶段,形成工程实体一般要经过工程设计和工程施工,即:勘察、设计和施工三个阶段。勘察阶段为设计提供基础设计的依据;设计阶段为实现工程实体的施工提供依据;最终,施工阶段形成工程实体。全过程工程咨询企业受业主委托,对工程实体形成的各阶段进行监督和管理。

建设部在1989年发布了《建设监理试行规定》,规定要求所有建筑工程,必须实行政府监理。监理公司对形成工程实体的施工阶段进行管理和控制,并贯穿施工的全过程。水利部于2011年颁布了《水土保持工程施工监理规范》(SL 523—2011),2014年颁布了《水利工程施工监理规范》(SL 288—2014)。

国家建立实施强制性工程监理的制度已有多年,监理公司对提高工程施工质量、控制投资、工期目标控制及安全生产管理发挥了重要作用。国家推行全过程工程咨询使工程监理的外延进一步扩大,以往单一的工程监理已不适应社会发展的需要,工程监理公司将朝着全过程工程咨询管理公司方向发展,全过程工程咨询单位实施对工程实体的监督和管理,仍是今后一个阶段的控制重点。

优良的工程质量,适中的工程进度,合理的工程造价,没有重大安全隐患,是全过程工程咨询实施阶段控制的核心和管理目标。达到这些目标需要参建各方的努力,需要全过程工程咨询管理单位项目团队做大量的管理和协调工作;确保工程质量、进度、投资和安全目标的实现,是全过程工程咨询单位项目成员努力工作的方向。

对用于工程上的工程材料、构配件、设备的质量控制是全过程工程咨询单位重要工作内容。材料进场必须有出厂合格证、生产许可证、质量保证书和使用说明书。工程材料进场后,用于工程施工前,施工单位应填报"工程材料、构配件、设备报审表",项目监理机构应审查施工单位报送的用于工程的材料、构配件、设备的质量证明文件,包括进场材料出厂合格证、材质证明、试验报告等,并应按有关规定、建设工程监理合同约定,对用于工程的材料进行见证取样、平行检验。

全过程工程咨询项目的管理者在管理过程中需要主持或参加各种项目会议,会议对工程的管理和协调具有重要意义。例如,第一次工地会议、工程监理例会、图纸会审会议、专项方案论证会、现场问题协调会、分部工程验收会、工程竣工验收会等。

工程实施过程中产生大量的工程文件和资料,这些文件和资料由参建单位按档案管理要求进行收集、整理、归档,归档文件的内容应真实、准确、完整,客观地反映工程情况,并与工程进展同步。

工程竣工后,工程档案资料经档案馆审查合格后向建设单位移交。工程档案的编制数量应满足合同的要求。原则上,一套应由建设单位保管;另一套(原件)移交当地档案管理机构保存。

## 8.1　工程监理服务团队

监理单位实施监理时,应在施工现场派驻项目监理机构。项目监理机构的监理人员应由总监理工程师、专业监理工程师和监理员三个层次组成,必要时可配备总监理工程师代表。

工程咨询单位或经发包人认可的其他监理单位在建设工程监理合同签订后,应及时将法人公司确认的项目监理机构、总监理工程师及各专业监理人员的任命文件书面通知发包人。项目监理机构应在合同约定的范围内开展监理工作,履行监理职责。

## 8.2 施工监理服务工作内容

### 8.2.1 施工准备阶段监理的主要任务

(1)检查开工前发包人应提供的施工条件是否满足开工要求。

(2)检查开工前承包人的施工准备情况是否满足开工要求。

(3)参加、主持或与发包人联合主持召开设计交底会议,由设计单位进行设计文件的技术交底。

(4)施工图纸的核查与签发。

(5)参与发包人组织的工程质量评定项目划分。

### 8.2.2 工程施工阶段监理的主要任务

(1)开工条件的控制。

(2)工程质量控制。

(3)工程进度控制。

(4)工程资金控制。

(5)施工安全监理。

(6)文明施工监理。

(7)合同管理的其他工作。

(8)工程质量评定与验收。

### 8.2.3 缺陷责任期监理的主要任务

(1)监督承包人按计划完成尾工项目,协助发包人验收尾工项目,并按合同约定办理付款签证。

(2)监督承包人对已完工程项目中所存在的施工质量缺陷进行修复。在承包人未能执行监理机构的指示或未能在合理时间内完成修复工作时,监理机构可建议发包人雇用他人完成施工质量缺陷修复工作,按合同约定确定责任及费用的分担。

(3)根据工程需要,监理机构在缺陷责任期可适时调整人员和设施,除保留必要的外,其他人员和设施应撤离,或按照合同约定将设施移交发包人。

(4)审核承包人提交的缺陷责任终止申请,满足合同约定条件的,提请发包人签发缺陷责任期终止证书。

## 8.3　施工监理服务基本工作程序

(1)依据监理合同组建监理机构,选派总监理工程师、监理工程师、监理员和其他工作人员。

(2)熟悉工程建设的有关法律、法规、规章以及技术标准,熟悉工程设计文件、施工合同文件和监理合同文件。

(3)编制监理规划。

(4)进行监理工作交底。

(5)编制监理实施细则。

(6)实施施工监理工作。

(7)整理监理工作档案资料。

(8)参加工程验收工作,参加发包人与承包人的工程交接和档案资料移交。

(9)按合同约定实施缺陷责任期的监理工作。

(10)结清监理报酬。

(11)向发包人提交有关监理档案资料、监理工作报告。

(12)向发包人移交其所提供的文件资料和设施设备。

## 8.4　施工监理服务主要工作方法

(1)现场记录。监理机构记录每日施工现场的人员、原材料、中间产品、工程设备、施工设备、天气、施工环境、施工作业内容、存在的问题及其处理情况等。

(2)发布文件。监理机构采用通知、指示、批复、确认等书面文件开展施工监理工作。

(3)旁站监理。监理机构按照监理合同约定和监理工作需要,在施工现场对工程重要部位和关键工序的施工作业实施连续性的全过程监督、检查和记录。

(4)巡视检查。监理机构对所监理工程的施工进行定期或不定期的监督与检查。

(5)跟踪检测。监理机构对承包人在质量检测中的取样和送样进行监督。跟踪检测费用由承包人承担。

(6)平行检测。在承包人对原材料、中间产品和工程质量自检的同时,监理机构按照监理合同约定独立进行抽样检测,核验承包人的检测结果。平行检测费用由发包人承担。

(7)协调。监理机构依据合同约定对施工合同双方之间的关系以及工程施工过程中出现的问题和争议进行沟通、协商和调解。

# 学习情境9　水利工程施工阶段项目管理咨询

【学习情境描述】

基于水利工程全过程工程咨询施工阶段项目管理的内容，按照全过程工程咨询项目管理及项目管理中的专项咨询服务管理的要求，编制全过程工程咨询项目管理施工阶段工作过程的成果文件。

【学习目标】

1. 掌握施工阶段质量管理的方法。
2. 掌握施工阶段进度管理的方法。
3. 掌握施工阶段安全管理的方法。
4. 能根据所学的网络计划技术知识，用计算机软件编制施工进度计划。

【任务书】

小组合作，编制完成《××河道工程建设项目全过程工程咨询施工阶段实施方案》。具体要求如下：

1. 工程背景：自行设计；其中单项工程不少于6项，且必须包括堤防、泵站、水闸。
2. 服务模式："1+N"模式。
3. 服务范围、服务内容：自行设定。

【工作计划】

学生根据工作任务划分填写表9-1。

表9-1　学生工作任务分工表

班级：　　　　指导老师：

组号：　　　　组　　长：

| 序号 | 工作内容 | 负责人(姓名) |
|---|---|---|
| 1 | | |
| 2 | | |
| 3 | | |
| 4 | | |
| 5 | | |
| 6 | | |

【工作准备】

1. 各组派代表阐述工作计划。

2. 各组对其他组的工作计划提出自己不同的看法。

3. 教师结合大家完成的情况进行点评,选出最佳方案。

【工作实施】

各组按计划完成工作任务。

【引导问题】

1. 请简述施工阶段项目质量管理主要工作内容。

2. 请简述施工阶段项目进度管理主要工作内容。

3. 请简述施工阶段项目安全管理主要工作内容。

【评价反馈】

学生进行自评,评价自己是否能完成全过程咨询服务的相关知识学习;是否能合作完成《××河道工程建设项目全过程工程咨询施工阶段实施方案》的编制任务,编制质量如何等(见表9-2)。

**表9-2　学习过程评价表**

班级/组号:　　　　　　　　　　　　　　学号/姓名:

| 序号 | 任务 | 分值 | 自评 | 互评 | 师评 |
|---|---|---|---|---|---|
| 1 | 工作效率:任务是否按计划时间完成 | 5 | | | |
| 2 | 工作质量:内容合理、文稿通顺、格式符合规定 | 10 | | | |
| 3 | 学习情况:相关知识学习完成情况 | 10 | | | |
| 4 | 引导问题:掌握情况 | 15 | | | |
| 5 | 文献索引:查阅、甄别、整理、引用资料能力 | 10 | | | |
| 6 | 工作态度:态度端正,无无故缺勤、迟到、早退 | 5 | | | |
| 7 | 创新意识:积极参与小组讨论,思路拓展情况 | 15 | | | |
| 8 | 语言表达:过程汇报、结果展示、汇报参与情况 | 10 | | | |
| 9 | 合作能力:小组成员合作交流、协调工作情况 | 10 | | | |
| 10 | 职业素养:自律、严谨、敬业、社会责任等 | 10 | | | |
| 合计 | | 100 | | | |

各组代表展示作品,介绍任务的完成过程。作品展示前应准备阐述材料,并完成评价(见表9-3)。

表 9-3 学习总评表

| | | | |
|---|---|---|---|
| 总评 | 自评(20%)+互评(20%)+师评(60%) | 综合得分 | 教师(签名): |

工程项目实施阶段的主要任务是通过施工,设备材料的采购、安装、调试,生产准备和工程验收,在预定的进度、质量、造价范围内,将设计要求和蓝图高效率地变成项目实体。咨询公司在此阶段内受到不同服务对象的委托,承担不同的咨询任务,主要包括采购合同的管理、工程合同的管理(施工监理)、施工管理、生产准备和工程验收的监理服务。咨询公司可根据其服务内容的不同,承担不同的咨询任务。

# 9.1 工程项目施工质量管理

全过程工程咨询单位在施工阶段的质量管理主要包括质量管理规划、质量管理计划的编制,质量管理计划的实施,施工阶段质量检查验收。施工阶段对项目的质量管理主要体现在通过质量管理的规划,制订质量管理的目标和实现目标的质量管理组织机构及各参与单位职责程序,在此基础上运行质量管理程序,以质量计划文件的编制为质量管理的起点,通过施工阶段质量计划的实施,控制施工阶段的质量目标,将工程质量从始至终的预控与从下到上的过程控制结合,按照预控、实施、检查、处置、验收、再检查、再验收的循环方式进行施工阶段质量管理,实现质量计划目标。

## 9.1.1 项目质量管理的依据

(1)国家及地方相关法律、法规性文件,如《全国人民代表大会常务委员会关于修改〈中华人民共和国建筑法〉的决定》(2011)。

(2)《建设工程质量管理条例》(国务院令第 279 号)及建设工程的强制性标准。

(3)《建筑工程施工质量验收统一标准》(GB 50300—2013)。

(4)《建设工程质量检测管理办法》(建设部令 141 号)。

(5)《建筑工程质量监督条例(试行)》。

(6)《质量管理体系基础和术语》(GB/T 19000—2016)。

(7)《水利工程质量管理规定》(水利部令第 7 号)。

(8)《水利工程质量检测管理规定》(水利部令第 36 号)。

(9)《水利水电工程施工质量检验与评定规程(附条文说明)》(SL 176—2007)。

(10)工程咨询,勘察,设计,监理和施工,发、承包等相关合同文件。

(11)质量管理计划。

(12)投资人的功能要求报告及设计任务书。

(13)地质勘察文件、设计施工图纸及设计要求。

(14)施工组织设计及专项施工方案措施。

(15)其他影响质量的因素等。

### 9.1.2　项目质量管理的内容

建设项目的质量管理是指以较低的投资在预定的时间内建设完成,并致力于满足工程项目质量要求的工作,包括质量管理的规划、质量管理计划的编制、质量管理计划的实施、施工阶段质量检查验收。

### 9.1.3　项目质量管理的程序

(1)督促项目监理机构履行国家法律法规,履行监理合同所约定的职责。

(2)督促项目监理机构严格控制进场原材料、构配件和设备等的质量,检查施工质量,参加阶段性成果(分部工程、隐蔽工程)的检查验收。

(3)协助投资人进行采购管理,参与有关工程材料、设备等供货单位的考察,并做出评价。

(4)协助投资人参与工程质量事故的调查和处理。

### 9.1.4　项目质量管理的目标

根据项目管理学中项目是一个过程的定义,那么工程项目质量控制的重点在于过程质量控制。工程项目的过程质量控制是指为达到工程项目质量要求而采取相应的作业技术和活动,从而为工程建设增值(见图 9-1)。

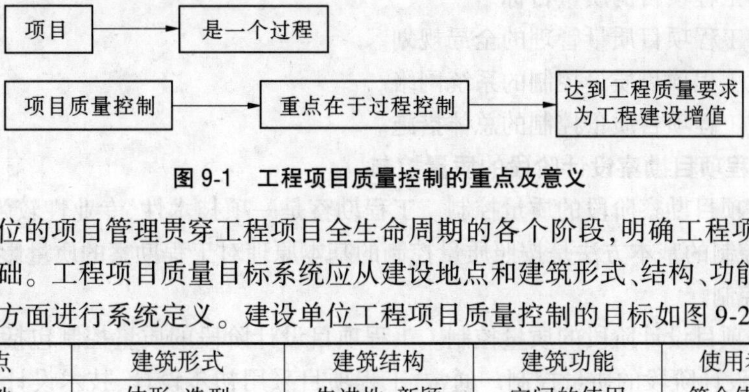


**图 9-1　工程项目质量控制的重点及意义**

建设单位的项目管理贯穿工程项目全生命周期的各个阶段,明确工程项目质量控制的目标是基础。工程项目质量目标系统应从建设地点和建筑形式、结构、功能及使用者满意程度等多方面进行系统定义。建设单位工程项目质量控制的目标如图 9-2 所示。

| 建设地点 | 建筑形式 | 建筑结构 | 建筑功能 | 使用者满意程度 |
|---|---|---|---|---|
| 环境条件 | 体形、造型 | 先进性、新颖 | 空间的使用 | 符合使用者的要求 |
| 生产和生活 | 与环境、毗邻建筑的协调 | 安全、可靠 | | 维护方便 |
| | 风格 | | | |
| | 内涵的表达 | | 生产和生活的使用功能 | |
| | 装饰、美观 | | | |
| | 内部与外部的关系 | | | |
| 建设项目质量 | | | | |

**图 9-2　工程项目质量目标系统**

## 9.1.5　项目质量管理的重点

一般建设工程项目的质量控制主要分为 6 个方面，如图 9-3 所示。

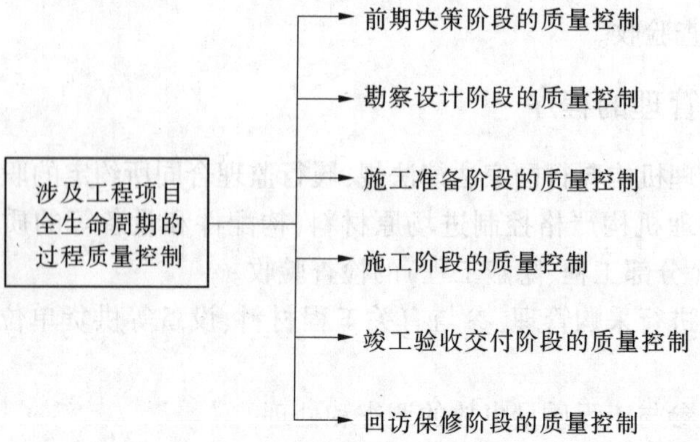


图 9-3　项目全生命周期的质量控制

### 9.1.5.1　工程项目前期决策阶段的质量控制

项目前期决策阶段质量控制的好坏直接影响到项目在后期实施运营阶段的工程质量。在工程项目建设的前期阶段，质量控制应该包括以下四个方面内容：

(1)明确工程项目的质量目标。

(2)做好工程项目质量管理的全局规划。

(3)建立工程项目质量控制的系统网络。

(4)制定工程项目质量控制的总体措施。

### 9.1.5.2　工程项目勘察设计阶段的质量控制

(1)工程项目勘察阶段的质量控制。工程勘察是一项技术性、专业性较强的工作，工程勘察质量控制的基本方法是按照质量控制的基本原理对工程勘察的质量影响因素进行检查和过程控制。

(2)工程项目设计阶段的质量控制。工程项目设计阶段的质量控制包括工程项目设计准备阶段、设计阶段的质量控制。通常，工程项目采用初步设计、技术设计和施工图设计的三阶段设计。因此，设计阶段的质量控制分三阶段的质量控制流程，包括初步设计阶段项目质量控制工作流程、技术设计阶段项目质量控制工作流程和施工图设计阶段项目质量控制工作流程。

### 9.1.5.3　工程项目施工准备阶段的质量控制

施工准备阶段的质量控制内容与措施，包括图纸学习与会审、编制施工组织设计、组织技术交底、控制物资采购、严格选择分包单位五个部分。

(1)图纸学习与会审。图纸会审由建设单位或监理单位主持，设计单位、施工单位参加，并写出会审纪要。图纸审查必须抓住关键，特别注意构造和结构的审查，必须形成图纸审查与修改文件，并作为档案保存。

(2)编制施工组织设计。施工组织设计中对质量控制起主要作用的是施工方案，主要包括施工程序的安排、施工段的划分、主要项目的施工方法、施工机械的选择,以及保证质量、安全施工、冬季和雨期施工、污染防治等方面的预控方法和有针对性的技术组织措施。

(3)组织技术交底。技术交底是一项经常性的技术工作,可分级分阶段进行。技术交底应以设计图纸、施工组织设计、质量验收标准、施工验收规范、操作规程和工艺卡为依据,编制交底文件,必要时可用图表、实样、小样、现场示范操作等形式进行,并做好书面交底记录。

(4)控制物资采购。施工中所需的物资包括建筑材料、建筑构配件和设备等。如果生产供应单位提供的物资不符合质量要求,施工企业在采购前和施工中又没有有效的质量控制手段,往往会埋下工程隐患,甚至酿成质量事故。因此,采购前应按先评价后选择的原则,由熟悉物资技术标准和管理要求的人员,对拟选择的供方进行技术、管理、质量检测、工序质量控制和售后服务等质量保证能力的调查,信誉以及产品质量的实际检验评价,各供方之间的综合比较,最后做出综合评价,再选择合格的供方建立供求关系。

(5)严格选择分包单位。工程总承包商或主承包商将总包的工程项目按专业性质或工程范围(区域)分包给若干个分包商来完成,是一种普遍采用的经营方式。为了确保分包工程的质量、工期和现场管理能满足总合同的要求,总承包商应由主管部门和人员对拟选择的分包商,包括建设单位指定的分包商,通过审查资格文件,考察已完工程和施工工程质量等方法,从技术及管理实务、特殊及主体工程人员资格、机械设备能力及施工经验等方面,认真进行综合评价,决定是否可作为合作伙伴。

#### 9.1.5.4　工程项目施工阶段的质量控制

工程项目施工阶段的质量控制工作主要包括材料、构件、制品和设备质量的检查,以及施工质量监督和中间验收等工作。

具体来说,施工阶段质量控制主要包括以下6个方面:

(1)严格进行材料、构配件试验和施工试验。对进入现场的物料,包括甲方供应的物料以及施工过程中的半成品,必须按规范、标准和设计的要求,根据对质量的影响程度和使用部位的重要程度,在使用前对涉及结构安全的应由建设单位或监理单位现场见证取样,送有法定资格的单位检测,判断其质量的可靠性。

(2)实施工序质量监控。工序质量监控的对象是影响工序质量的因素,特别是主导因素,其核心是管因素、管过程,而不单纯是管结果。工序质量监控重点内容包括设置工序质量控制点,严格遵守工艺规程,控制工序活动条件的质量,及时查工序活动效果的质量。

(3)组织过程质量检验。过程质量检验主要指工序施工中或上道工序完工即将转入下道工序时所进行的质量检验,目的是通过判断工序施工内容是否合乎设计或标准要求以决定该工序是否继续进行(转交)或停止。具体形式有:质量自检和互检,专业质量监督,工序交接检查,隐蔽工程验收,基础、主体工程检查验收。

(4)重视设计变更管理。施工过程中往往会发生没有预料到的情况,如设计与施工的可行性发生矛盾,建设单位因工程使用目的、功能或质量要求发生变化,而导致设计变更。设计变更须经建设、设计、监理、施工单位各方同意,共同签署设计变更洽商记录,由设计单位负责修改,并向施工单位签发设计变更通知书。对建设规模、投资方案有较大影响的变更,须经原批准初步设计单位同意,方可进行修改。

(5)加强成品保护。在施工过程中,有些分项、分部工程已经完成,其他分项、分部工程尚在施工,对于成品,如不采取妥善的措施加以保护,就会造成损伤,影响质量,有些严重的损伤难以恢复到原样,成为永久性缺陷。成品保护工作有合理安排施工顺序和采取有效的防护措施两个主要环节。

(6)积累工程施工技术资料。工程施工技术资料是施工中的技术、质量和管理活动的记录,是实行质量追溯的主要依据。施工技术资料管理是确保工程质量和完善施工管理的一项重要工作,施工企业必须按各专业质量检验评定标准的规定和各地的实施细则,全面、科学、准确、及时地记录施工及试(检)验资料,按规定积累、计算、整理、归档手续必须完备,并不得有伪造、涂改、后补等现象。

#### 9.1.5.5 工程项目竣工验收交付阶段的质量控制

(1)坚持竣工标准。由于水利工程项目门类很多,性能、条件和要求各异。例如,水利枢纽过程,包含土建工程、安装工程、管道工程、桥梁工程、电气工程等,各自都有相应的竣工标准。凡达不到竣工标准的工程,一般不能算竣工,也不能报请竣工质量核定和竣工验收。

(2)做好竣工验收工作。水利水电建设工程验收按验收主持单位可分为法人验收和政府验收。法人验收包括分部工程验收、单位工程验收、水电站(泵站)中间机组启动验收、合同工程完工验收等;政府验收包括阶段验收、专项验收、竣工验收等。

工程验收应做好以下主要内容:

①检查工程是否按照批准的设计进行建设;

②检查已完工程在设计、施工、设备制造安装等方面的质量及相关资料的收集、整理和归档情况;

③检查工程是否具备运行或进行下一阶段建设的条件;

④检查工程投资控制和资金使用情况;

⑤对验收遗留问题提出处理意见;

⑥对工程建设做出评价和结论。

(3)整理工程竣工验收资料。工程竣工验收资料是使用、维修、扩建和改建的指导文件和重要依据,工程项目交接时,承包单位应将成套的工程技术资料分类整理、编目、建档后移交给建设单位。

#### 9.1.5.6 工程项目回访保修阶段的质量控制

工程项目在竣工验收交付使用后,施工单位应按照规定在保修期限和保修范围内,主动对工程进行回访,听取建设单位或用户对工程质量的意见,对施工单位施工过程中的质量问题负责维修,如属设计等原因造成的质量问题,在征得建设单位和设计单位认可后,协助修补。

### 9.1.6 项目质量管理方法

如果想要客观地反映实际施工过程中的情况和问题,就必须进行细致的调查,然后得到相关的数据资料。数据是信息的载体,在对工程项目质量进行分析的过程中必须以数据为基础进行综合判断,一切用数据来说话。在数据的处理过程中,可以使用直方图、排列图、控制图、散布图等图形来展示分析结果。在图上能更加直观地看出工程的质量问题,从而采取适当的措施。

### 9.1.6.1　质量控制的直方图法

直方图又称质量分布图、矩形图、频数分布直方图。它是对从一个母体收集的一组数据用相等的组距分成若干组,画出以组距为宽度、以分组区内数据出现的频数为高度的一系列直方柱,按组界值(区间)的顺序把这些直方柱排列在直角坐标系里。这样得到的图形就是直方图。

直方图法是通过频数分布分析研究数据的集中程度和波动范围的统计方法。通过它可以了解工序是否正常、能力是否满足,并可推断母体的不合格率。同时,又可确切地算出数据的平均值和标准偏差。其优点是:计算、绘图方便、易掌握,而且能够直观、确切地反映出质量分布规律。其缺点是:不能反映时间变化及数据之间和数据群之间的变化,要求收集的数据较多,一般要50个以上,否则难以体现其规律。

常见的直方图有标准型、锯齿型、缓坡型、孤岛型、双峰型、陡壁型等(见图9-4)。

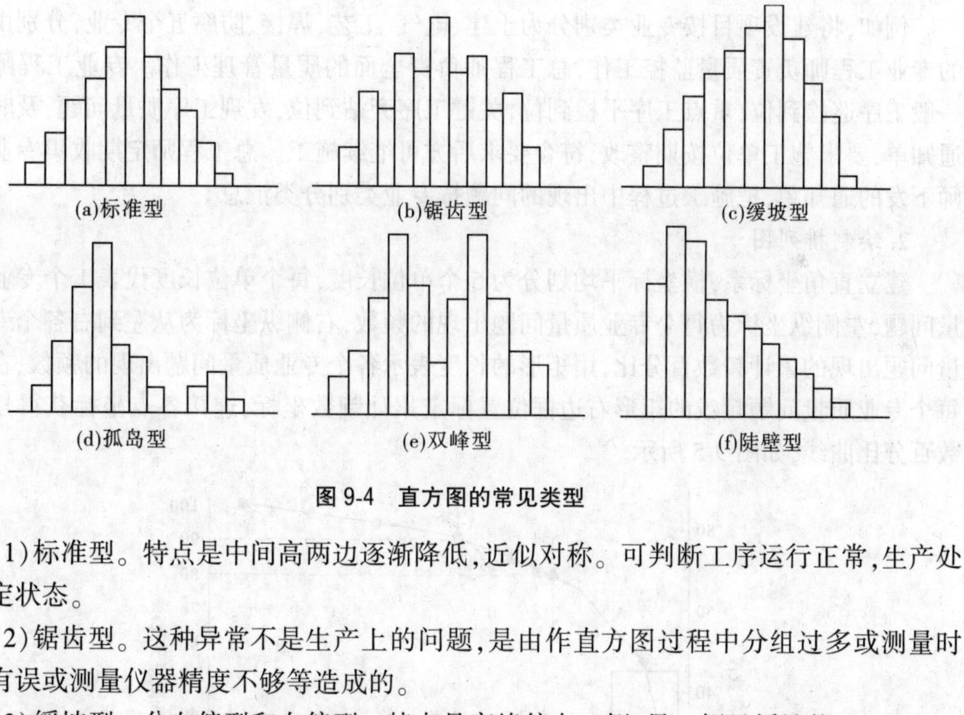


图9-4　直方图的常见类型

(1)标准型。特点是中间高两边逐渐降低,近似对称。可判断工序运行正常,生产处于稳定状态。

(2)锯齿型。这种异常不是生产上的问题,是由作直方图过程中分组过多或测量时读数有误或测量仪器精度不够等造成的。

(3)缓坡型。分左偏型和右偏型。特点是高峰偏向一侧,另一侧呈缓坡状。

(4)孤岛型。形成的原因有:测量工具有误差;原材料混杂或一时有变化;加工工具突然磨损;短时间内由不熟练工人替班;操作疏忽;混入规范不同的产品等。

(5)双峰型。特点是有两个高峰。这是由于数据来自不同的总体造成的,如把来自两个工人或两批原材料或两台设备或两个厂家生产的产品混在一起作直方图。

(6)陡壁型。往往是经全数检查,剔除不合格品后的产品数据,作直方图时出现的状态。或是根据虚假数据作直方图时出现的状态。

9.1.6.2　**质量控制的排列图法**

排列图法又称巴雷特图法,也叫主次因素分析图法。它是分析影响工程(产品)质量主要因素的一种有效方法。排列图由一个横坐标、两个纵坐标、若干个矩形和一条曲线组成,图中左边纵坐标表示频数,即影响调查对象质量的因素重复发生或出现的次数(或件数、个数、点数);横坐标表示影响质量的各种因素,按出现的次数由多至少,从左到右排列;右边的纵坐标表示频率,即各因素的频数占总频数的百分比;矩形表示影响质量因素的项目或特性,其高度表示该因素频数的高低,曲线表示各因素依次累计的频率,也称为巴雷特曲线。

该方法认为80%的质量问题源于20%的起因,20%的质量问题源于80%的起因,即所谓80/20法。因此,我们要确定并解决那些导致大多数质量问题的关键的少数起因,而不是致力于解决那些导致少数问题的大多数起因(不重要的多数)。当已经解决了那些关键的少数起因,就可以把注意力集中放到解决剩余部分中最重要的起因,不过它们的影响是递减的。

1. 收集工序质量数据

例如,将建设项目按专业类别分为土建、电气、工艺、焊接、防腐五个专业,分别由不同的专业工程师负责质量监控工作,总工程师负责全面的质量管理工作。专业工程师对于一般工序巡检到位,重点工序平检到位,关键工序旁站到位,发现工序质量问题,及时下发通知单,要求施工单位按期整改,符合要求后方可继续施工。总工程师定期收集专业工程师下发的通知单,把施工过程中出现的问题按专业类别分类汇总。

2. 绘制排列图

建立直角坐标系,横坐标平均划分为5个单位长度,每个单位长度代表1个专业的质量问题,左侧纵坐标为每个专业质量问题出现的频数,右侧纵坐标为从左到右各个专业质量问题出现的累计频数百分比,用矩形的长度表示各个专业质量问题出现的频数,在表示每个专业质量问题频数的矩形右边框位置标定累计频数坐标,连接各点坐标获得累计频数百分比曲线,如图9-5所示。

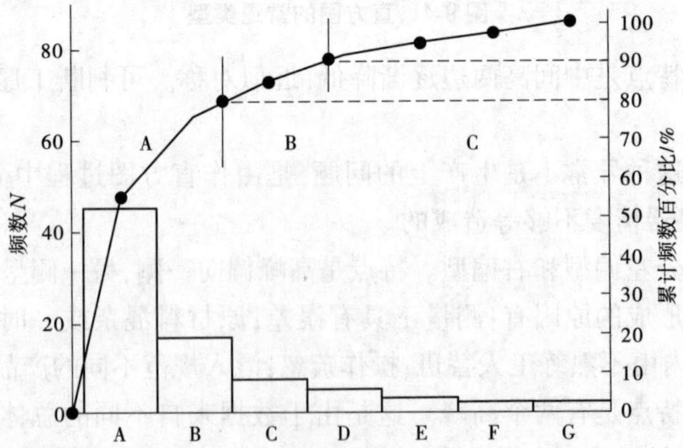


**图9-5　排列图法的示意图**

3. 质量数据分析

在建项目中,按照质量问题出现的频率将排列图划分为三个区域(见图 9-5):在 80%以下的那几个专业的质量问题为 A 类因素,是影响工程质量的主要因素;在 80%~90%的那几个专业的质量问题为 B 类因素,是影响工程质量的次要因素;在 90%~100%的那几个专业的质量问题为 C 类因素,是影响工程质量的一般因素。

9.1.6.3 **质量控制的因果分析图法**

因果分析图又叫特性要因图、鱼刺图或树枝图。因果分析图法就是把对质量(结果或特性)有影响的重要因素加以分类,并在同一个图上用箭线表示出来的方法(见图 9-6)。通过整理、归纳、分析、查找原因,将因果关系搞清楚,然后采取措施解决问题,使质量控制工作系统化、条理化。它主要包括特性和要因两个方面。所谓特性是指工程施工中经常出现的质量问题;所谓要因是指在质量问题分析中对质量有影响的主要原因。

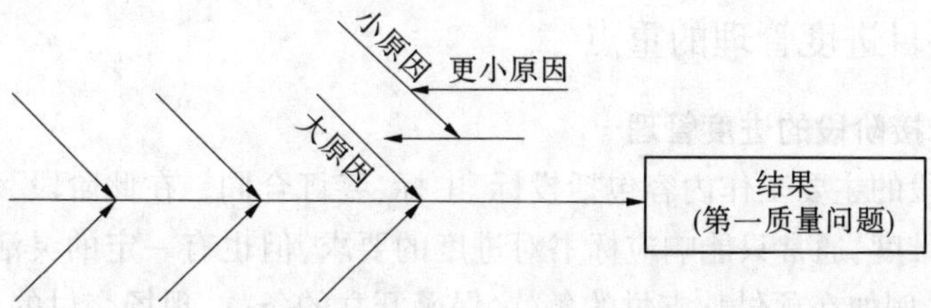


**图 9-6 因果分析图法示意图**

在工程实践中,任何一种质量问题的产生往往是多种原因造成的。这些原因有大有小,把这些原因依照大小次序分别用主干、大枝、中枝和小枝箭线图形表示出来,便可一目了然、系统地观察出产生质量问题的原因。运用因果分析图可以帮助我们制定对策、措施,解决工程质量上存在的问题,从而达到控制质量的目的。

# 9.2 工程项目施工进度管理

全过程工程咨询单位在施工过程中的进度管理主要包括项目进度计划的编制、项目进度计划的实施、项目进度计划的检查、项目进度计划的调整。其中,项目进度计划的编制包含里程碑计划和主要参建单位作业的形象进度,采取的主要手段有横道图法、关键路线法及计划评审法等;项目进度计划的检查是指在进度计划执行中,检查、跟踪实际进度是否按照计划进度执行以便找出影响进度偏差的原因,依据进度目标和合同要求对进度计划进行调整。

## 9.2.1 施工进度管理的依据

(1)施工合同所约定的工期目标;

(2)施工总进度计划;

(3)施工现场进度统计。

## 9.2.2 施工进度管理的内容

工程项目进度管理是指建设项目在实施过程中,全过程工程咨询单位对各个阶段的进展程度和项目最终完成的期限所进行的管理,从而确保工程项目在满足时间约束的条件下实现项目的总体目标。

## 9.2.3 施工进度管理的程序

(1)编制建设项目总控制计划。

(2)实施施工总进度计划。

(3)建设项目进度调整。

(4)编制项目进度报告书。

## 9.2.4 工程项目进度管理的重点

### 9.2.4.1 任务承接阶段的进度管理

承接任务阶段的主要工作内容包括投标、中标、签订合同。在此阶段,承包方对进度的控制有相当的难度,通常只能响应标书对进度的要求,但也有一定的灵活性,可以在合同生效的条款上(例如在预付款支付的条款、保函开立的条款、现场交付的条款以及当地政府主管部门的大量协调工作的条款等方面)为承包方尽可能地争取工期。

### 9.2.4.2 项目准备阶段的进度管理

签订合同后,承包商应全面展开项目的准备工作,收集项目的原始资料,了解项目的现场情况,调查项目当地的物资、技术、施工力量,研究和掌握项目的特点及项目实施的进度要求,摸清项目实施的客观条件,合理部署力量,从技术上、组织上、人力、物力等各方面为项目实施创造必要的条件。认真仔细地做好准备工作,对加快实施速度、保证项目质量与安全、合理使用材料、增加项目效益等方面起着重要的作用。

项目准备阶段往往周期长、衔接工作量很大、工作很杂,也常常在不知不觉中延误项目的实施进度,必须引起足够的重视。项目准备阶段要特别注意以下两点。

(1)要在组织上尽快建立一个懂技术、会管理、团结和谐、精明强悍的管理团队,这往往是决定项目实施成败的最关键因素之一。特别是在进度控制上最好配备有计划管理经验、懂工程网络计划的计划人员。

(2)要调查研究收集资料。收集研究与项目实施有关的资料,可使准备工作有的放矢,避免盲目性。主要收集地形、地貌、工程地质、水文地质及气象条件等自然条件的资料和现场供水、供电、道路交通能力,地方建筑材料的生产供应能力及建筑劳务市场的发育程度,当地民风民俗、生活供应保障能力等技术经济条件。所有这些基础资料对项目的实施方案、承发包方式、施工组织实际等有至关重要的影响。

### 9.2.4.3 设计阶段的进度管理

设计工作对项目的进度控制起着决定性的作用。本来它既可以算作项目准备阶段的工作,也可以算作招标投标阶段的工作,在此单独讲述,是因为在项目实施过程中能否加快进度，保证质量和节约成本，在很大程度上取决于设计工作的进度和设计质量的优劣。设计阶段的进度控制主要注意以下两方面。

（1）设计本身的进度控制。设计工作是一个漫长的、系统的、复杂的工作。涉及资料的收集、平面的布置、数据的计算、系统的设计、图纸的审批以及由初步设计到施工图设计的设计过程，设计本身也有一定的周期，但往往图纸的提交对项目的实施进度有决定性的影响，所以要重视设计工作的进度，从设计工作内部采取包括激励措施、与设计单位保持良好的关系、承包商全力配合设计院的工作来促进设计进度。从设计工作外部，可以改变某些方式，比如把仅仅需要提交业主批准的图纸单独出图，而把不需要提交批准的图纸按正常的方式进行设计。这样即使业主不批准而修改设计也可以减少大量的设计工作，从而节约设计时间。

（2）设计对项目实施的进度控制。现代的工程项目都具有建设规模大、技术含量高、建设工期紧、实施难度大及承包风险大等特点。在工程项目的实施过程中，特别是在设计中大量地使用新技术、新设备和新工艺，可以达到有效节约成本和缩短施工工期的效果。因此，在设计中要鼓励设计单位（最好是在设计合同中设立一笔奖金）更多地使用新技术、新设备和新工艺，在设计中还要运用价值工程，进行多方案设计、多方案比选。从结构工艺上、系统上进行优化，同时综合平衡成本、进度、质量和安全的最佳结合点，可以为项目的实施创造最佳的进度控制途径。

#### 9.2.4.4　招标阶段的进度管理

招标工作是项目实施过程中重要的工作之一，在国内外都有相关的法律法规要求对项目进行招标投标。在我国普遍采用经过评审的合理低价中标原则。其中特别强调是经过评审的合理低价，包括对投标单位的资质、信誉、业绩、技术力量、人员配置、机具设备状况和财务状况等多方面的评价，不仅仅考虑价格因素，还要综合考虑进度快速、质量优良、最好有过良好合作关系的单位中标，这样可以为项目顺利、快捷地实施打下良好基础。况且，项目管理的理念是与项目建设参与方共赢，一味地压低价格或其他苛刻的合作条件会使参与方在质量上、进度上甚至在安全上打折扣，最终可能影响招标人的总体利益，非常不利于项目进度的控制。

#### 9.2.4.5　施工阶段的进度管理

项目的施工阶段，先要做好施工组织，尤其要做好施工组织设计，对施工活动进行全面的计划安排。根据项目的特点，施工单位要先编制施工组织总设计，然后根据批准后的施工组织总设计，编制单位工程施工组织设计。施工组织设计一般应明确施工方案、施工的技术组织措施、施工准备工作计划、施工平面布置、施工进度计划、施工生产要素供给计划，落实执行施工项目计划的责任人和组织方式。

有了施工组织设计，施工单位应按照施工组织设计精心施工，这一阶段是施工管理的重点，要针对具体的施工活动，为落实施工组织设计的统一安排而进行协调、检查、监督、控制等指挥调度工作。一方面，应从施工现场的全局出发，加强各个单位、各部门的配合与协作，协调解决各方面问题，使施工活动顺利开展；另一方面，应加强技术、材料、质量、安全、进度等各项经济核算与管理工作，严格执行各项技术、质量检验制度。

在项目的施工过程中，要正确处理好合同分包，要对严重影响施工进度的分包商，采取合同手段保证进度，特别是要保留对严重滞后的关键工作回收的权利，以实现突击；对关键的单位工程要找专业的分包队伍，或许能节约成本、缩短进度。

#### 9.2.4.6　竣工验收阶段的进度控制

竣工验收阶段是项目实施的最后阶段，在竣工验收之前，施工单位要内部做好预验收，检查各分部、分项工程的施工质量，尽快全面地消除项目的缺陷，整理各项交工验收的技术经济资料，把自身的工作做扎实，努力缩短交工验收时间。

### 9.2.5　工程项目进度管理的措施

#### 9.2.5.1　工程项目进度控制的组织措施

(1)组织是目标能否实现的决定性因素。为实现项目的进度目标，应充分重视健全项目管理的组织体系。

(2)在项目组织结构中应有专门的工作部门和符合进度控制岗位资格的专人负责进度控制工作，在项目管理组织设计的任务分工表和管理职能分工表中应明示和落实进度控制人员的职责。

(3)应编制项目进度控制的工作流程。

(4)进度控制的主要工作环节包括进度目标的分析和论证、编制进度计划、定期跟踪进度计划的执行情况、采取纠偏措施，以及调整进度计划。

#### 9.2.5.2　工程项目进度控制的管理措施

(1)工程项目进度控制的管理措施涉及管理的思想、管理的方法、管理的手段、承发包模式、合同管理和风险管理等。在理顺组织的前提下，科学和严谨的管理显得十分重要。

(2)采用网络计划的方法编制进度计划必须要很严谨地分析和考虑工作之间的逻辑关系，通过网络计算可发现关键工作和关键线路，也可知道非关键工作可使用的时差，网络计划的方法有利于实现进度控制的科学化。

(3)承发包模式的选择直接关系到项目实施的组织和协调。为了实现进度目标，应选择合理的合同结构，以免过多的合同交界面而影响工程的进展。工程物资的采购模式对进度也有直接的影响，对此应做比较分析。

(4)为实现进度目标，不但应进行进度控制，还应注意分析影响项目进度的风险，并在分析的基础上采取风险管理措施，以减少进度失控的风险量。

(5)重视信息技术(包括相应的软件、局域网、互联网以及数据处理设备)在进度控制中的应用。虽然信息技术对进度控制而言只是一种管理手段，但它的应用有利于提高进度信息处理的效率，有利于提高进度信息的透明度，有利于促进进度信息的交流和项目各参与方的协同工作。

#### 9.2.5.3　工程项目进度控制的经济措施

(1)工程项目进度控制的经济措施涉及资金需求计划、资金供应的条件和经济激励措施等。

(2)为确保进度目标的实现,应编制与进度计划相适应的资源需求计划(资源进度计划),包括资金需求计划和其他资源(人力和物力资源)需求计划,以反映工程实施的各时段所需要的资源。通过资源需求的分析,可发现所编制的进度计划实现的可能性。若资源条件不具备,则应调整进度计划。资金需求计划也是项目融资的重要依据。

(3)资金供应条件包括可能的资金总供应量、资金来源(自有资金和外来资金)以及资金供应的时间。

(4)在工程项目预算中应考虑加快项目进度所需要的资金支付,其中包括为实现进度目标将要采取的经济激励措施的费用。

#### 9.2.5.4　工程项目进度控制的技术措施

(1)工程项目进度控制的技术措施涉及对实现进度目标有利的设计技术和施工技术的选用。

(2)不同的设计理念、设计技术路线、设计方案会对工程进度产生不同的影响,在设计工作的前期,特别是在设计方案评审和选用时,应对设计技术与工程项目进度的关系做分析比较。在工程项目进度受阻时,应分析是否存在设计技术的影响因素,为实现进度目标是否有设计变更的可能性。

(3)施工方案对工程项目进度有直接的影响。在施工方案选用的决策过程中,不仅应分析技术的先进性和经济的合理性,还应考虑其对进度的影响。在工程进度受阻时,应分析是否存在施工技术的影响因素,为实现进度目标是否有改变施工技术、施工方法和施工机械的可能性。

### 9.2.6　工程项目进度管理方法

#### 9.2.6.1　确定进度计划编制、审批管理流程

在工程项目全过程中,确定各项计划的编制、审批管理流程,有利于高效、稳步地实施各项计划,降低工程项目进度被延误的可能性。

#### 9.2.6.2　使用进度计划编制软件

国外有很多用于进度计划编制的商品软件。20 世纪 70 年代末 80 年代初,我国也开始研制进度计划编制的软件,这些软件都是在网络计划原理的基础上编制的。应用这些软件可以实现计算机辅助工程项目进度计划的编制和调整,以确定网络计划的时间参数。计算机辅助工程项目网络计划编制的意义:

(1)解决网络计划计算量大,而手工计算难以承担的困难。

(2)确保网络计划计算的准确性。

(3)有利于网络计划及时调整。

(4)有利于编制资源需求计划等。

进度管理是一个动态编制和调整计划的过程,初始的进度计划和在项目实施过程中不断调整的计划,以及与进度管理有关的信息应尽可能对项目各参与方透明,以便各方为实现项目的进度目标协同工作。为使业主方各工作部门和项目各参与方方便快捷地获取进度信息,可利用项目专用网站作为基于网络的信息处理平台辅助进度控制。

## 9.2.7 网络计划技术

### 9.2.7.1 网络计划技术概述

计划是管理的核心,而进度计划又是计划的核心。在传统的计划工作中,曾广泛地应用横道图计划,编制横道图计划的方法,是将各项生产或任务,按照完成任务的顺序和时间,画在一张具有时间坐标的表格上,并用一条带状线表示完成各项任务的起始时间、结束时间和延续时间。这种横道图可以相当有效地表达各项任务的进度安排和计划的总工期,具有直观易懂的特点。所以,它对提高管理工作水平和促进生产的发展,起到了重要的作用,一直沿用至今。

但是,作为一种计划管理的工具,横道图的致命缺点就在于不能反映工作项目之间的相互关系。因此,随着生产技术的迅速发展,工程规模越来越大,各个生产环节之间关系复杂,利用横道图就难以使计划构成一个系统的整体,因而也就不能从数学的高度去分析工作之间相互制约的数量关系,以便揭示计划中的关键环节。这样当某件工作的进程提前或拖后时,就难以发现其对整个计划的影响,当然也就不能对此做出迅速的反应和采取有效的措施。另外,由于横道图不能实现定量分析,因而也就谈不上实现计划的最优化,从而也就妨碍着现代化的科学计算手段——电子计算机的应用。所有这些,都要求有一种新的、更好的编制计划的方法。于是,网络计划法就应运而生了。

网络计划包括 PERT(Program Evaluationand Review Technique,简称 PERT)与 CPM(Critical Path Mcthod,简称 CPM),前者一般译为计划评审技术或计划协调技术,后者一般译为关键线路法,两者有时统一记为 PERT/CPM。

网络计划技术是指以网络图为基础的计划模型,其最基本的优点就是能直观地反映工作项目之间的相互关系,使一项计划构成一个系统的整体,为实现计划的定量分析奠定了基础。同时,它运用数学最优化原理,揭示整个计划的关键工作以及巧妙地安排计划中的各项工作,从而使计划管理人员依照执行的情况信息,有科学根据地对未来做出预测,使得计划自始至终在人们的监督和控制之中,使用尽可能短的工期、尽可能少的资源、尽可能好的流程、尽可能低的成本来完成所控制的项目。

### 9.2.7.2 工程网络计划的编制方法

国际上,工程网络计划有许多名称,如 CPM、PERT、CPA、MPM 等。

我国《工程网络计划技术规程》(JGJ/T 121—2015)推荐的常用的工程网络计划类型包括:

(1)双代号网络计划。

(2)单代号网络计划。

(3)双代号时标网络计划。

(4)单代号搭接网络计划。

1. 双代号网络计划

双代号网络图是以箭线及其两端节点的编号表示工作的网络图,如图 9-7 所示。

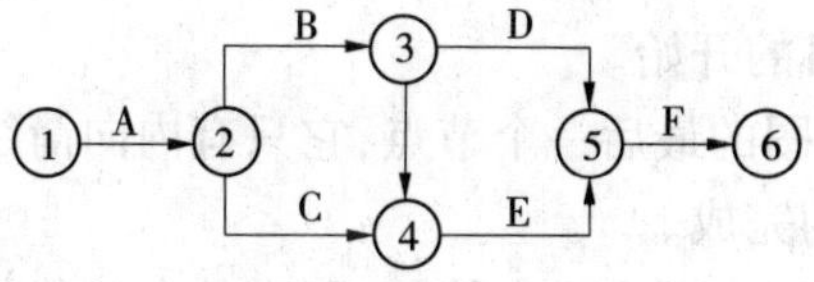


图 9-7 双代号网络图

1)箭线(工作)

工作是泛指一项需要消耗人力、物力和时间的具体活动过程,也称工序、活动、作业。双代号网络图中,每一条箭线表示一项工作。箭线的箭尾节点 $i$ 表示该工作的开始,箭线的箭头节点 $j$ 表示该工作的完成。工作名称可标注在箭线的上方,完成该项工作所需要的持续时间可标注在箭线的下方,如图 9-8 所示。由于一项工作需用一条箭线和其箭尾与箭头处两个圆圈中的号码来表示,故称为双代号网络计划。

在双代号网络图中,任意一条实箭线都要占用时间,多数要消耗资源。在建设工程中,一条箭线表示项目中的一个施工过程,它可以是一道工序、一个分项工程、一个分部工程或一个单位工程,其粗细程度和工作范围的划分根据计划任务的需要确定。

在双代号网络图中,为了正确地表达图中工作之间的逻辑关系,往往需要应用虚箭线。虚箭线是实际工作中并不存在的一项虚设工作,故它们既不占用时间,也不消耗资源,一般起着工作之间的联系、区分和断路三个作用。

(1)联系作用是指应用虚箭线正确表达工作之间相互依存的关系。

(2)区分作用是指双代号网络图中每一项工作都必须用一条箭线和两个代号表示,若两项工作的代号相同,应用虚工作加以区分,如图 9-9 所示。

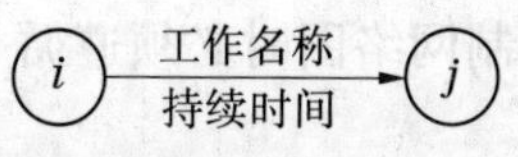


图 9-8 双代号网络图工作的表示方法

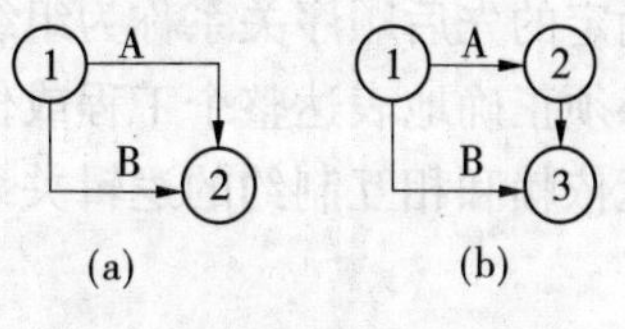


图 9-9 虚箭线的区分作用

(3)断路作用是用虚箭线断掉多余联系,即在网络图中把无联系的工作连接上时,应加上虚工作将其断开。

在无时间坐标的网络图中,箭线的长度原则上可以任意画,其占用的时间以下方标注的时间参数为准。箭线可以为直线、折线或斜线,但其行进方向均应从左向右。在有时间坐标的网络图中,箭线的长度必须根据完成该工作所需持续时间的长短按比例绘制。

在双代号网络图中,通常将工作用 $i$—$j$ 作表示。紧排在本工作之前的工作称为紧前工作。紧排在本工作之后的工作称为紧后工作。与之平行进行的工作称为平行工作。

2)节点(又称结点、事件)

节点是网络图中箭线之间的连接点。在时间上节点表示指向某节点的工作全部完成后该节点后面的工作才能开始的瞬间,它反映前后工作的交接点。网络图中有三个类型的节点。

(1)起点节点。即网络图的第一个节点,它只有外向箭线(由节点向外指的箭线),一般表示一项任务或一个项目的开始。

(2)终点节点。即网络图的最后一个节点,它只有内向箭线(指向节点的箭线),一般表示一项任务或一个项目的完成。

(3)中间节点。即网络图中既有内向箭线,又有外向箭线的节点。

双代号网络图中,节点应用圆圈表示,并在圆圈内标注编号。一项工作应当只有唯一的一条箭线和相应的一对节点,且要求箭尾节点的编号小于其箭头节点的编号,即 $i<j$。网络图节点的编号顺序应从小到大,可不连续,但不允许重复。

3)线路

网络图中从起始节点开始,沿箭头方向顺序通过一系列箭线与节点,最后到达终点节点的通路称为线路。在一个网络图中可能有很多条线路,线路中各项工作持续时间之和就是该线路的长度,即线路所需要的时间。一般网络图有多条线路,可依次用该线路上的节点代号来记述。

在各条线路中,有一条或几条线路的总时间最长,称为关键路线,一般用双线或粗线标注。其他线路长度均小于关键线路,称为非关键线路。

4)逻辑关系

网络图中工作之间相互制约或相互依赖的关系称为逻辑关系,它包括工艺关系和组织关系,在网络中均应表现为工作之间的先后顺序。

(1)工艺关系。生产性工作之间由工艺过程决定,非生产性工作之间由工作程序决定的先后顺序称为工艺关系。

(2)组织关系。工作之间由于组织安排需要或资源(人力、材料、机械设备和资金等)调配需要而确定的先后顺序关系称为组织关系。

网络图必须正确地表达整个工程或任务的工艺流程和各工作开展的先后顺序,以及它们之间相互依赖和相互制约的逻辑关系。因此,绘制网络图时必须遵循一定的基本规则和要求。

5)绘图规则

(1)双代号网络图必须正确表达已确定的逻辑关系。网络图中常见的各种工作逻辑关系的表示方法如表 9-4 所示。

**表 9-4　网络图中常见的各种工作逻辑关系的表示方法**

| 序号 | 工作之间的逻辑关系 | 网络图中的表示方法 |
|---|---|---|
| 1 | A 完成后进行 B 和 C | 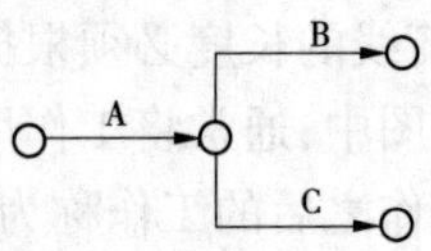 |
| 2 | A、B 均完成后进行 C | 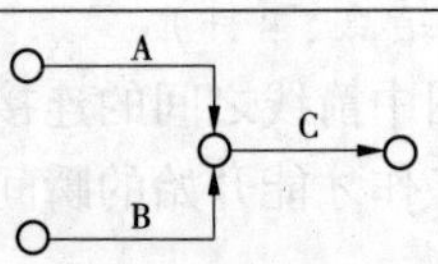 |

续表 9-4

| 序号 | 工作之间的逻辑关系 | 网络图中的表示方法 |
|---|---|---|
| 3 | A、B 均完成后同时进行 C 和 D | 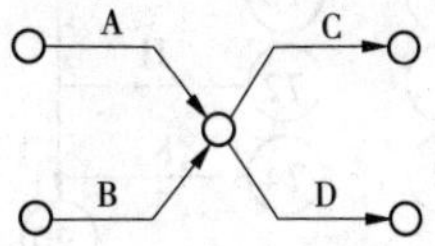 |
| 4 | A 完成后进行 C<br>A、B 均完成后进行 D | 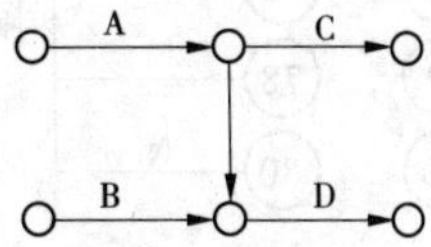 |
| 5 | A、B 均完成后进行 D<br>A、B、C 均完成后进行 E<br>D、E 均完成后进行 F | 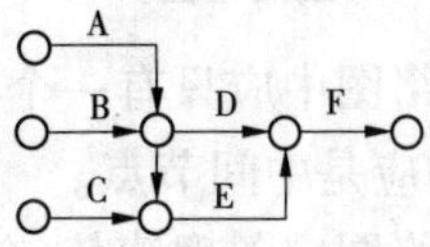 |
| 6 | A、B 均完成后进行 C<br>B、D 均完成后进行 E | 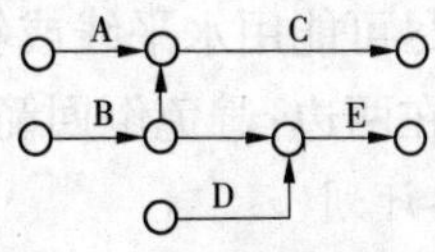 |
| 7 | A、B、C 均完成后进行 D<br>B、C 均完成后进行 E | 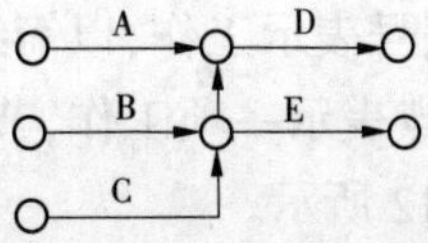 |
| 8 | A 完成后进行 C<br>A、B 均完成后进行 D<br>B 完成后进行 E | 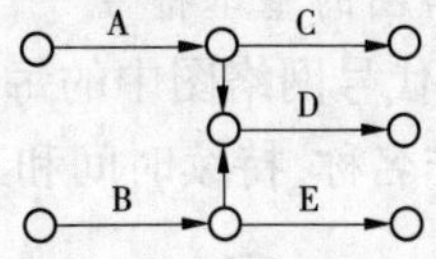 |
| 9 | A、B 两项工作分成三个施工段,分段流水施工;$A_1$ 完成后进行 $A_2$、$B_1$,$A_2$ 完成后进行 $A_3$、$A_2$、$B_1$ 均完成后进行 $B_2$,$A_3$、$B_2$ 均完成后进行 $B_3$ | 有两种表示方法<br>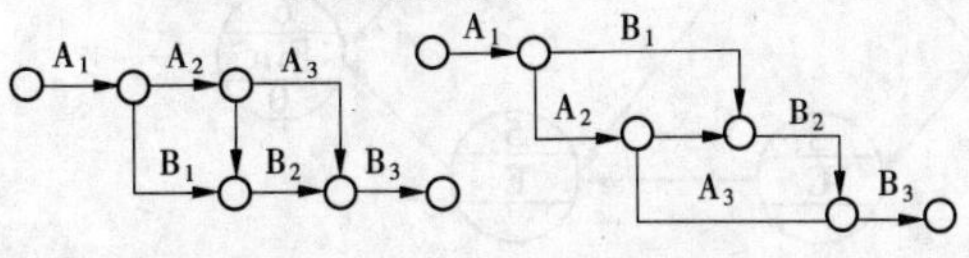 |

(2)双代号网络图中,不允许出现循环回路。所谓循环回路是指从网络图中的某一个节点出发,顺着箭线方向又回到了原来出发点的线路。

(3)双代号网络图中,在节点之间不能出现带双向箭头或无箭头的连线。

(4)双代号网络图中,不能出现没有箭头节点或没有箭尾节点的箭线。

(5)当双代号网络图的某些节点有多条外向箭线或多条内向箭线时,为使图形简洁,可使用母线法绘制(但应满足一项工作用一条箭线和相应的一对节点表示),如图 9-10 所示。

(6)绘制网络图时,箭线不宜交叉。当交叉不可避免时,可用过桥法或指向法,如

图 9-11 所示。

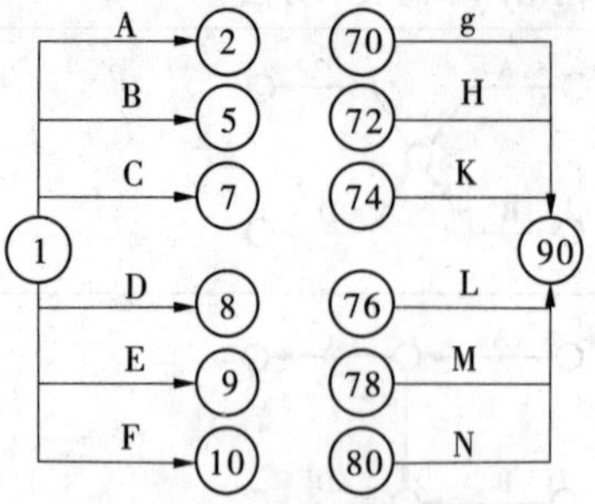


图 9-10 母线法绘图

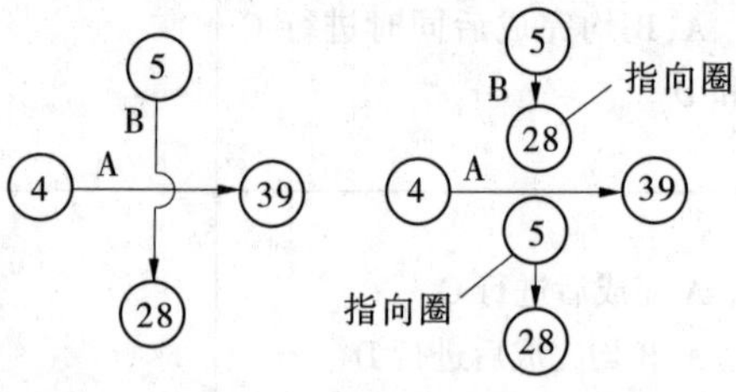


图 9-11 箭线交叉的表示方法

(7)双代号网络图中应只有一个起点节点和一个终点节点(多目标网络计划除外),而其他所有节点均应是中间节点。

(8)双代号网络图应条理清楚,布局合理。例如,网络图中的工作箭线不宜画成任意方向或曲线形状,尽可能用水平线或斜线;关键线路、关键工作尽可能安排在图面中心位置,其他工作分散在两边;避免倒回箭头等。

2. 单代号网络计划

1)基本概念

以节点及其编号表示工作,以箭线表示工作之间的逻辑关系的网络图称为单代号网络图,即每一个节点表示一项工作,节点所表示的工作名称、持续时间和工作代号等标注在节点内,如图 9-12 所示。

2)单代号网络图的基本符号

(1)节点。单代号网络图中的每一个节点表示一项工作,节点宜用圆圈或矩形表示。节点所表示的工作名称、持续时间和工作代号等应标注在节点内,如图 9-13 所示。

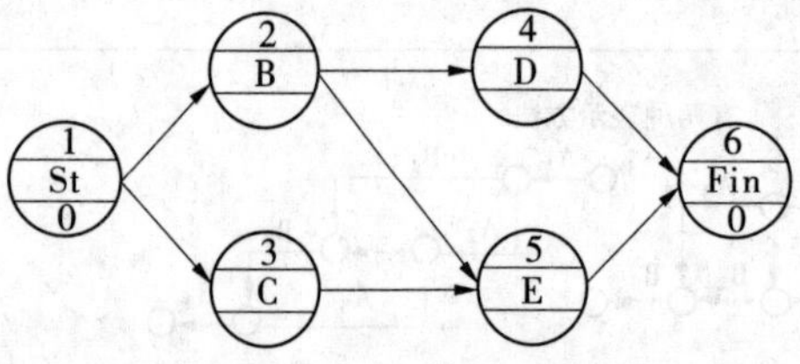


图 9-12 单代号网络计划

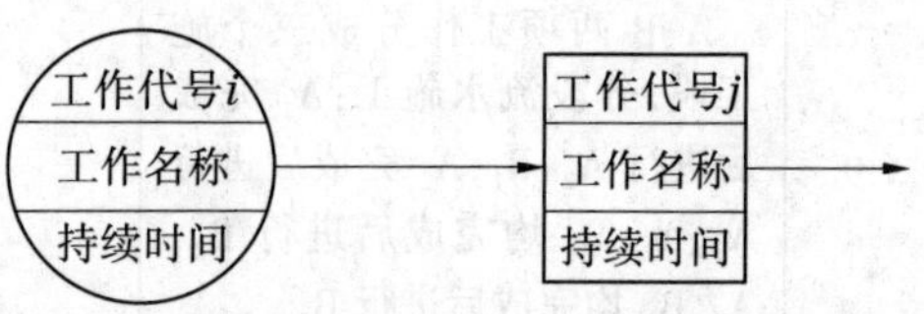


图 9-13 单代号网络图工作的表示方法

(2)箭线。单代号网络图中的箭线表示紧邻工作之间的逻辑关系,既不占用时间,也不消耗资源。箭线应画成水平直线、折线或斜线。箭线水平投影的方向应自左向右,表示工作的行进方向。工作之间的逻辑关系包括工艺关系和组织关系,在网络图中均表现为工作之间的先后顺序。

(3)线路。单代号网络图中,各条线路应用该线路上的节点编号从小到大依次表述。

3)单代号网络图的绘图规则

(1)单代号网络图必须正确表达已确定的逻辑关系。

(2)单代号网络图中,不允许出现循环回路。

(3)单代号网络图中,不能出现双向箭头或无箭头的连线。

(4)单代号网络图中,不能出现没有箭尾节点的箭线和没有箭头节点的箭线。

(5)绘制网络图时,箭线不宜交叉,当交叉不可避免时,可采用过桥法或指向法绘制。

(6)单代号网络图中只应有一个起点节点和一个终点节点。当网络图中有多项起点节点或多项终点节点时,应在网络图的两端分别设置一项虚工作,作为该网络图的起点节点(St)和终点节点(Fin)。

单代号网络图的绘图规则大部分与双代号网络图的绘图规则相同,故不再进行解释。

3. 双代号时标网络计划

双代号时标网络计划是以时间坐标为尺度编制的网络计划,如图 9-14 所示。时标网络计划中应以实箭线表示工作,以虚箭线表示虚工作,以波形线表示工作的自由时差。

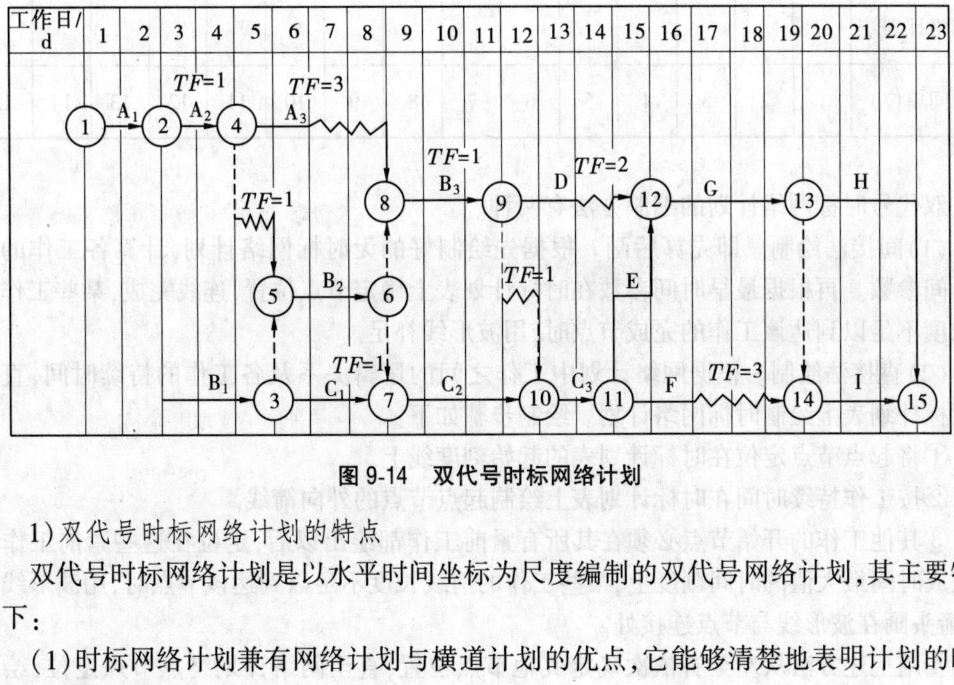


**图 9-14　双代号时标网络计划**

1)双代号时标网络计划的特点

双代号时标网络计划是以水平时间坐标为尺度编制的双代号网络计划,其主要特点如下:

(1)时标网络计划兼有网络计划与横道计划的优点,它能够清楚地表明计划的时间进程,使用方便。

(2)时标网络计划能在图上直接显示出各项工作的开始与完成时间、工作的自由时差及关键线路。

(3)在时标网络计划中可以统计每一个单位时间对资源的需要量,以便进行资源优化和调整。

(4)由于箭线受到时间坐标的限制,当情况发生变化时,对网络计划的修改比较麻烦,往往要重新绘图。但在使用计算机以后,这一问题已较容易解决。

2)双代号时标网络计划的一般规定

(1)双代号时标网络计划必须以水平时间坐标为尺度表示工作时间。时标的时间单位应根据需要在编制网络计划之前确定,可为时、天、周、月或季。

(2)时标网络计划中所有符号在时间坐标上的水平投影位置,都必须与其时间参数相对应。节点中心必须对准相应的时标位置。

(3)时标网络计划中虚工作必须以垂直方向的虚箭线表示,有自由时差时加波形线表示。

3)时标网络计划的编制

时标网络计划宜按各个工作的最早开始时间编制。在编制时标网络计划之前,应先按已确定的时间单位绘制出时标计划表(见表9-5)。

表 9-5 时标计划表

| 日历 | | | | | | | | | | | | | | | |
|---|---|---|---|---|---|---|---|---|---|---|---|---|---|---|---|
| (时间单位) | 1 | 2 | 3 | 4 | 5 | 6 | 7 | 8 | 9 | 10 | 11 | 12 | 13 | 14 | 15 |
| 网络计划 | | | | | | | | | | | | | | | |
| (时间单位) | 1 | 2 | 3 | 4 | 5 | 6 | 7 | 8 | 9 | 10 | 11 | 12 | 13 | 14 | 15 |

双代号时标网络计划的编制方法有两种。

(1)间接法绘制。即先算后画。根据先绘制好的无时标网络计划,计算各工作的最早时间参数。再根据最早时间参数在时标计划表上确定节点位置,连线完成,某些工作箭线长度不足以到达该工作的完成节点时,用波形线补足。

(2)直接法绘制。根据网络计划中工作之间的逻辑关系及各工作的持续时间,直接在时标计划表上绘制时标网络计划。绘制步骤如下:

①将起点节点定位在时标计划表的起始刻度线上。

②按工作持续时间在时标计划表上绘制起点节点的外向箭线。

③其他工作的开始节点必须在其所有紧前工作都绘出以后,定位在这些紧前工作最早完成时间最大值的时间刻度上,某些工作的箭线长度不足以到达该节点时,用波形线补足,箭头画在波形线与节点连接处。

④用上述方法从左至右依次确定其他节点位置,直至网络计划终点节点定位,绘图完成。

4. 单代号搭接网络计划

1)基本概念

在普通双代号和单代号网络计划中,各项工作按依次顺序进行,即任何一项工作都必须在它的紧前工作全部完成后才能开始。

图9-15(a)以横道图表示相邻的A、B两工作,A工作进行4 d后B工作即可开始,而不必要等A工作全部完成。这种情况若按依次顺序用网络图表示就必须把A工作分为两部分,即$A_1$和$A_2$工作,以双代号网络图表示如图9-15(b)所示,以单代号网络图表示则如图9-15(c)所示。

但在实际工作中，为了缩短工期，许多工作可采用平行搭接的方式进行。为了简单直接地表达这种搭接关系，使编制网络计划得以简化，于是出现了搭接网络计划方法。单代号搭接网络图如图 9-16 所示。其中起点节点 St 和终点节点 Fin 为虚拟节点。

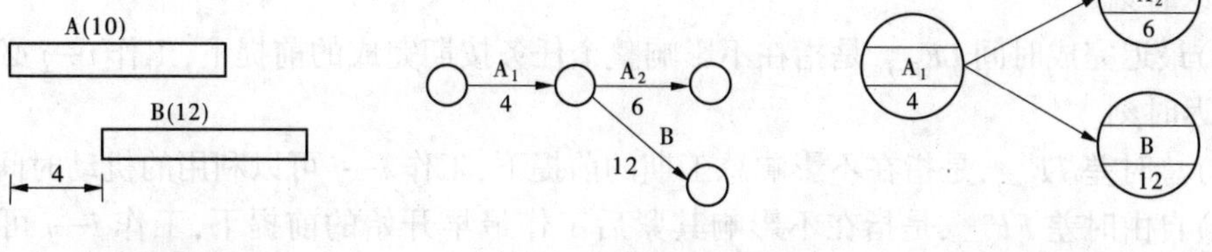


(a)横道图表示　(b)双代号表示　(c)单代号表示

**图 9-15　A、B 两工作搭接关系的表示方法**

2)基本符号

单代号搭接网络图中每一个节点表示一项工作，宜用圆圈或矩形表示。节点所表示的工作名称、持续时间和工作代号等应标注在节点内。节点最基本的表示方法应符合图 9-17 的规定。

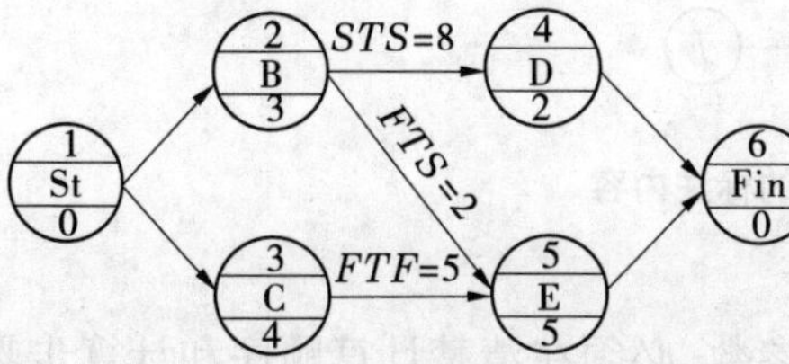


**图 9-16　单代号搭接网络计划**

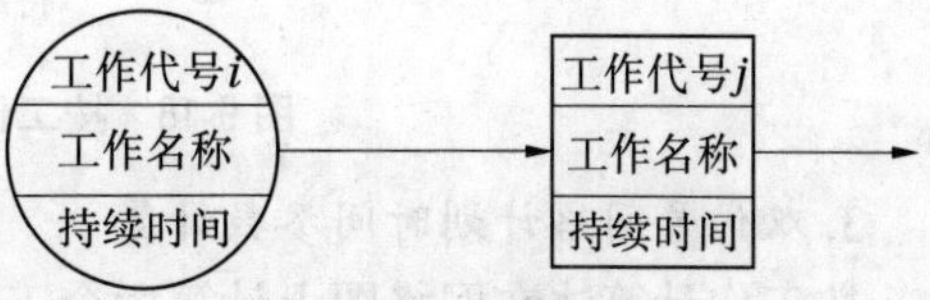


**图 9-17　单代号搭接网络图工作的表示方法**

### 9.2.7.3　双代号网络计划有关时间参数的计算

双代号网络计划时间参数计算的目的在于通过计算各项工作的时间参数，确定网络计划的关键工作、关键线路和计算工期，为网络计划的优化、调整和执行提供明确的时间参数。双代号网络计划时间参数的计算方法很多，一般常用的有按工作计算法和按节点计算法进行计算。以下只讨论按工作计算法在图上进行计算的方法。

1. 时间参数的概念及其符号

(1)工作持续时间($D_{i-j}$)。工作持续时间是一项工作从开始到完成的时间。

(2)工期($T$)。工期泛指完成任务所需要的时间，一般有以下三种：

①计算工期。根据网络计划时间参数计算出来的工期，用 $T_c$ 表示。

②要求工期。任务委托人所要求的工期，用 $T_r$ 表示。

③计划工期。根据要求工期和计算工期所确定的作为实施目标的工期，用 $T_p$ 表示。

网络计划的计划工期 $T_p$ 应按下列情况分别确定：

当已规定了要求工期 $T_r$ 时，$T_p \leq T_c$。

当未规定要求工期时，可令计划工期等于计算工期，即 $T_p = T_c$。

2. 网络计划中工作的六个时间参数

(1)最早开始时间 $ES_{i-j}$，是指在各紧前工作全部完成后，工作 $i-j$ 有可能开始的最早时刻。

(2)最早完成时间 $EF_{i-j}$,是指在各紧前工作全部完成后,工作 $i—j$ 有可能完成的最早时刻。

(3)最迟开始时间 $LS_{i-j}$,是指在不影响整个任务按期完成的前提下,工作 $i—j$ 必须开始的最迟时刻。

(4)最迟完成时间 $LF_{i-j}$,是指在不影响整个任务按期完成的前提下,工作 $i—j$ 必须完成的最迟时刻。

(5)总时差 $TF_{i-j}$,是指在不影响总工期的前提下,工作 $i—j$ 可以利用的机动时间。

(6)自由时差 $FF_{i-j}$,是指在不影响其紧后工作最早开始的前提下,工作 $i—j$ 可以利用的机动时间。

按工作计算法计算网络计划中各时间参数,其计算结果应标注在箭线之上,如图 9-18 所示。

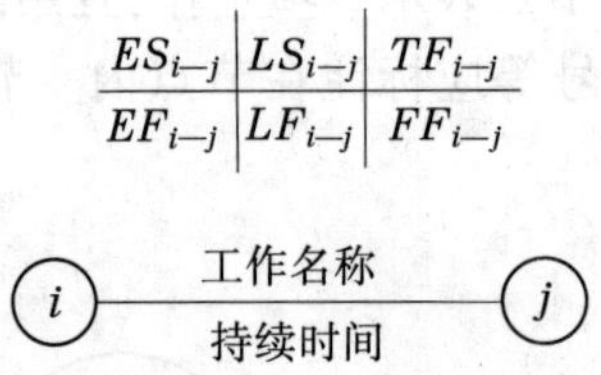


**图 9-18　按工作计算法的标注内容**

3. 双代号网络计划时间参数计算

按工作计算法在网络图上计算六个工作时间参数,必须在清楚计算顺序和计算步骤的基础上,列出必要的公式,以加深对时间参数计算的理解。时间参数的计算步骤如下。

(1)最早开始时间和最早完成时间的计算。工作最早时间参数受到紧前工作的约束,故其计算顺序应从起点节点开始,顺着箭线方向依次逐项计算。

以网络计划的起点节点为开始节点的工作最早开始时间为零。如网络计划起点节点的编号为 1,则

$$ES_{i-j} = 0 \quad (i = 1)$$

最早完成时间等于最早开始时间加上其持续时间:

$$EF_{i-j} = ES_{i-j} + D_{i-j}$$

最早开始时间等于各紧前工作的最早完成时间 $EF_{h-i}$ 的最大值:

$$ES_{i-j} = \max\{EF_{h-i}\} \text{ 或 } ES_{i-j} = \max\{ES_{h-i} + D_{h-i}\}$$

(2)确定计算工期 $T_c$。计算工期等于以网络计划的终点节点为箭头节点的各个工作的最早完成时间的最大值。当网络计划终点节点的编号为 $n$ 时,计算工期:

$$T_c = \max\{EF_{i-n}\}$$

当无要求工期的限制时,取计划工期等于计算工期,即取 $T_p = T_c$。

(3)最迟开始时间和最迟完成时间的计算。工作最迟时间参数受到紧后工作的约束,故其计算顺序应从终点节点起,逆着箭线方向依次逐项计算。

以网络计划的终点节点($j=n$)为箭头节点的工作的最迟完成时间等于计划工期,即

$$LF_{i-n} = T_p$$

最迟开始时间等于最迟完成时间减去其持续时间:

$$LS_{i-j} = LF_{i-j} - D_{i-j}$$

最迟完成时间等于各紧后工作的最迟开始时间 $LS_{j-k}$ 的最小值:

$$LF_{i-j} = \min\{LS_{j-k}\}$$

$$LF_{i-j} = \min\{LF_{j-k} - D_{j-k}\}$$

(4)计算工作总时差。总时差等于其最迟开始时间减去最早开始时间,或等于最迟完成时间减去最早完成时间,即

$$TF_{i-j} = LS_{i-j} - ES_{i-j} \quad 或 \quad TF_{i-j} = LF_{i-j} - EF_{i-j}$$

(5)计算工作自由时差。当工作 $i—j$ 有紧后工作 $j—k$ 时,其自由时差应为:

$$FF_{i-j} = ES_{j-k} - EF_{i-j} \text{ 或 } FF_{i-j} = ES_{j-k} - ES_{i-j} - D_{i-j}$$

以网络计划的终点节点($j=n$)为箭头节点的工作,其自由时差 $FF_{i-n}$ 应按网络计划的计划工期 $T_p$ 确定,即

$$FF_{i-n} = T_p - EF_{i-n}$$

#### 9.2.7.4　关键工作和关键路线的确定

1. 关键工作

关键工作指的是网络计划中总时差最小的工作。当计划工期等于计算工期时,总时差为零的工作就是关键工作。

当计算工期不能满足计划工期时,可设法通过压缩关键工作的持续时间,以满足计划工期要求。在选择缩短持续时间的关键工作时,宜考虑下述因素:

(1)缩短持续时间而不影响质量和安全的工作。

(2)有充足备用资源的工作。

(3)缩短持续时间所需增加的费用相对较少的工作等。

2. 关键路线

在双代号网络计划和单代号网络计划中,关键路线是总的工作持续时间最长的线路。该线路在网络图上应用粗线、双线或彩色线标注。

一个网络计划可能有一条或几条关键路线,在网络计划执行过程中,关键路线有可能转移。

3. 时差的运用

总时差指的是在不影响总工期的前提下,本工作可以利用的机动时间。

自由时差指的是在不影响其紧后工作最早开始时间的前提下,本工作可以利用的机动时间。

## 9.3　工程项目施工职业健康安全及环境管理

全过程工程咨询单位的职业健康安全及环境管理主要包括职业健康安全管理和项目环境管理。职业健康安全和环境方针是该单位在安全、环境、健康方面总的指导思想,是实施和改进单位职业健康安全和环境管理的推动力,是单位生产经营方针的重要组成部

分。它必须体现在单位各级管理的目标和计划之中,起到保持和改进职业健康安全及环境绩效的作用。职业健康安全和环境方针是依据单位性质和规模,职业健康安全和环境初始评审结果,法律、法规和其他要求的符合性分析,职业健康安全和环境状况等制定的。它集中体现了单位对遵守法律、法规的承诺,体现了对持续改进、事故预防、污染预防和保护员工健康安全的承诺。这种承诺是全过程工程咨询单位向社会公开声明,向相关方的保证,致力追求安全、健康、环保绩效,旨在体现全过程工程咨询单位的良好形象,更好地为投资人提供优质服务。

## 9.3.1　安全管理的目标

目标是一切管理活动的中心和方向,它决定了组织最终目的执行时的行为导向、考核时的具体标准、纠正偏差时的依据。对日常的安全管理工作具有组织、激励、计划和控制作用。因此,在组织内部依据组织的具体情况设定目标是管理工作的重要方法和内容。

例如,对于某项目制定如下安全管理目标:

(1)事故因工负伤年平均频率小于等于0.5‰。

(2)杜绝人身伤亡、火灾、设备、交通管线、食物中毒等重大事故。

(3)污水、粉尘、噪声、有害气体、固体废弃物排放受控,无相关方重大投诉事件。

(4)重大职业危害、环境事故为零。

(5)国家、总公司、集团公司安保部门提出的其他目标。

## 9.3.2　安全管理的基本内容

### 9.3.2.1　建立安全生产制度

安全生产责任制是根据“管生产必须管安全”“安全工作、人人有责”的原则,以制度的形式,明确规定各级领导和各类人员在生产活动中应负的安全职责。它是施工企业岗位责任制的一个重要组成部分,是企业安全管理中最基本的制度,是所有安全规章制度的核心。

安全生产制度的制定,必须符合国家和地区的有关政策、法规、条例和规程,并结合施工项目的特点,明确各级各类人员安全生产责任制度,要求全体人员必须认真贯彻执行。

### 9.3.2.2　贯彻安全技术管理

编制施工组织设计时,必须结合工程实际,编制切实可行的安全技术措施,要求全体人员必须认真贯彻执行。执行过程中发现问题,应及时采取妥善的安全防护措施。要不断积累安全技术措施在执行过程中的技术资料,进行研究分析,总结提高,以利于以后工程的借鉴。

### 9.3.2.3　坚持安全教育和安全技术培训

组织全体人员认真学习国家、地方和本企业的安全生产责任制、安全技术规程、安全操作规程和劳动保护条例等。新工人进入岗位之前要进行安全纪律教育,特种专业作业人员要进行专业安全技术培训,考核合格后方能上岗。要使全体职工经常保持高度的安全生产意识,牢固树立“安全第一”的思想。

#### 9.3.2.4 组织安全检查

为了确保安全生产,必须严格安全督察,建立健全安全督察制度。安全检查员要经常查看现场,及时排除施工中的不安全因素,纠正违章作业,监督安全技术措施的执行,不断改善劳动条件,防止工伤事故的发生。

#### 9.3.2.5 进行事故处理

人身伤亡和各种安全事故发生后,应立即进行调查,了解事故产生的原因、过程和后果,提出鉴定意见。在总结经验教训的基础上,有针对性地制定事故再次发生的可靠措施。

1.施工伤亡事故分类

建筑工程施工中伤亡事故的类别主要分为六种,见表9-6。

表9-6 建筑工程施工中伤亡事故的六种主要类别

| 类别 | 具体内容 |
|---|---|
| 高处坠落 | 操作者在高于基准面2 m以上作业时造成的坠落 |
| 物体打击 | 施工人员在操作过程中受到各种材料、机械零部件以及各种崩块、碎片、滚石和器具飞击,材具反弹,锤击等对人体造成的伤害,不包括因爆炸引起的物体打击。在一个垂直平面的上下交叉作业,最易发生打击事故 |
| 触电 | 施工现场触电事故主要是设备、机械、工具等漏电、电线老化破皮,违章使用电气用具,对在施工现场周围的外电线路不采取防护措施所造成 |
| 机械伤害 | 施工现场使用的木工机械如电平刨、圆盘锯等,钢筋加工机械如拉直机、弯曲机等,以及电焊机、搅拌机、各种气瓶及手持电动工具等在使用中,因缺少防护和保险装置,易对操作者造成伤害 |
| 坍塌 | 在土方开挖或深基础施工中,造成土石方坍塌;拆除工程、在建工程及临时设施等部分或整体坍塌 |
| 火灾爆炸 | 施工现场乱扔烟头、焊接与切割动火及用水用电,使用易燃易爆材料等不慎造成火灾、爆炸 |

2.施工伤亡事故处理

(1)突发性安全事故的应急措施。项目承包方应立即启动突发性安全事故应急救援预案,总包和分包单位应根据预案的组织分工立即投入工作中去。抢救伤员,排除险情,采取措施制止事故蔓延扩大;保护事故现场,建立警戒线,撤离无关人员;妥善保管物证,待事故结案后解除现场保护。

(2)安全事故报告。事故发生后,现场有关人员应立即向本单位负责人及事故发生地负有安全生产监管职责的有关部门报告。事故报告应当及时、准确、完整,不得迟报、漏报、谎报或瞒报。

事故报告应当包括下列内容:

①事故发生单位概况;

②事故发生的时间、地点以及现场情况；

③事故的简要经过；

④事故已经造成或者可能造成的伤亡人数(包括下落不明的人数)和初步估计的直接经济损失；

⑤已经采取的措施；

⑥其他应当报告的情况。

(3)事故调查。事故发生的项目部应积极配合事故调查组的调查、取证，为调查组提供一切便利。若发现有违规现象，除对责任者视其情节给予通报批评和罚款外，责任者还必须承担由此产生的一切后果。

(4)事故处理。事故责任项目部应根据事故调查报告中提出的事故纠正与预防措施建议，编制详细的纠正与预防措施，将事故详情、原因及责任人处理等情况编印成事故通报，组织全体职工学习，从中吸取教训，防止事故的再次发生。

处理施工伤亡事故应遵循"四不放过"原则，其具体内容是：

①原因不清不放过。

②责任人未受处理不放过。

③群众未受教育不放过。

④防患措施未落实不放过。

## 9.3.3　安全管理的重点

### 9.3.3.1　各阶段安全管理的主要工作

施工现场安全管理是项目安全管理的重点，对施工现场的人、机、环境系统的可靠性，必须进行经常性的检查、分析和调整。施工现场安全管理的主要工作随着施工的推进不断变换，工程施工准备阶段、基础施工阶段、结构施工阶段和装修阶段安全管理的主要工作如图 9-19 所示。

| 施工准备阶段 | 基础施工阶段 | 结构施工阶段 | 装修阶段 |
| --- | --- | --- | --- |
| 对施工区域的周围环境、地下管线进行全面考察；<br>安全教育和交底；<br>建立应急救援体系；<br>…… | 主要防范土方坍塌和深坑井内窒息中毒两类事故；<br>严格遵照施工方案开挖土方；<br>雨期施工做好排水、降水措施；<br>…… | 完善外防护，预防高处坠落；<br>做好结构洞口防护，防止落入落物；<br>加强起重作业管理，预防机械伤害事故；<br>…… | 严格验收外装修架体设施；<br>注意室内装修时各类洞口的防护；<br>临时用电与防火工程是现场管理的重点；<br>…… |

**图 9-19　施工现场安全管理的主要工作**

### 9.3.3.2　冬季及雨期施工时安全管理的主要工作

(1)在大风大雪之后，尽快组织清扫作业面和脚手架。检查是否有安全隐患，防滑措施是否落实。

(2)参加冬季施工的人员衣着要灵便。

(3)在冬季施工中现场蒸汽锅炉要选用安全装置齐全的合格锅炉。

(4)冬季室内取暖要防止煤气中毒。

(5)雨期到来之前,组织电气人员认真检查现场的所有电气设备。

(6)雨期来临之前,做好塔式起重机、外用电梯、钢管脚手架、钢管井字架、龙门架等高大设施的防雷保护。

(7)在雨期中,应尽可能避开开挖土方管沟等作业,尽可能在雨期施工之前做好地下工程施工和基础回填。

(8)雨期要认真做好现场的排水,发现基础下沉要及时加固。雨后要检查脚手架、井字架、塔式起重机等设备的基础,发现下沉要及时处理。

#### 9.3.3.3 制订施工现场安全生产事故应急救援预案

施工单位要根据建设工程施工的特点、范围,对施工现场各个施工阶段中易发生重大事故的部位、环节进行监控,制订施工现场生产安全事故应急救援预案,并根据应急救援预案建立应急救援组织或配备应急救援人员,配备必要的应急救援器材、设备,并定期组织演练、评估和完善事故应急救援。

### 9.3.4 安全管理的措施

工程项目的安全管理主要通过以下五种方式实施(见图9-20)。

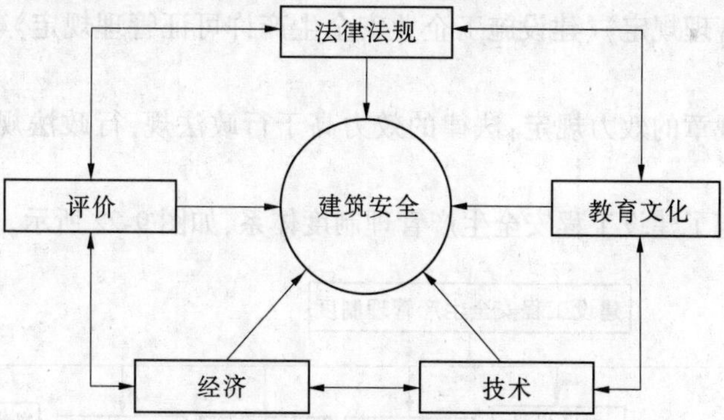


图9-20 建筑安全管理手段

#### 9.3.4.1 安全管理的法律措施

为实现保障安全的职能,国家选择了作为强制力的法律法规手段,将法律法规视为实现安全职能的利器。

安全管理法律法规是指国家关于改善劳动条件,实现安全生产,为保护劳动者在生产过程中的安全与健康而制定的法律、法规、规章和规范性文件的总和,是生产实践中的经验总结和对自然规律的认识和运用,是以国家强制力保证实施的一种行为规范。

建设工程安全管理法律法规体系,是指国家为改善劳动条件,实现建设工程安全生产,保护劳动者在施工生产过程中的安全和健康而制定的各种法律、法规、规章和规范性文件的总和，是必须执行的法律法规。

建设工程安全技术规范是强制性的标准，是建设工程安全生产法规体系组成部分。我国安全法律法规的立法体系如图 9-21 所示。

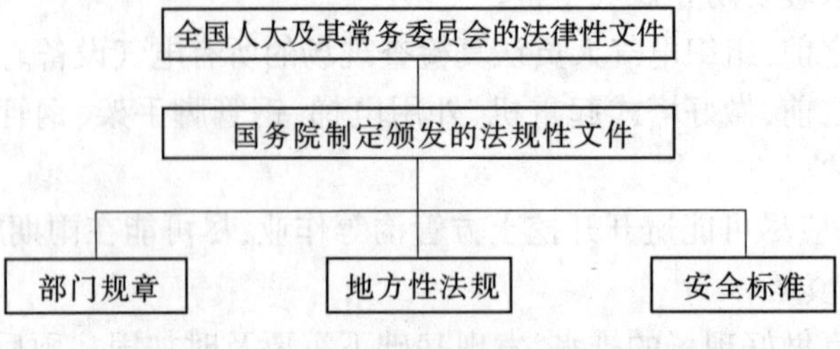


图 9-21　我国安全法律法规的立法体系

建设工程法律是指由全国人民代表大会及其常务委员会通过的规范工程建设活动的法律规范，由国家主席签署主席令予以公布，如《中华人民共和国建筑法》《中华人民共和国安全生产法》等。

建设工程行政法规是由国务院根据宪法和法律制定的规范工程建设活动的各项法规，由总理签署国务院令予以公布，如《建设工程安全生产管理条例》《建设工程质量管理条例》《安全生产许可证条例》等。

建设工程部门规章是指建设部按照国务院规定的职权范围，独立或与国务院有关部门联合根据法律和国务院的行政法规、决定、命令，制定的规范工程建设活动的各项规章，属于建设部制定的由部长签署建设部令予以公布，如《建筑安全生产监督管理规定》《建设工程施工现场管理规定》《建设施工企业安全生产许可证管理规定》《工程监理企业资质管理规定》等。

法律、法规、规章的效力规定：法律的效力高于行政法规，行政法规的效力高于部门规章。

法律法规规定了建设工程安全生产管理制度体系，如图 9-22 所示。

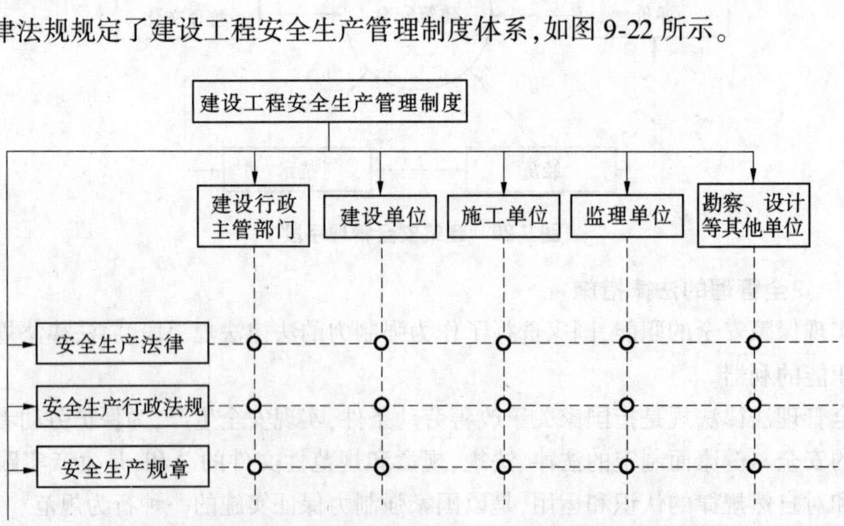


图 9-22　建设工程安全生产管理制度体系

#### 9.3.4.2 安全管理的技术措施

建筑工程安全生产工作的开展离不开科学技术,并且必然得到科学技术的推动和引导。加强建筑安全科技研究与应用是一项具有社会效益和经济效益的事情,是改善建筑安全生产管理的有效途径之一。

现代安全技术的含义已经远远超过了原来所界定的范围,不仅包括技术措施,还包括组织措施;不仅包括硬件技术,还包括软件技术;不仅包括安全,还包括卫生。现代建筑工程安全管理技术发挥科技手段的措施有:

(1)建立合理的安全科技体制。尽快建立适应社会主义市场经济体制要求的,面向社会、面向企业、面向安全生产的新型安全科技体制,逐步形成研究、开发、应用、推广紧密结合的工作机制。对现有的组织机构和专业机构实行优化组合。加快科研机构的改革步伐,实行企业化管理,建立责权明确的组织管理制度。从体制上解决机构重叠、专业分散、科技成果推广应用率低、人才使用不尽合理等弊端,逐步形成包括独立科研机构、重点高等院校、技术开发与技术服务机构、企业技术开发机构、民营科技企业等组成的安全科学技术结构体系。

(2)加大安全科研投入。安全科技要进步,必须有必要的资金支持。在国家不可能全额拨款的情况下,需要多方式、多渠道地筹集资金。除争取经常性费用的不断增加外,还应通过申报国家级重点科技项目,争取增加国家补助经费;有计划地组织国家贷款的科技开发项目;筹资建立安全科研基金;把科研成果推向市场,形成科研与开发的良性循环;坚持谁投资谁受益的原则,积极争取国内外的有识之士和有实力的单位对安全科研工作的资金投入;培育和推进安全科研技术市场化的发展,鼓励社会资金的投入;通过相关制度措施,确保企业的安全投入落实到位。

(3)培育高水平的科技研究队伍。提高安全科技水平的关键在于人才。目前,由于各方面的原因,安全科技人才流失较为严重。要改变这一状况,必须加快培养和引进人才,一方面要充分发挥现有科技人员的作用,加快中青年学术和技术带头人的培养,大胆使用中青年科技人员,让其在研究开发第一线担当重任;另一方面要从国内外引进安全科技人才,特别是引进有专长、年富力强的学术带头人,造就出一支专业化、年轻化、具有创新意识和奉献精神的有较高水平的安全科技研究队伍。

(4)提高安全成果的转化率。安全科研成果只有转化成现实的生产力,只有为企业提高安全管理水平服务,才能体现出其价值。而实际上科研人员更多追求的是学术地位与学术影响力,并不考虑科研成果能否被市场接受。为此,应努力开拓安全科研产品市场,发展劳动保护产业,使劳动保护产业为保护劳动者的安全与健康提供更多的优质产品和技术手段,同时为科技成果应用提供广阔的市场,解决安全生产领域科技研究与经济发展脱节的问题,促进安全科研成果的转化。

(5)建立与完善行业与企业安全文化。行业与企业文化是行业与企业的灵魂。越是科技含量高的技术设备,越是要求具有高度的安全可靠性。现代高科技对企业安全生产管理工作提出了更高的要求,尤其是对操作人员的安全意识提出了更高的要求。建立与完善建筑行业与建筑企业安全文化,提高全行业、全企业人员的安全意识,对于搞好安全管理无疑起着不可估量的作用。

9.3.4.3 **安全管理的教育措施**

(1)现在建筑工程安全管理教育文化。安全文化是有关行业、组织和个人对安全的认识与态度的集合。

建筑工程安全管理教育文化是指建筑行业、建筑企业对建筑安全的认识与态度的集合。体现在以下几个方面:

①强有力的领导和对高标准的建筑安全与健康的明显承诺。

②全行业、全企业的安全意识。

③当安全事故发生后,整个企业、行业具有一种吸取经验的态度,从而整体提高。

(2)现代建筑工程社会安全文化。安全生产方针是国家对全国安全生产工作的总要求,是指导全国安全生产工作的总思想。安全生产又是构建和谐社会的重要组成部分,没有安全就没有和谐。而我们要搞好安全生产,必须在法制的前提下,必须在全社会关注、参与的前提下。目前我国全社会的安全活动有全国安全生产月活动、全国安康杯竞赛活动等,社会安全文化的内容是丰富多彩的,其作用如下:

①倡导以人为本的安全理念,宣传普及安全生产法律和安全知识,提高全民安全意识和安全文化素质。

②坚持面向基层、面向群众的方针,促进安全文化的繁荣。

③可以扶持、引导和发展安全文化产业,推动安全文化建设的社会化和产业化。

④发挥大众传媒的作用,加强舆论阵地建设,造成全社会关爱生命、安全的舆论氛围。

(3)建筑行业安全文化。行业安全文化是指整个行业对于安全和健康的价值观、期望、行为模式和准则,形成整个行业的安全氛围。建筑行业安全文化的手段如下:

①建设系统安全生产月活动。建设系统安全生产月活动是社会安全文化——全国安全生产月活动在建设领域的延伸,是社会安全文化在建设领域的体现。

②全国建筑安全生产检查。

③创建安全生产文明工地活动。

(4)建筑企业安全文化。企业文化是指一个企业全体成员的企业目标及共同信念。企业安全文化是企业文化的一个分支,是企业文化在安全方面的体现。建筑企业安全文化的途径有:

①从企业员工心理出发,结合工作与环境建立组织文化。

②广泛开展安全生产的宣传教育,使全体员工真正认识到安全生产的重要性和必要性,懂得安全生产和文明施工的科学知识,牢固树立安全第一的思想,自觉地遵守各项安全生产法律法规和规章制度。

③把安全知识、安全技能、设备性能、操作规程、安全法规等作为安全教育的主要内容。

④建立经常性的安全教育考核制度,考核成绩要记入员工档案。

9.3.4.4 **安全管理的经济措施**

经济措施就是各类责任主体通过各类保险为自己编制一个安全网,维护自身利益,同时运用经济杠杆使信誉好、建筑产品质量高的企业获得较高的经济效益、对违章行为进行惩罚。

经济措施有工伤保险、建筑意外伤害保险、经济惩罚制度、提取安全费用制度等。

(1)建筑职业意外伤害保险制度。我国建筑职业意外伤害保险制度体系是以工伤保险制度为基础,工伤保险和建筑意外伤害保险相结合的制度,同时积极探索意外伤害保险行业自保或企业联合自保模式。

建筑职业意外伤害保险市场有三种类型。市场一是工伤保险制度与建筑意外伤害保险并存的市场,是目前我国建筑职业意外伤害保险制度所处的市场类型。市场二是工伤保险制度与行业自保或企业联合自保制度并存的市场。市场三是工伤保险制度、建筑意外伤害保险制度与行业自保或企业联合自保制度并存的市场。市场二、市场三目前处在试行阶段。

①工伤保险制度。工伤保险制度是指国家和社会为生产、工作中遭受事故伤害和患职业性疾病的劳动者及亲属提供医疗救治、生活保障、经济补偿、医疗和职业康复等物质帮助的一种社会保障制度。具有强制性、社会性、互济性、保障性、福利性,其作用如下:保障职工的切身利益;工伤保险制度直接干预事故预防工作,工伤保险基金可以增加工伤事故预防的支出;费率机制刺激企业改善劳动条件;工伤保险机构对安全生产具有监察作用。

②建筑意外伤害保险制度。建筑意外伤害保险制度是以被保险人因意外伤害而造成伤残、死亡、支出医疗费用、暂时丧失劳动能力作为赔付条件的人身保险业务。它是保护建筑业从业人员合法权益,转移企业事故风险,增强企业预防和控制事故的能力,促进企业安全生产的重要措施。同时也是除工伤保险外,专门针对建筑施工现场人员的工作危险性而建立的补充保险形式。建筑意外伤害保险制度规定了建筑意外伤害保险的保险范围、保险期限、保险金额、保险费、投保人、安全服务等。其中投保人为施工企业,保险费列入建筑安装费用,由施工企业支付,不得向职工摊派。

③行业自保或企业联合自保制度。建筑意外伤害保险企业自保或企业联合自保制度是根据建筑行业高风险特点,在行业内部由企业自筹基金,进行事故预防,自行补偿事故损失,互保险的非营利性保险制度。

行业自保或企业联合自保制度具有自愿性和非营利性,保险基金属于自保基金。行业自保或企业联合自保制度发展的三个阶段如图 9-23 所示。

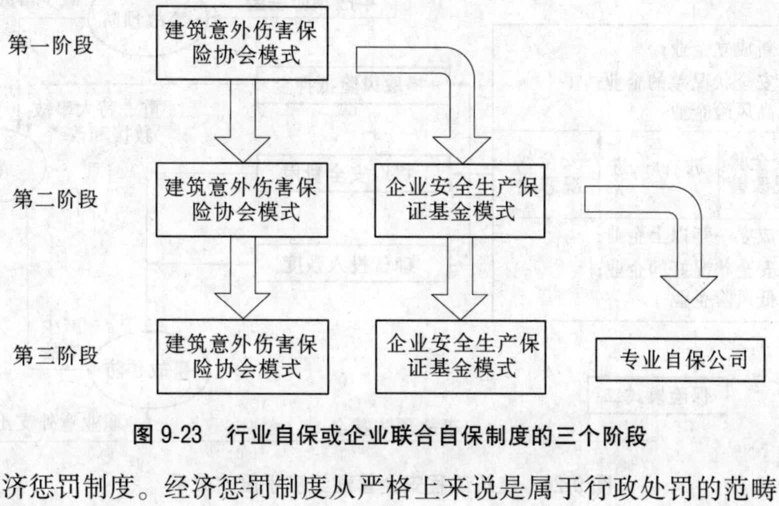


**图 9-23　行业自保或企业联合自保制度的三个阶段**

(2)经济惩罚制度。经济惩罚制度从严格上来说是属于行政处罚的范畴,但经济惩罚的后果则是造成企业实际利益的损失,从这个意义上来说,这是一种惩罚性的经济措施。经济惩罚主要是通过法律法规的规定,对有关违章的行为进行处罚。针对处罚的行为对象,可以分为对潜在违章行为的处罚、对违章行为的处罚和对违章行为产生后果(事故)的处罚。同时,经济惩罚制度还采取了连带制、复利制的方式,即惩罚连带相关人员,罚款额度随惩罚次数增加而增加等。作为一种具有行政处罚特征的经济措施,经济惩罚制度和一般的经济措施相比,虽然有一定的被动性,但其震慑力大,往往对建筑施工企业的声誉带来负面的影响。

(3)科学合理地确定安全投入。安全投入是指一国或一行业或一企业用于与安全生产有关的费用总和。安全总投入包括安全措施经费投入、劳动保护用品投入、职业病预付费用投入等方面。其中,安全措施经费投入又包括安全技术、工业卫生、辅助设施、宣传教育投入等。科学合理地确定安全投入是搞好安全管理的重要经济措施。

(4)提取安全费用制度。强制提取安全费用,保证安全生产所需资金,是弥补安全生产投入不足的措施之一。安全费用的提取,根据地区特点,由企业自行安排使用,专款专用。

(5)提高企业生产安全事故伤亡赔偿标准。企业生产安全事故赔偿是指企业发生生产安全责任事故后,事故受害者除应得到工伤社会保险赔偿外,事故单位还应按照伤亡者的伤亡程度给予受害者或亡者家属的一次性补偿。提高企业生产安全事故伤亡赔偿标准,是强化安全生产工作的另一措施。

(6)安全生产风险抵押金制度。安全生产风险抵押金制度是预防企业发生生产安全事故预先提取的,用于企业发生重特大事故后的抢险救灾和善后处理的专项资金制度。

安全生产风险抵押金由企业自行负担,在自有资金中支付,它的收缴、管理、使用和相关业务的开展由各级人民政府指定的机构负责。

建筑工程安全管理经济手段的关系如图 9-24 所示。

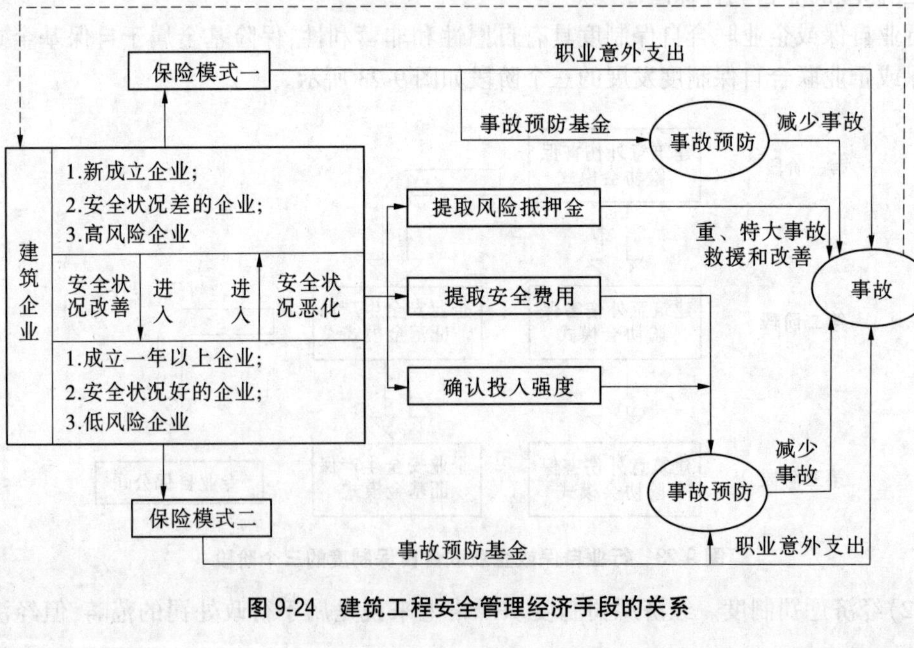


**图 9-24　建筑工程安全管理经济手段的关系**

9.3.4.5　**安全管理的评价措施**

为加强施工企业安全生产的监督管理,科学地评价施工企业的安全生产条件、安全生产业绩及相应的安全生产能力,实现施工企业安全生产评价工作的规范化和制度化,促进施工企业安全生产管理水平的提升,对施工企业进行安全生产评价。

安全评价有安全预评价、安全验收评价、安全现状评价和安全专项评价,覆盖了工程项目的生命期,已经取得了初步成效。实践证明,安全评价不仅能有效地提高企业和生产设备的安全程度,而且可以为各级安全生产监督部门的决策和监督检查提供强有力的技术支持。

# 学习情境 10 水利工程项目运营管理咨询

【学习情境描述】

基于全过程工程咨询运营管理的内容，按照全过程工程咨询运营管理及项目运营中的专项咨询服务管理的要求，制定全过程工程咨询运营规划，编制全过程工程咨询项目运营管理的成果文件。

【学习目标】

1. 正确理解全过程工程咨询项目运营管理的基础知识。
2. 熟悉项目管理中各专项咨询服务运营管理的方法。
3. 能合理设计工程案例背景，完成全过程工程咨询项目运营管理工作计划。
4. 能查阅相关资料，编制完成《全过程工程咨询运营管理实施方案》文本。

【任务书】

小组合作，编制完成《××水闸工程建设项目全过程工程咨询运营管理阶段实施方案》。具体要求如下：

1. 工程背景：自行设计。
2. 服务模式："1+N"模式。
3. 服务范围、服务内容：自行设定。

【工作计划】

学生根据工作任务划分填写表 10-1。

表 10-1 学生工作任务分工表

班级：　　　　　　　　　　　　　　指导老师：

组号：　　　　　　　　　　　　　　组　　长：

| 序号 | 工作内容 | 负责人(姓名) |
|---|---|---|
| 1 | | |
| 2 | | |
| 3 | | |
| 4 | | |
| 5 | | |
| 6 | | |

**【工作准备】**

1. 各组派代表阐述工作计划。

2. 各组对其他组的工作计划提出自己不同的看法。

3. 教师结合大家完成的情况进行点评,选出最佳方案。

**【工作实施】**

各组按计划完成工作任务。

**【引导问题】**

1. 请简述运营策划的主要工作内容。

2. 请简述工程项目运营策划常见的组织结构类型。

**【评价反馈】**

学生进行自评,评价自己是否能完成全过程咨询服务的相关知识学习;是否能合作完成《××水闸工程建设项目全过程工程咨询运营管理阶段实施方案》的编制任务,编制质量如何等(见表10-2)。

**表10-2　学习过程评价表**

班级/组号：　　　　　　　　　　学号/姓名：

| 序号 | 任务 | 分值 | 自评 | 互评 | 师评 |
|---|---|---|---|---|---|
| 1 | 工作效率:任务是否按计划时间完成 | 5 | | | |
| 2 | 工作质量:内容合理、文稿通顺、格式符合规定 | 10 | | | |
| 3 | 学习情况:相关知识学习完成情况 | 10 | | | |
| 4 | 引导问题:掌握情况 | 15 | | | |
| 5 | 文献索引:查阅、甄别、整理、引用资料能力 | 10 | | | |
| 6 | 工作态度:态度端正,无无故缺勤、迟到、早退 | 5 | | | |
| 7 | 创新意识:积极参与小组讨论,思路拓展情况 | 15 | | | |
| 8 | 语言表达:过程汇报、结果展示、汇报参与情况 | 10 | | | |
| 9 | 合作能力:小组成员合作交流、协调工作情况 | 10 | | | |
| 10 | 职业素养:自律、严谨、敬业、社会责任等 | 10 | | | |
| 合计 | | 100 | | | |

各组代表展示作品,介绍任务的完成过程。作品展示前应准备阐述材料,并完成评价(见表10-3)。

表 10-3 学习总评表

| | | | |
|---|---|---|---|
| 总评 | 自评(20%)+互评(20%)+师评(60%) | 综合得分 | 教师(签名): |

# 10.1 工程项目总体运营

## 10.1.1 工程项目运营策划简介

运营是人们创造产品或服务的有组织的活动过程。从一般意义上说,运营活动是一个"投入—变换—产出"的过程,即投入一定的资源,经过一系列、多种形式的变换,使其价值增值,最后以某种形式的产出提供给社会的过程。运营活动过程如图 10-1 所示。

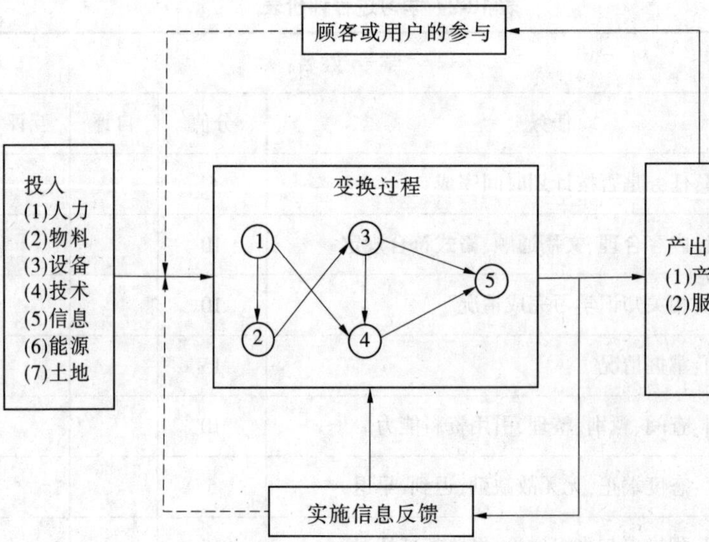


图 10-1 运营活动过程示意图

(1)图 10-1 中的虚线表示两种特殊的投入:顾客或用户的参与、有关运营活动实施情况的信息反馈。

(2)实施信息反馈与"投入"框图中已有的"信息"投入的区别在于后者是指运营系统外部的信息,而前者是指来自运营系统内部,即变换过程中所获得的信息。

(3)图 10-1 中变换过程方框中的①~⑤表示,在一个现代化大生产和服务运作过程中,从投入到产出往往需要经过多个环节,这些环节有并行,有串行,也有交叉,这表明了运营过程的复杂性。

工程项目运营有其自身的特点,其基本特征包括一次性和不可逆性、目标性、一定的约束性(时间、资源、质量、空间约束)、影响的长期性、风险性等。工程项目运营可定义为:在工程项目建成投产后,工程项目运营主体根据既定的效益目标,通过有效利用各种资源,对工程项目的运营过程进行计划、组织与控制,运营出满足社会需要、市场需求的产品或服务的管理活动总称。

工程项目运营策划是指在工程项目运营前期对项目的经营管理进行全方位的构思,通过对项目本身及项目的各种相关资源进行合理分析与统筹安排,使项目在经营使用过程中发挥其最大价值的活动。项目的运营策划不是在项目的运营阶段才开始,项目运营策划的时间越早,对项目的运营越有利。项目的运营策划应该与项目的开发策划、项目的实施策划相结合,才能达到最好的效果。

项目运营策划按照时间的不同,可以分为运营前的准备策划和运营过程的策划;按照内容的不同,分为运营管理的组织策划和项目的经营机制策划;按照项目性质的不同,分为民用建设项目的运营策划和工业建设项目的运营策划,而民用建设项目的运营策划又可以进一步划分为办公楼项目的运营策划、商业项目的运营策划和酒店项目的运营策划等。

## 10.1.2　工程项目运营策划的内容

### 10.1.2.1　项目背景分析

项目的背景分析主要包括市场背景分析和政策背景分析。在分析过程中,需要充分观察行业、政策、竞争者、客户、技术等方面的变化和情况,使得项目的发展具有前瞻性。

### 10.1.2.2　项目可行性分析

项目可行性分析主要用来阐述项目在各个层面上的可行性与必要性。项目可行性分析对于项目审核通过、获取资金支持、理清项目方向、规划抗风险策略都有着相当重要的作用。

### 10.1.2.3　项目的运营模式及操作方案

项目的运营模式是企业根据企业的经营宗旨,为实现企业所确认的价值定位所采取某一类方式方法的总称,包括企业为实现价值定位所规定的业务范围,企业在产业链的位置,以及在这样的定位下实现价值的方式和方法。

### 10.1.2.4　品牌的规划及实施方案

品牌规划核心在于建立与众不同的品牌识别,为品牌建设设立目标、方向、原则与指导策略,在充分研究市场环境、行业特性、目标消费群、竞争者以及企业本身情况的基础上,提炼高度差异化、清晰的、明确的、易感知、有包容性、能触动和感染消费者内心世界的品牌核心价值,并在传播过程中,将其贯穿至整个企业的所有经营活动中。

### 10.1.2.5　项目资源管理及计划

项目资源管理是指为了降低项目成本,而对项目所需的人力、材料、机械、技术、资金等资源所进行的计划、组织、指挥、协调和控制等活动。项目资源管理的全过程包括项目资源的计划、配置、控制和处置。

### 10.1.2.6　机构规划及人员配置

机构规划及人员配置主要是对组织结构进行设计,并对各部门进行人员设置和规划。

### 10.1.2.7　市场营销拓展方案

市场营销主要是营销人员针对市场开展经营活动、销售行为的过程。完善的市场营销拓展方案能够促进项目产品和服务的市场占有份额。

#### 10.1.2.8　产品价格定位方案

产品的价格定位是与产品定位紧密相连的,通常分为高价定位、低价定位、市场平均定位三种方案。高价定位需要借助良好的品牌优势、质量优势和售后服务优势。低价定位通常由于该企业要么具有绝对的低成本优势,要么是企业形象好、产品销量大,要么是出于抑制竞争对手、树立品牌形象等战略性考虑,这种定位的产品质量和售后服务并非都不如竞争者,有的可能比竞争者更好。市场平均定位即把价格定在市场同类产品的平均水平上。企业的价格定位并不是一成不变的,在不同的营销环境下,在产品生命周期的不同阶段,在企业发展的不同历史阶段,价格定位可以灵活变化。

#### 10.1.2.9　项目的风险预见及规避

主要通过风险识别、风险分析和风险评价认识工程项目的风险,并以此为基础,合理地使用各种风险应对措施、管理方法、技术和手段对项目的风险实行有效控制,妥善处理风险事件造成的不利后果,以最少的成本保证项目总体目标的实现。

### 10.1.3　工程项目运营策划组织结构

大型工程建设项目,在项目寿命期内需要对工程项目的组织进行策划和管理,以确保项目能够正常运行,发挥应有的经济效益。常见的组织结构类型主要包括直线-职能制结构、事业部制结构、模拟分权制结构及矩阵结构。

#### 10.1.3.1　直线-职能制结构

直线-职能制结构是按职能组织部门分工的,将承担相同职能的管理业务及其人员组合在一起,设置相应的管理部门和管理职务。对于只生产一种或者少数几种产品的企业来说,职能式组织结构是一种最佳模式。其优点包括:

(1)稳定性好。每一个管理人员都固定地归属于一个职能机构,专门从事某一项职能工作,在此基础上建立起来的部门间联系能够长期不变。

(2)运作效率高。各部门和各类人员实行专业分工,有利于强化专业管理,提高工作效率。

(3)管理权力集中,便于最高领导层对整个项目实施严格的控制。其缺点是横向协调性差、适应性差、领导负担重,不利于培养素质全面的、能够经营整个企业的管理人才。

#### 10.1.3.2　事业部制结构

事业部制结构是按项目的产出将业务活动组合起来,成立专业化的事业部。在纵向关系方面,按照“集中政策,分散经营”的原则,处理高层领导与事业部之间的关系;在横向关系方面,各事业部均为利润中心,实行独立核算。

事业部制结构的优点是每个事业部都有自己的产品与市场,能灵活自主地适应市场出现的新情况并迅速做出反应;有利于最高领导层摆脱日常行政事务,同时又能使各事业部发挥经营管理的积极性和创造性,从而提高项目的整体效益;便于建立衡量事业部及其经理工作绩效的标准,各事业部之间可以有比较、有竞争;按产品划分事业部,便于组织专业化生产,形成经济规模。其缺点是各个事业部都需要设置一套齐备的职能机构,因而用人多,费用较高;各事业部自主经营、独立核算,考虑问题往往从本部门出发,忽视整体利益,影响各事业部间的协作。

#### 10.1.3.3　模拟分权制结构

模拟分权制结构就是按照研究开发、生产制造、市场销售等不同经营管理领域及其特点,将高层领导下的第一级组织分成若干个组织单位,把相应的业务活动分别归属到这些单位;让这些单位承担模拟性的盈亏责任,并给予与这种责任相适应的管理权限,各自建立必要的智能机构,组织本单位的生产、技术或经营活动。

#### 10.1.3.4　矩阵结构

矩阵结构是按职能组合业务活动,以及按产品(或工程项目、规划项目)组合业务活动的方法结合起来运用的一种组织设计,形成纵向与横向管理系统相结合,形如矩阵的组织结构形式。

矩阵结构的优点是有利于加强各职能部门之间的协作配合,通过具有横向报告关系的管理系统,把各职能部门的有关人员联系起来,提高企业的适应性;能够减轻上级主管人员的负担,有利于高层管理者集中精力制定战略目标、决策与规划,以及对执行情况的监督;有利于职能部门与产品部门相互制约,保证企业整体目标的实现。其缺点是组织的稳定性较差,按产品或项目成立的组织,其成员经常变动,人事关系不稳定;由于双重领导的存在,容易产生责任不清、多头指挥的混乱现象。

同一项目在不同时期,组织结构也会由于外部环境和内部条件的变化而有所变化。即便是同一项目、同一时期,因不同组织单位在运营上的不同特点也会形成不同结构形式的组合。

## 10.2　设施管理

### 10.2.1　设施管理咨询简介

按照国际设施管理协会(IFMA)和美国国会图书馆的定义,设施管理(FM)是指“以保持业务空间高品质的生活和提高投资效益为目的,以最新的技术对人类有效的生活环境进行规划、整备和维护管理的工作”。“它将物质的工作场所与人和机构的工作任务结合起来。它综合了工商管理、建筑、行为科学和工程技术的基本原理”。设施管理服务除基本的物业管理外,服务内容往往涉及设置或使用目的机能的“作业流程规划与执行、效益评估与监督管理”。

设施管理综合利用管理科学、建筑科学、行为科学和工程技术等多种学科理论,将人、空间与流程相结合,对人类工作和生活环境进行有效的规划和控制,保持高品质的活动空间,提高投资效益,满足各类企事业单位、政府部门战略目标和业务计划的要求。其所含的基本内容如下。

(1)所有权的费用。设施所有权有最初的和正在发生的费用。管理时,应该知道需要的费用,并通过计划分配,提供这些费用。

(2)生命周期内的花费。一般来说,所有的经济分析和比较都应该基于生命周期花费。如果只考虑资本费用和最初的费用,经常会做出错误的决定。

(3)服务的融合。优质的管理意味着不同服务的融合(例如设计和运作)。

(4)运作和维护的设计。运作者和维护者,即使他们是承包商,也应该积极参与设计审查。

(5)委托的责任。项目管理的功能应该归入到预算项目中去,由一位经理对各项工作负责。

(6)费用的时效性。关键是识别和比较这些费用,并且过一段时间进行一次有规律的比较。

(7)提高工作效率。应该时常通过特定的比较、使用者的反馈以及管理来判断其效率。

(8)生活质量。设施经理应该设法提高和保护职员的生活质量。最低的要求是有一处安全的工作场所,努力的目标是有一处可以提高个人和团体工作效率的工作环境。

(9)设施的冗余和灵活性。因为工作的本身经常是部分在变化的,设施经理必须进行设施的冗余和灵活性分析。

(10)作为资产的设施。设施应该被看作是可以通过各种途径给公司带来收益的有价值的资产。

(11)设施管理的商业职能。值得用一种商业的办法来进行设施管理。设施应该和公司的业务同时发展、同步规划。

(12)设施管理是一个连续的系统。设施管理从开始计划到进行处理,是一个连续的过程,不是一系列分立项目的组合。

(13)服务。设施管理只提供了一种产品:服务。设施管理的本质希望是强调权利和顺从,同时也应该具有灵活性和服务性。质量计划是基于消费者怎样才能获得服务的问题制订的。一项成功的质量计划要依赖于各种层次客户的长期联系和约束。

### 10.2.2 设施管理咨询的基本要求

设施管理作为一个新兴行业,它具有自己独特的特点,即专业化、精细化、集约化、智能化、信息化以及定制化。

(1)专业化。设施管理提供策略性规划、财务与预算管理、不动产管理、空间规划及管理、设施设备的维护和修护、能源管理等多方面内容,需要专业的知识和管理,有大量专业人才参与。

(2)精细化。设施管理以信息化技术为依托,以业务规范化为基础,以精细化流程控制为手段,运用科学的方法对客户的业务流程进行研究分析,寻找控制重点并进行有效的优化、重组和控制,实现质量、成本、进度、服务总体最优的精细化管理目标。

(3)集约化。设施管理致力于资源能源的集约利用,通过流程优化、空间规划、能源管理等服务对客户的资源能源实现集约化的经营和管理,以降低客户的运营成本、提高收益,最终实现提高客户营运能力的目标。

(4)智能化。设施管理充分利用现代"4C"技术,通过高效的传输网络,实现智能化服务与管理。设施管理智能化的具体体现是智能家居、智能办公、智能安防系统、智能能源系统、智能物业管理维护系统、智能信息服务系统等。

(5)信息化。设施管理以信息化为基础和平台,坚持与高新技术应用同步发展,大多采用信息化技术与手段,实现业务操作信息化。在降低成本提升效率的同时,信息化保证了管理与技术数据分析处理的准确,有利于科学决策。

(6)定制化。每个公司都是不同的,专业的设施管理提供商根据客户的业务流程、工作模式、经营目标,以及存在的问题和需求,为客户量身定做设施管理方案、合理组织空间流程,提高物业价值,最终实现客户的经营目标。

## 10.2.3　物业设备设施管理的内容

物业设备设施管理是指物业服务企业的工程管理人员通过熟悉和掌握设备设施的原理性能,对其进行正确的使用、保养与维修,使之保持最佳运行状态,从而为业主和使用人提供一个舒适、安全的环境。物业设备设施管理不仅能确保设备设施的正常运行,延长使用寿命,降低物业管理成本,更重要的是能够充分发挥设备设施的使用功能,使业主和使用人得到最大限度的满足。随着物业设备设施的推陈出新和人们对物业使用功能要求的提高,物业设备设施的正确使用与完善管理,更能体现出物业服务企业的技术水平与管理水平。

不同的物业设备设施有不同的特点,物业设备设施管理的内容也各不相同,其基本内容一般包括以下几个方面。

### 10.2.3.1　档案资料管理

物业设备档案资料管理的基本任务有两个方面:一是做好设备技术档案资料的保管;二是为设备运行、维护、管理等提供信息资料。物业设备档案资料主要包括以下内容:

(1)设备原始资料。设备原始资料包括设备清单或装箱单,设备发票,产品质量合格证明书,开箱验收报告,产品技术资料,安装、试验、调试、验收报告等。

(2)设备维修资料。设备维修资料包括报修单、事故记录、中大修工程记录、更新记录等。

(3)设备管理资料。设备管理资料包括设备卡片、设备台账、运行记录、普查记录、考评记录、技术革新资料等。

### 10.2.3.2　安全运行管理

物业设备种类繁多,涉及面广,具有一定的危险性。为保障业主的利益及设备操作人员的生命安全,必须制定设备安全运行的有关规定。其内容包括下面三项:

(1)安全作业培训教育。设备维修操作人员是安全管理的重点对象,必须对其进行安全作业的培训教育,使维修人员参加学习培训考核后持证上岗。

(2)安全使用宣传教育。对业主、使用人进行宣传教育,使其了解安全使用一些危险设备(如电梯)的知识,提高自我保护意识,为安全管理建立广泛的群众基础。

(3)建立安全运行制度。建立安全运行制度和安全操作规程,建立定期检查运行情况和规范服务制度,建立安全责任制等。

### 10.2.3.3　保养与维修管理

(1)建立设备档案登记卡。参考设备使用说明书、使用手册、安装调试质量说明书中的有关维护保养内容,对要进行维护保养的设备建立设备档案登记卡,并按说明书中规定的维护保养项目设计表格,建立维护保养记录。

(2)编制设备计划维护总表。将全部维护保养记录表中的任务和时间汇总到计划维护总表中,制订出年度设备维护保养一览表。

(3)发出维护保养指令工作单。维护保养指令工作单是根据计划维护总表及维护保养一览表的安排,按时间向员工发出的工作命令。

(4)维护保养计划的落实跟踪检查。员工根据指令完成任务后必须在工作单上做好记录,包括所用时间、检查结果等,并签字交回。技术主管及主管工程师要对维修工的工作进行检查或抽查,考核其工作质量。

(5)有计划地组织巡查。坚持和完善设备的巡查制度,安排员工根据不同的设备及运行状况进行有计划的巡查,发现设备初期问题,要及早解决,降低维修成本。

## 10.3 工程项目保修管理

### 10.3.1 保修咨询简介

项目保修是项目竣工验收交付使用后,在一定期限内由施工单位到建设单位或用户进行回访,对于工程发生的确实是由于施工单位责任造成的建筑物使用功能不良或无法使用的问题,由建设单位通知施工单位负责修理,直到达到正常使用的标准。

建设工程质量保修制度是国家所确定的主要法律制度,建设工程保修制度对于促进承包方加强质量管理、保护用户及消费者的合法权益能够起到重要的作用。

按照《建设工程质量管理条例》(国务院令〔2000〕279 号,2017 年修订)规定,建设项目竣工后,施工单位应在保修期内承担相应的责任,监理和全过程工程咨询单位应负责相应的管理工作。其主要依据包括:

(1)《中华人民共和国建筑法》(主席令〔1998〕91 号,2019 年修订);

(2)《建设工程质量管理条例》(国务院令〔2000〕279 号,2017 年修订);

(3)《水利工程质量管理规定》(水利部令第 7 号,2017 年修订);

(4)合同文件等。

### 10.3.2 工程质量保修的基本要求

(1)工程质量保修范围。一般来说,凡是施工单位的责任或者由于施工质量不良造成的问题,都属保修范围。凡是由于用户使用不当而造成建筑功能不良或者损坏者,不属于保修范围。

(2)工程质量保修期限。《建设工程质量管理条例》(国务院令〔2000〕279 号,2017 年修订)规定,水利工程保修期从工程移交证书写明的工程完工日(一般指工程完工验收会议召开之日)起一般不少于一年。有特殊要求的工程,其保修期限在合同中规定。工程质量出现永久性缺陷的,承担责任的期限不受以上保修期限制。

(3)水利工程在保修范围和保修期限内出现问题,全过程工程咨询单位应督促监理立即分析原因,找出责任单位,并要求相关责任单位在规定时间内完成修补工作。若责任单位拒不处理或迟迟不予处理,由全过程工程咨询单位上报投资人认可后,可另行委托施工单位给予维修,产生的费用从责任单位保修金内支出。质保期满后,全过程工程咨询单位应组织使用人、物管方、监理单位以及施工单位进行质量缺陷的检查,确认无质量缺陷后,办理书面手续,并以此作为退还质保金的依据。

保修期过后,施工单位的质保义务解除,全过程工程咨询单位完成质保金退还手续后,相应的义务也完成。

### 10.3.3　保修费用及其处理

(1)保修费的含义。保修费是指对保修期间和保修范围内所发生的维修、返工等各项费用的支出。

(2)保修费用的处理。根据《中华人民共和国建筑法》的规定,在保修费的处理问题上,必须根据修理项目的性质、内容以及检查修理等多种因素的实际情况,区别保修责任的承担问题。保修的经济责任,应当由有关责任方承担,由建设单位和施工单位共同商定经济处理办法。

承包单位未按国家的有关规范、标准和设计要求施工造成的质量缺陷,由承包单位负责返修并承担经济责任。

设计方面的原因造成的质量缺陷,由设计单位承担经济责任,可由施工单位负责维修,其费用按有关规定通过建设单位向设计单位索赔,不足部分由建设单位负责协同有关方解决。

因建筑材料、建筑构配件和设备质量不合格引起的质量缺陷,属于承包单位采购的或经其统一验收的,由承包单位承担经济责任;属于建设单位采购的,由建设单位承担经济责任。

因使用不当造成的损坏问题,由使用单位自行负责。

因地震、洪水、台风等不可抗力造成的损坏问题,施工单位、设计单位不承担经济责任,由建设单位自行负责处理。

根据《中华人民共和国建筑法》第七十五条的规定,建筑施工企业违反该规定,不履行保修义务的,责令改正,可以处以罚款。在保修期间有质量缺陷,有关责任企业应当依据实际损失给予实物或价值补偿。质量缺陷因勘察设计原因、监理原因或者建筑材料、建筑构配件和设备等原因造成的,施工企业可以在保修和赔偿损失之后,向有关责任者追偿。因建设工程质量不合格而造成损害的,受害人有权向责任者要求赔偿。因建设单位或者勘察设计的原因、施工的原因、监理的原因产生的建设质量问题,造成他人损失的,以上单位应当承担相应的赔偿责任。受损害人可以向任何一方要求赔偿,也可以向以上各方提出共同赔偿要求。有关各方之间在赔偿后可以查明原因后向真正责任人追偿。

### 10.3.4　工程质保期管理程序

工程质保期管理程序如图10-2所示。

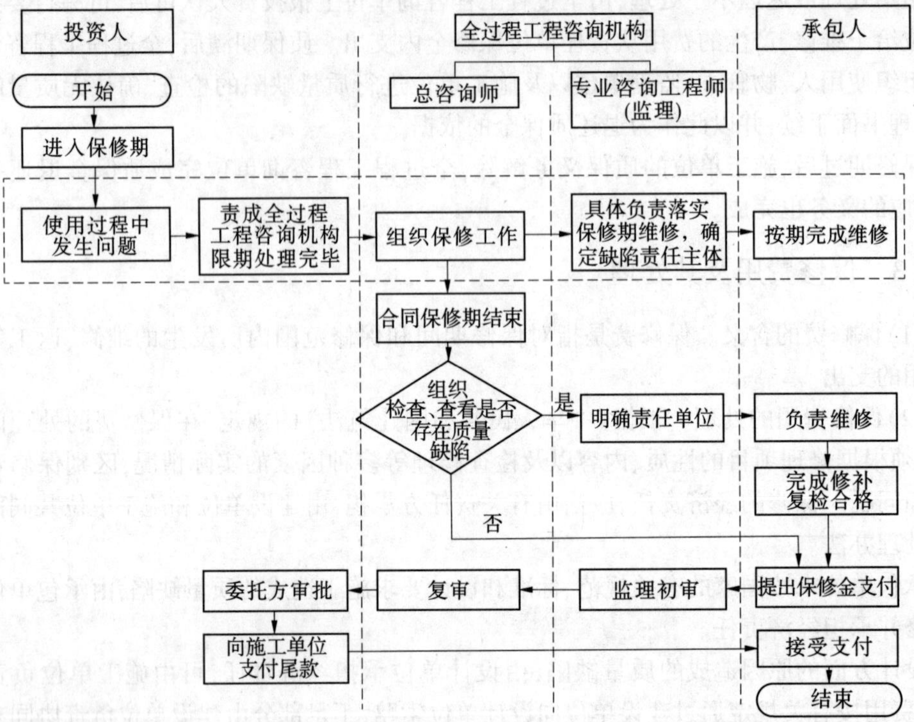


图 10-2　工程质保期管理程序

## 10.3.5　注意事项

(1)工程质保期满,全过程工程咨询单位应组织投资人、物管方、监理单位以及施工单位进行工程质量保修期到期验收,以作为退还质保金的前提条件。

(2)保修到期验收记录。质保期满的验收必须有项目各方同时参与,并签字盖章,施工单位以及供货单位提供保修到期验收记录。

# 学习情境 11　BIM 咨询应用

**【学习情境描述】**

基于 BIM 咨询应用服务的工作内容,按照 BIM 咨询应用服务工作流程及实施要求,编制 BIM 咨询应用服务工作过程的成果文件。

**【学习目标】**

1. 掌握 BIM 咨询应用服务的工作流程。
2. 熟悉 BIM 咨询应用服务的实施要求。
3. 能查阅相关资料,编制完成《建设项目 BIM 技术应用设计报告》。

**【任务书】**

小组合作,编制完成《××河道工程建设项目 BIM 技术应用设计报告》。具体要求如下:

1. 工程背景:自行设计;其中单项工程不少于 6 项,且必须包括堤防、桥梁、水闸、道路。
2. 服务模式:"1+N"模式;其中,BIM 咨询为专项服务必选项。
3. 服务范围、服务内容:自行设定。

**【工作计划】**

学生根据工作任务划分填写表 11-1。

**表 11-1　学生工作任务分工表**

班级:　　　　　　　　　　　　　　　　　　指导老师:
组号:　　　　　　　　　　　　　　　　　　组　　长:

| 序号 | 工作内容 | 负责人(姓名) |
|---|---|---|
| 1 | | |
| 2 | | |
| 3 | | |
| 4 | | |
| 5 | | |
| 6 | | |

**【工作准备】**

1. 各组派代表阐述工作计划。
2. 各组对其他组的工作计划提出自己不同的看法。
3. 教师结合大家完成的情况进行点评,选出最佳方案。

【工作实施】

各组按计划完成工作任务。

【引导问题】

1. 在建设 BIM 项目管理平台过程中,项目总负责人的工作职责主要有哪些?

2. 请简述 BIM 成果交付形式。

【评价反馈】

学生进行自评,评价自己是否能完成 BIM 咨询服务的相关知识学习;是否能合作完成《××河道工程建设项目 BIM 技术应用设计报告》的编制任务,编制质量如何等(见表 11-2)。

**表 11-2　学习过程评价表**

班级/组号:　　　　　　　　　　　　　学号/姓名:

| 序号 | 任务 | 分值 | 自评 | 互评 | 师评 |
|---|---|---|---|---|---|
| 1 | 工作效率:任务是否按计划时间完成 | 5 | | | |
| 2 | 工作质量:内容合理、文稿通顺、格式符合规定 | 10 | | | |
| 3 | 学习情况:相关知识学习完成情况 | 10 | | | |
| 4 | 引导问题:掌握情况 | 15 | | | |
| 5 | 文献索引:查阅、甄别、整理、引用资料能力 | 10 | | | |
| 6 | 工作态度:态度端正,无无故缺勤、迟到、早退 | 5 | | | |
| 7 | 创新意识:积极参与小组讨论,思路拓展情况 | 15 | | | |
| 8 | 语言表达:过程汇报、结果展示、汇报参与情况 | 10 | | | |
| 9 | 合作能力:小组成员合作交流、协调工作情况 | 10 | | | |
| 10 | 职业素养:自律、严谨、敬业、社会责任等 | 10 | | | |
| 合计 | | 100 | | | |

各组代表展示作品,介绍任务的完成过程。作品展示前应准备阐述材料,并完成评价(见表 11-3)。

**表 11-3　学习总评表**

| 总评 | 自评(20%)+互评(20%)+师评(60%) | 综合得分 | 教师(签名): |
|---|---|---|---|
| | | | |

# 11.1　工作内容

## 11.1.1　BIM 咨询应用服务综述

### 11.1.1.1　借助 BIM 技术实现信息整合与共享

在建设项目咨询服务过程中,全过程工程咨询单位一方面通过协调管理打破过程中的信息与资源壁垒,提高沟通效率,保证项目顺利运营,达成建设项目边际效益最大化的目标;另一方面在开展全过程工程咨询服务过程中,应具备完善的管理手段,引入新技术来促进工程创新。

在项目全过程工程咨询服务过程中,引入 BIM、大数据和虚拟现实等技术,有效提高设计、施工效率与精细化管理水平,提升工程设施安全性、耐久性、可建设性和维护便利性,降低全生命周期运维成本,提高投资效益。项目全过程咨询服务过程中,需借助于 BIM 技术,以 BIM 协同管理平台作为信息管理平台,以 BIM 模型作为信息管理有效载体,开展项目全生命周期信息集成管理,即利用建筑业相关的信息技术手段,在建设项目全生命周期的不同阶段将项目利益相关者所需的或所产生的数据信息进行传递与共享,以打破由于建设项目分阶段管理而形成的信息孤岛,实现建设项目及其信息的集成、集约、集中管理。

BIM 技术可有效避免分段式管理带来的信息流失、信息孤岛的问题,实现从零散数据调用过渡到全生命周期信息管理。同时,BIM 信息数据作为各阶段决策管理的重要依据,在项目全过程工程咨询过程中一环扣一环,项目数据信息逐渐在 BIM 平台上集成,为开展项目运维、项目绩效评价提供数据支撑,BIM 实现了从决策、勘察设计、招标采购、施工、竣工一直到运维的全过程服务,并将多方的利益高度串联起来,减少信息流失与资源浪费。

#### 11.1.1.2　借助 BIM 技术实现项目集成与协调

传统的建设模式是将建设工程项目中的设计、施工、监理等阶段分隔开来,各单位分别负责不同环节和不同专业的工作。这不仅增加了成本,也分割了建设工程的内在联系。在这个过程中由于缺少全产业链的整体把控,信息流被切断,很容易导致建筑项目管理过程中各种问题的出现以及由此带来的安全和质量隐患,使得投资人难以得到完整的建筑产品和服务。BIM 的核心在于将原来分工造成的信息孤岛及碎片高效地整合在一起,其运作主要利用建筑物构件以特定的信息标准表达。

全过程工程咨询是一种新的、独立的、集成化的咨询业务模式。BIM 技术以其集成化、多专业协同的特性,成为开展全生命周期咨询、实现集成与协同的最佳工具手段。BIM 信息化技术与云技术相结合,可以有效地将信息在云端进行无缝传递,打通各部门之间的横向联系,通过借助移动设备设置客户端,可以实时查看项目所需要的信息,真正实现项目合作的可移动办公,提高项目的完成精度。借助以 BIM 模型为中心的项目管理平台,将项目各参与方集成在同一项目管理平台上,总咨询师可准确有效地识别项目各参与方的利益诉求与锁定项目管理过程关键要点,实现快速反馈与决策,提高项目管理效率与咨询服务质量。

项目全过程工程咨询服务过程中对信息的需求,以 BIM 模型作为涵盖项目全生命周期数据信息的收集、存储、分析的基本载体。BIM 技术以参数化数据为载体将模型信息高效准确地输入模型构件中,实现了信息处理的时效性。相比传统二维模型构件,三维模型可将全生命周期内所有工程项目信息集成在统一的数据库中,信息的集中有利于项目各参与方之间能够实时传递和共享项目信息。

#### 11.1.1.3 BIM 协同管理平台

基于 BIM 技术的项目管理系统平台是由 BIM 数据集成子系统和 BIM 施工管理子系统构成,通过 BIM 施工项目系统管理平台所依据的系统软件体系,实现 BIM 施工项目管理系统的主要功能,通过其在模型管理、进度管理、质量安全管理、成本管理、物料管理等方面的应用,大大提高了整个施工过程中的资源利用率,降低了发生事故风险的概率,节约了成本。

通过系统接口高度集成,建立项目数据信息与 BIM 模型的双向链接,实现基于 BIM 技术的工程项目管理,在系统平台上,通过 BIM 的数据集成子系统与施工管理子系统之间的无缝集成,BIM 模型和数据之间建立双向的链接,有着明了的业务逻辑和精准的交换关系,能够实现对业务管理的实时监控。为实现上述业务管理,实现监控分析的基本功能,在该系统平台中初步设计了八项主要的功能模块,分别是:BIM 模型管理、BIM 进度管理、质量安全管理、BIM 成本管理、BIM 物料管理、BIM 数据库、BIM 监控管理、施工日志管理。

以大数据技术和云计算技术为应用环境,以 BIM 模型的创建、管理、共享为基本内容的 BIM 协同管理和共享应用平台,可以将土建、安装、造价 BIM 模型上传到系统服务器,系统自动对模型中的工程成本数据进行解析,形成一个多维度的结构化企业级项目基础数据库,实现 BIM 图形数据、报表数据共享,提升项目和企业协同能力。可进行账号管理、组织架构、工程管理、权限分配、角色设置等管理,储存空间可以积累和管理企业指标、企业价格信息、BIM 数据库等资源;可以通过平台客户端对模型信息进行插入、抽取、调用、管理、分享,具备多用户同时操作同一模型的互操作性;云平台数据库支持将系统数据库安装在企业服务器上(私有云服务器模式),教学模型数据存储在企业自身的服务器上,保证模型信息的安全管理,并可通过积累模型打造用户自己的基于 BIM 应用的建设工程云数据中心。

在建设 BIM 项目管理平台过程中,项目总负责人的工作职责包括:

(1)确定平台选建标准:软硬件及协同平台采购应满足平台易用性、稳定性、安全性、符合度强的标准;

(2)明确项目 BIM 团队建设及各参与方协作方式;

(3)根据投资人需求与项目实际情况建设企业 BIM 云数据中心,提升项目数据处理效率。

### 11.1.2　团队建设

如合同约定的工程建设全过程咨询服务包括 BIM 咨询服务,则 BIM 咨询负责人由全过程工程咨询服务机构委派。若无合同约定,经过与发包人协商可由咨询单位委派 BIM 咨询负责人,BIM 咨询负责人对 BIM 相关活动负责。BIM 咨询负责人根据工作的需求组建 BIM 咨询工作团队,BIM 咨询内部管理制度、工作内容、工作进度计划等必须符合工程建设全过程咨询服务项目总体管控的要求,BIM 咨询工作团队相关人员职业资格须符合国家要求及行业要求。

### 11.1.3　工作内容

(1)工程建设全过程咨询 BIM 咨询服务工作团队主要负责开展及执行项目 BIM 咨询服务,并配合工程建设全过程咨询服务其他阶段的团队及项目各阶段相关参与方开展工作,基于工程项目全生命周期,运用建运一体集成化管理模式,将传统管理模式下相对分离的项目策划决策阶段、设计阶段、建设实施阶段等在管理目标、管理组织和管理手段等方面进行有机集成。

(2)通过 BIM 技术提供重点部位、关键区域的可视化设计方案比选、优化等工作;进行各阶段设计图纸的 BIM 模型搭建,检查设计的错漏碰缺等问题;指导项目相关参与方基于 BIM 技术开展协同办公;与各专业建立设计协同,多系统综合与协调;搭建 BIM 协同管理平台;工程变更的模型调整;建立完善的竣工模型,为项目提供合理化建议及技术支持等。

(3)利用 BIM 技术在工程建设全过程管理中以完善的管理手段落实复杂技术,提高建设工程的集成化程度,让建设工程的各参与方都能够共享信息,真正让 BIM 应用在建筑的全生命周期内发挥最大效应。

## 11.2　BIM 的工作流程

### 11.2.1　项目决策阶段

BIM 咨询服务工作团队将项目初期资料整合至初期的建筑信息模型文件中,为后续设计以及审批提供符合规定的数据基础。同时,BIM 咨询服务团队运用 BIM 技术验证项目可行性研究报告提出的各项指标,进一步推敲、优化方案,搭建方案设计阶段建筑信息模型,为初步设计阶段的 BIM 相关工作提供数据基础。

### 11.2.2　项目设计阶段

在项目设计阶段,BIM 咨询服务团队的主要内容是通过搭建各专业 BIM 模型,基于 BIM 模型进行专业分析和价值工程论证。在建筑信息模型的基础上,组织专家会议,优化设计成果,进行特殊设计方案的专项论证,提高项目设计方案的质量水平。

### 11.2.3　项目招标阶段

在项目招标阶段,BIM 咨询服务团队根据 BIM 模型辅助编制招标规划及工程量清单,帮助招标方或招标代理方把控工程量清单的完整性、工程量清单的准确性与合同清单价格的合理性。

### 11.2.4　项目施工阶段

在项目施工阶段,通过基于 BIM 的信息化平台整合相应资源,实现施工阶段资源的有效配置、数字化进度管理、质量管理、成本管理、变更管理以及控制,进一步提高项目建设管理的智能化水平和精细化水平。

### 11.2.5 项目竣工阶段

在项目竣工阶段,BIM咨询服务团队通过完整的、有数据支撑的、可视化的BIM模型与现场实际建成的建筑进行对比,帮助发包人及相关参与验收方提高竣工验收的工作质量和效率。

## 11.3 实施要求

### 11.3.1 沟通要求

BIM咨询服务负责人在项目总负责人的总协调下开展BIM咨询工作,BIM咨询负责任人定期向项目总负责人汇报BIM咨询工作情况,便于项目总负责人了解BIM咨询服务的总体进展,为BIM咨询服务工作中需协调的事项提供帮助。

BIM咨询服务负责人组织BIM咨询团队根据工作任务组织会议,研讨工作分工以及工作内容,编制BIM咨询服务详细工作计划,将BIM咨询服务的具体工作落实到BIM咨询团队的每一个人的工作任务中,相应的具体工作责任人根据其负责的工作内容提出需要其他相关服务团队配合提供的资料并注明要求。需其他团队配合的事宜应汇总至BIM咨询服务负责人,由BIM咨询服务负责人与其他工程建设全过程咨询服务团队负责人沟通联系。

### 11.3.2 过程要求

#### 11.3.2.1 统一规划、分步实施

在策划项目实施方案时,充分考虑到项目建设过程的复杂性和重要性,建议对项目建设、运维的全过程采取“统一规划、分步实施”的策略来实施,使方案具有高度的稳妥性和可拓展性。

#### 11.3.2.2 多方协作,总控整合

针对项目参与方众多的特点,鼓励相关方积极应用BIM技术进行深化设计和可视化模拟,由BIM各专业工程师协助业主对模型进行总控整合与数据版本更新,确保项目数据管理平台上的BIM模型数据的完整性和统一性。

#### 11.3.2.3 重点突出,兼顾实效

根据工程项目的特点和BIM应用的价值,明确项目BIM技术实施重点,注重实际应用的效果和实施成本的权衡,避免因过分追求BIM技术应用导致项目工期和管理成本控制难度增加现象的发生。

### 11.3.3 模型相关标准

BIM咨询团队制定BIM标准是BIM技术服务过程中的重要质量保证措施。BIM标准由一系列技术标准组成,并且包括这些标准在执行时所需要的记录、反馈及要求。

从项目全过程工程咨询的视角对 BIM 整体应用进行系统性分析研究，以项目全过程 BIM 实施标准的建立为目标，从 BIM 应用过程的资源、行为、交付三个基本维度，给出项目全过程咨询服务的具体实施标准。BIM 标准主要包括三大类：BIM 模型标准、BIM 数据分析标准和 BIM 成果交付标准。

## 11.3.4　成果提交

### 11.3.4.1　一般规定

BIM 模型交付物应满足使用需求且充分表达专业交付信息集合。

BIM 模型交付物内对象构件的交付有效性均应设置共享数据或出版数据。

BIM 模型交付物以通用的数据格式传递工程模型信息，在保障信息安全的前提下，便于即时阅读和修改。

### 11.3.4.2　BIM 成果交付形式

(1)模型文件。模型文件是模型成果的一部分，模型成果主要包括建筑、结构、机电等专业所构建的模型文件以及各专业整合后的整合模型。

(2)文档格式。在 BIM 技术应用过程中所产生的各种分析报告等，由 Word、Excel、PowerPoint 等办公软件生成的相应格式的文件，在交付时统一转换为 PDF 文档。

(3)图形文件。主要是按照施工项目要求，针对指定位置经 Autodesk、NavisWorks、Lumion 等软件进行渲染生成的图片。

(4)动画文件。BIM 技术应用过程中基于 Autodesk、NavisWorks、Lumion 等软件，按照施工项目要求进行漫游、模拟，通过软件录制生成的 MP4、avi 格式视频文件。

## 11.3.5　绩效评价

BIM 咨询制定相关评价制度，制定相对内容的评价和评分表，了解项目相关方的评价和意见，积极改善 BIM 咨询服务，其中，评价分为过程评价和后评价。

过程评价主要是对各阶段内容和成果进行评价，包括项目决策阶段可行性研究报告各项指标完成情况评价、招标阶段 BIM 对于造价工程量运用情况的评价、实施阶段 BIM 技术应用对项目影响的评价。

BIM 咨询阶段的后评价工作主要是评价 BIM 技术在项目中的应用覆盖率以及 BIM 技术给项目带来的效益情况、BIM 技术对项目管理的影响程度、BIM 团队的服务状况。通过这些评价内容，及时进行改善，更好地为业主服务。

# 第3篇 水利工程全过程工程咨询案例

## 学习情境12 杨房沟水电站工程

### 12.1 项目概况

杨房沟水电站位于雅砻江中游四川省凉山州木里县境内,是规划中该河段“一库7级”中的第6级水电站。电站正常蓄水位2 094 m,相应库容4.558亿$m^3$,装机容量1 500 MW。工程枢纽由混凝土双曲拱坝、泄洪消能建筑物和引水发电系统等主要建筑物组成。工程位于高山峡谷区,具有“工程规模大、高拱坝、高边坡、大规模地下洞室群、工程建筑物布置紧凑、施工交通布置困难”等特点。

杨房沟水电站是以全过程项目管理模式建设的百万千瓦级大型水电工程。工程于2016年1月开工,2016年11月11日提前完成大江截流,2021年11月首台机组发电,计划2023年6月工程完工,2024年12月工程竣工,合同总工期108个月。

本项目由中国水利水电第七工程局有限公司(简称中国水电七局)和中国电建集团华东勘测设计研究院有限公司(简称华东院)组成的联合体进行全过程咨询。

### 12.2 合同服务范围及项目组织机构

#### 12.2.1 全过程项目管理合同服务范围

全过程项目管理合同服务范围主要包括杨房沟水电站施工辅助工程、建筑工程、环境保护工程和水土保持工程、机电设备及安装工程、金属结构设备及安装工程等的勘测设计、采购、施工、试运行,发包人移交承包人执行的项目(上铺子沟砂石加工系统工程、施工供水工程、场内10 kV施工供电工程、施工缆索吊工程、加油站、民爆器材供应、前期筹建项目运行维护管理)以及合同约定的其他相关工作。

#### 12.2.2 项目组织机构

为优质、高效地建设好杨房沟水电站项目,本着强强联合、优势互补的原则,中国水电七局与华东院组成中国水电七局、华东院雅砻江杨房沟水电站全过程咨询联合体,共同履行合同义务。中国水电七局为联合体责任方,联合比例60%;华东院联合比例40%;工程竣工决算形成最终损益由联合各方按上述比例分担、分享。

根据全过程项目管理合同要求,结合项目实际需要,全过程咨询联合体设如下组织机构:全过程咨询联合体管理董事会(简称董事会)、监事会、项目部、安全生产委员会、风险管理委员会、工程技术委员会。

## 12.3　项目管理的具体内容

### 12.3.1　管理模式

全过程咨询联合体项目部对履约项目按紧密联合模式进行运营,按“统一领导、统一组织、统一规则、统一管理、两级核算”的项目管理模式进行管理。

全过程咨询联合体项目部是联合体在施工现场全面履行合同的实施机构,是董事会领导下的项目经理负责制。现场中国水电七局和华东院共同组建全过程咨询联合体项目部,双方派员进入全过程咨询联合体项目部各个职能部门,统一组织履约项目实施,统一进行现场项目管理。根据合同要求,项目经理由责任方法人出任,现场派驻常务副经理代表项目经理对项目进行管理。

全过程咨询联合体项目部中两家母公司成员在工作中做到无缝对接,深度融合,通过组织机构的一体化保障管理模式的优势充分发挥。通过设计施工文件相互会签、重大技术方案采用专题研讨等,增强了设计与地质、施工结合的紧密性,指导施工安全、快速进行。

### 12.3.2　制度建设

全过程咨询联合体项目部自进场就根据杨房沟水电站项目特点及工作流程要求,着力建立完善相关制度体系,并不断根据业主、监理等参建各方的意见修订和完善制度体系,以满足项目实际施工需要。

如设计管理方面,制定了《勘测设计管理办法》《设计代表处考核实施细则》《设计优化和变更管理办法》《设计文件报审与发送流程实施细则》《设计交底管理办法》等17项管理制度。再如工程管理方面,制定了《工程技术管理制度》《工程技术文件编制及审批制度》《施工进度管理实施细则》《工程管理临时奖罚实施细则》等14项管理制度。完善的制度建设在工程实施过程中发挥了有效的管理约束作用。

例如,全过程咨询联合体项目部颁发了《混凝土拌和系统混凝土生产供应管理实施细则》,明确了混凝土供应程序、计量程序、质量控制、质量争议和拌和楼管理制度;颁布了《安全投入保障制度》,明确了安全生产费用的提取、使用、管理及相应的职责等。

### 12.3.3　设计管理

设计管理部是全过程咨询联合体项目部下设的设计管理机构,是设计管理执行的责任部门。代表全过程咨询联合体项目部负责与设计单位的接洽联系,协调设计产品供应,对接现场设计与施工协调。

设计管理的重点是按照合同要求提供勘测设计、科研试验计划及年度、月度和三个月滚动设计产品供应计划，督促勘测设计专业按计划完成并报监理人审查；根据现场条件组织开展动态设计，全面掌握设计动态，把握设计方向，充分理解发包人设计意图，与施工深度融合，积极开展设计优化，提升工程安全、质量和经济效益水平；组织现场设代人员负责现场设代技术服务和设计变更，做好设计交底、现场巡视等工作，指导施工；负责安全监测、物探检测的实施管理、巡视检查、报告审核等工作；负责办公网络建设管理、软硬件设施管理、工程管理信息系统的建设和维护。

在设计管理中，通过设计施工相互会签，提高了设计方案的可实施性；通过按施工进度计划倒排供图计划，保障了图纸供应；通过协调现场设代人力资源保障，实现了现场问题快速反应、快速沟通、快速解决；通过积极推进 BIM 系统建设与应用，有效推进了工程设计、质量、进度的数字化管理。截至 2019 年，共完成一般设计报告（含技术要求等）173 份，设计优化调整报告 35 份，招标文件 71 份，施工图纸 569 套，设计修改通知 939 份，满足现场施工需求，产品质量优良。角断层发育岩体坝基开挖爆破与加固关键技术研究荣获中国爆破行业协会科技进步一等奖。

### 12.3.4　工程管理

工程管理部是全过程咨询联合体项目部下设的工程及技术管理机构，是施工技术管理、施工生产管理执行和施工质量管理的责任部门。对施工现场行使监督、检查、管理及协调的职责。

工程管理的重点在于全过程咨询联合体项目部的施工技术管理、施工生产管理和施工质量管理，具体如下：制定施工技术管理制度、施工生产管理制度和相关管理实施细则等；负责全过程咨询联合体项目部范围内的施工组织管理工作，做好全过程咨询联合体项目部各部门、各工区之间与生产相关的协调工作，加强同监理、业主相关部门的沟通和协调，及时解决生产中存在的问题；负责组织编制工程项目施工组织设计，对实施阶段的总体施工组织设计、阶段施工组织设计、重大的施工组织设计、施工方案和施工技术措施，按规定程序报相关人员审批；负责组织编制各工区上报的年、季、月、周施工进度计划，以及整个工程的网络进度计划跟踪调整。确保工程项目施工质量满足国家有关规程及规范要求，按照 PDCA 循环理念对工程施工质量实行全过程控制管理，进一步强化施工过程控制，逐步提高施工质量和实体质量，实施工程质量创优管理，实现工程质量目标。

全过程咨询联合体项目部自进场以来，在施工管理方面，加强现场组织与协调，合理安排生产任务，增加施工人员设备资源投入；科学编制进度计划，充分考虑各个工区之间的施工交叉干扰；针对施工关键线路，组织相关工区召开日协调会，确保工程进度。截至 2019 年 12 月底，实现大坝混凝土浇筑高程过半，厂房混凝土浇筑方量过半，水道系统混凝土浇筑完成，比合同工期提前近 5 个月。在质量管理方面，加强质量自律管理力度，严格统一质量管理标准，落实质量管理标准化，调动质检人员的工作积极性，利用互联网技术等信息化手段，提高质量管理效率和透明度。截至 2019 年，累计主体工程评定单元 13 007 个，合格 13 007 个，合格率 100%，优良单元 12 605 个，综合优良率 96.9%。杨房沟

EPC 模式大坝智能建造质量智慧管理系统荣获全国质量创新大赛 QIC-V 级奖(最高级),杨房沟大型地下厂房洞室爆破开挖工程被评为中国爆破行业协会部级样板工程。

### 12.3.5　采购管理

机电物资部负责全过程咨询联合体项目部设备物资资源的采购和优化配置,组织和协调联合体成员企业及各工区之间设备物资的调剂统筹,负责设备租赁及闲置设备的管理工作,对施工期间用水、用电、油料、特种设备及火工材料进行管理。

机电物资部的工作重点是贯彻执行国家有关物资、设备管理的方针和政策及股份公司、联合体成员企业物资、设备管理制度,在项目部领导指导下,建立和完善、执行全过程咨询联合体项目部物资、设备的采购及管理制度。拟订设备物资综合管理目标、建立健全设备物资管理考核制度,并组织实施。负责全过程咨询联合体项目部自购设备物资、辅协供物资、成套永久机电设备的采购、验收、维修、保管、交付安装等工作,包括与业主联合采购永久机电设备的合同管理,并负责整个工程机电金结工程的全面质量管理及机组启动试验、投产、达标验收等技术资料的准备,完成机电金结工程竣工资料的收集、整理、移交等工作。

全过程咨询联合体项目部自进场以来,在材料物资采购供应方面,截至 2019 年,已经完成所有“辅协供”物资及自购大宗物资的招标和合同签订工作。主要材料与采购程序符合主合同相关条款约定,供应商管理与材料价款符合合同支付规定,材料供应质量满足主合同与规范要求。在机电设备采购安装方面,截至 2019 年,完成了水轮机及发电机设备招标及合同签订、工厂见证及出厂验收,电气设备的设计联络会,主厂房水轮机埋件安装、桥机安装,引水压力钢管、泄洪中孔钢衬制作安装,各部位的辅助系统电气埋设工作,满足工程进度的要求。

### 12.3.6　经营管理

经营管理部是在商务副经理的领导下,贯彻执行国家《中华人民共和国民法典》《中华人民共和国经济法》及公司相关管理制度,按照有关法律法规,制定各类经营管理制度,开展全过程管理、内部承包(分包)等合同管理工作,对全过程咨询联合体项目部的经营管理工作负责;是工程分包、合同管理的归口管理部门,工程分包领导小组所在机构。

经营管理的重点是制定各类经营管理制度;开展内部承包合同分包工作及交底;开展工程分包及分包监督管理;全面、有效地履行合同,对经营风险进行全面预测和识别,拟定风险应对策略和化解措施,实现项目利益最大化。截至 2019 年 12 月,累计完成结算 38.6 亿元,结算计划完成率为 105%。

### 12.3.7　安全管理

安全环保部是全过程咨询联合体项目部下设的安全管理机构,负责建立和完善全过程咨询联合体项目部安全管理体系、制度,直接对口各工区的现场施工安全监管,对现场施工安全负总体管理职责。

安全管理的重点是根据合同要求,建立健全项目各项安全管理规章制度,制订安全文明施工总体策划、实施方案，明确各级管理人员的安全管理职责，制定安全生产考核指标及办法，以“策划、实施、检查、改进”的动态循环模式监督、检查、指导各实施单位各项安全管理工作，建立并保持安全生产标准化系统；通过自我检查、自我纠正和自我完善，建立安全绩效持续改进的安全生产长效机制。

全过程咨询联合体项目部每年初下发《安全生产目标控制分解》，明确目标的制定、分解、实施、考核等内容。每季度对各工区安全生产目标完成情况进行考核评比，每半年对目标完成情况进行评估，及时进行纠偏，年底对目标完成效果进行考核兑现奖惩。截至2019年，未发生各类安全事故，安全生产隐患整改率100%，特种作业人员持证上岗率100%，特种设备检测率100%，重大危险源监控率100%，分包队伍资质审查合格率100%，安全技术交底率100%，员工岗前安全、职业健康培训、操作技能培训率100%。2017～2019年连续三年达标电力安全一级标准。

### 12.3.8 档案管理

竣工办公室是全过程咨询联合体项目部下设的档案管理机构，代表全过程咨询联合体项目部负责与业主、监理对接，负责全过程咨询联合体项目部产生的所有档案文件的收集、整理、归档、移交工作。

档案管理的重点是通过管理体系建设与建章立制，做好工程档案管理的标准化管理；通过在签订分包合同或协议时，设立专门的档案管理和归档保证金等约定条款，加强对分包单位档案管理的约束与管控；通过档案交底、培训指导与认证，为有效的文档过程管理提供专业支撑和规范化管理；以检查与考核机制为手段，做好项目文档管理的过程监督与管控；通过开发完善OA收发文管理模块、BIM设计文件报审和质量模块与图档系统的对接，实现电子文件的一键归档，通过制订归档计划，做好归档节点控制，保证工程档案顺利通过“水电工程达标投产及创优验收”“工程档案专项验收”，并为工程审计及“工程整体竣工验收”创造条件。

按照业主档案管理要求，全面梳理各部门、各工区档案管理职责，理清档案管理流程，制定明确的档案管理办法和考核细则，并严格落实到位。在本项目管理模式下，探索档案管理创新思路，借助杨房沟设计施工BIM管理系统，积极推进电子文件数字化归档工作，实现在线电子单元验评及电子文件归档单轨制。

## 12.4 创新管理内容

### 12.4.1 一体化

全过程咨询联合体项目部是联合体在施工现场全面履行合同的实施机构，水电七局和华东院共同组建全过程咨询联合体项目部，双方派员进入全过程咨询联合体项目部各个管理部门，根据各自专长分担相关管理任务，高度融合。统一组织履约项目实施，统一进行现场项目管理。工作中做到无缝对接，深度融合，通过组织机构的一体化保障全过程管理模式的优势充分发挥。

全过程咨询联合体项目部实行设计施工文件相互会签制，使设计方案和施工措施真正适应现场实际情况和设备能力，实效性更好、可操作性更强。重大技术方案采用专题研讨制，通过专题研讨，科学决策技术方案。设计与地质、施工、监测紧密结合，采用“动态设计施工”理念，及时优化开挖、支护参数，指导施工安全、快速进行。

### 12.4.2　标准化

全过程咨询联合体项目部进场后立刻着手对工程质量、安全以及整体形象进行统一策划。在工程质量标准化方面，着力打造制度标准化与工艺标准化，出台《工程建设标准强制性条文实施计划》《杨房沟水电站工程达标创优实施细则》等文件，根据工程进度，分批分序制定并发布主要施工工艺的标准化文件26份（施工工艺标准、施工工艺手册、施工质量明白卡），结合工艺标准化的使用范围与不同的受众，推广质量标准化管理理念，定期开展宣贯与培训。在安全标准化方面，为了强化施工过程中的安全管理，打造本质安全项目，全过程咨询联合体项目部基于四个责任体系，制定《安全文明施工标准化手册》《安全标准化图册》，不断强化培训与检查考核，在规范现场操作行为、提升现场形象等方面起到了积极的作用。

标准化策划与实施，是全过程咨询联合体项目部站在宏观的角度，整体认识工程，充分发挥整个工程的协同效应，这是传统发承包模式所不具备的优势，通过标准化的实施，消除项目环节冲突，提升工程的整体效益。

### 12.4.3　信息化

全过程咨询联合体项目部有九个作业工区，六个代管单位（前期中标单位），管理的工作面广、涉及作业种类多、协调工作量大。

全过程咨询联合体项目部投入3 000余万元，委托华东院数字公司开发建立国内首个水电工程BIM管理信息系统，系统现已开发九大模块，将设计管理、质量验评、进度管理、投资管理、安全监测、水情测报、视频监控、智能温控、智能灌浆、施工仿真等功能深度整合。实现远程在线图纸审核、手持移动端开展质量验评、现场高清视频实时监控等完全信息化，有效加快了信息流转速度，同时也增加了全过程管理的透明度。在参建各方共同的努力下，经过多次软件性能扩充，现在基本实现了基于BIM管理系统和数字化技术的进度、质量、投资、安全智能化管控。

全过程咨询联合体项目部也委托华东院数字公司开发了OA办公系统、安全风险管控平台，利用信息协同工作平台，加速信息传递，增加了可视效果，提高管理效率。根据现场管理的需要，开发了质量管理APP、安全管理APP，主要解决现场发现的一般质量、安全隐患，通过手机客户端能够及时上传包含地点与缘由等的准确信息，根据分级权限，身在不同管理岗位的管理者能够及时接收管理指令，进行处理或监督，限期内处理完毕后，指令才得以闭合。杨房沟基于BIM的大型水电站全过程数字化建设管理创新与应用研究荣获首届全国水利行业BIM应用大赛金奖、中国电力企业联合会电力科技创新一等奖。

通过信息化手段提高信息在通道中的传递与处理速度，体现了信息的便携性、安全性与稳定性,大大简化日常事务处理流程,使得全过程管理向智慧化的方向迈进。

### 12.4.4 自律管理

在项目投标阶段,联合体提出构建工程自律管理体系的设想,就是希望努力通过这一体系的实施,重构工程领域的现代诚信机制。作为杨房沟这样一个庞大的水电工程,联合体方如何摆脱传统 DBB 模式的管理思维,让工程受控,让业主满意,建立起业主、监理及项目部三方的信任机制显得尤为重要。经过一年多的调研,全过程咨询联合体项目部基于契约与诚信的初衷,2017 年 10 月全面构建起全过程咨询联合体项目部自律管理体系,成为通达三方信任的桥梁。

全过程咨询联合体项目部自律管理体系是“管理层的自律+作业班组层的他律”相结合的管理体系。自律管理最突出的特点就是通过这种管理方式,让整个管理决策过程公开透明,所有考评考核结果都有据可查,让业主、监理心里有底,心中有数。对于管理者而言,自律是指在没有人在现场监督的情况下,不受外界约束和情感支配,根据自己善良意志,通过自己要求自己,变被动为主动,自觉地遵循法度,拿它来约束自己的一言一行。在工程实施过程中,自律对于管理者或许行之有效,而对于最基层的被管理者(作业工人),现阶段单纯靠自律还是无法有效管理他们的行为,所以引入了他律,即通过一系列的考核制度,建立起首建制、规范作业流程,通过一定时间的适应,能够形成系统的他律力量并影响到主体理性的自觉,使其不知不觉地同化,主动服从他律管理和自觉接受他律管理,也就是具有某种自律的表现。

### 12.4.5 科技创新成果

杨房沟项目实施 4 年来,全过程咨询联合体项目部积极开展科技创新工作,截至 2019 年 12 月,全过程咨询联合体项目部获得 1 项省部级科学技术进步一等奖、1 项部级样板工程、1 项全国质量创新大赛 QIC-V 级奖、1 项电力科技创新奖、15 项 QC 成果(省部级),获得 4 项工法、24 项专利成果及 4 项院级科研成果。

## 12.5 全过程项目管理模式实践成效

经过近 4 年的全过程项目管理实践,目前全过程咨询联合体项目部内部信息传递总体通畅,管理理念也逐步趋同。统一管理、统一协调的管理方式也得到业主与监理的认可,工程安全形势受控,实体质量稳步提升,施工进度均有超前。杨房沟项目部荣获 2018 年度四川省五一劳动奖状。

### 12.5.1 设计施工深度融合

全过程咨询联合体项目部以技术为纽带,充分发挥技术先导作用,建立设计施工一体化工作机制,引领制度、人员和文化的深度融合,实现合作方优势互补和互助提升。

全过程咨询联合体项目部建立了设计与施工技术文件互签制度,所有设计图纸在下发前均经联合体技术管理部、相关工区会签,将设计方案与现场施工可能存在冲突的问题、不便于施工的问题解决在图纸向监理报审前,提高设计方案的可实施性。同样,施工支洞布置、施工方案措施等也由设计会签,确保临时工程施工布置及施工措施方面更能满足工程总体结构要求,使布置更为合理,在技术文件的确定中充分体现了设计施工一体化的优势。

建立动态设计施工一体化工作机制,设计与地质、施工、监测紧密结合,采用"动态设计施工"理念,及时优化开挖、支护参数,指导施工安全、快速进行。

限额设计理念贯穿设计过程。全过程咨询联合体项目部充分发挥设计技术优势,在确保工程各部分功能满足合同要求、运行维护便利的情况下,通过设计施工一体化的融合,积极开展科技创新和设计优化,提升项目价值。进场以来,完成并通过审查的较大以上优化23项,相比投标节约工程投资约7 000万元。

### 12.5.2　安全生态管理

在全过程管理模式下,项目主体安全管理责任由承担生产管理的承包商负责,承包商责任更明确。全过程咨询联合体项目部积极有序推进安全管理工作,发挥设计施工一体化在隐患排查整治和安全专项措施规划方面的优势,结合项目的实际情况,确立了"一个手册""两个规划""七个台账"的安全管理主线,落实更有效。编制了安全标准化图册,发放到每个工区,安全文明施工形象稳步提升。建立了雅砻江流域首个安全设施体验馆,将安全教育培训日常化,全面提升安全教育质量。全过程咨询联合体项目部统一进行临建设施规划布置,钢筋厂、模板厂、综合仓库等临建工厂企业统一标准,严禁私搭乱建。严格按安全生产标准化组织实施,确保了进场以来的现场生产安全。

从开工至今未发生安全事故,安全生产形势有序、受控。项目开工后每年均通过电力安全生产标准化一级达标考核,杨房沟水电站也成为凉山州安全风险管理体系建设首个试点单位。

### 12.5.3　质量管理

质量部严格自律管理体系,建立起"四体系"(保证体系、责任体系、检查体系、评价体系),运用"四化"(制度化、标准化、表单化、信息化)手段,全过程跟踪质量管理人员的履职情况,每月对管理人员及作业工区落实"三检制"情况进行"月考核、季评价",质量管理人员月度薪酬与绩效直接与考核结果挂钩,做到奖优罚劣。

积极推行质量标准化作业,根据工程进展,制定主要施工工艺的标准化文件,编制了主要土建项目工序、机电项目工序的质量工艺标准化手册;为了让标准化成果深入一线、落实到人,全过程咨询联合体项目部针对不同层级管理人员,将施工工艺文件细分为"施工工艺标准、施工工艺手册、施工质量明白卡"三个层次,分别提供项目管理人员、现场质检员、一线操作工人使用,做到重点突出、浅显易懂,方便现场操作。

建成国内水电行业第一个质量展厅,现场所有主要工艺标准与要求均在质量展厅加以呈现,并根据施工进展动态更新,特别是给新入场员工一个直观认识,使展厅发挥"宣传展示、管理对标、教育培训"的实效。

单元工程综合优良率达到96.9%,高于国内同类工程水平,工程实体质量得到历次质量监督专家组的高度评价。

### 12.5.4　进度管理

施工生产进度管理实行三级管理:一级为全过程咨询联合体项目部施工生产管理系统,由全过程咨询联合体项目部施工管理部及机电部具体负责执行;二级为工区施工生产管理系统,由工区施工部具体负责执行;三级为工区作业层施工生产管理系统,由作业班组级具体负责执行。进度计划包括工程项目总体、年、季、月及周进度计划。工程管理部负责组织编制各阶段的施工进度计划,把握施工重点和关键线路。当出现进度计划偏差时启动预警和纠偏措施,根据关键线路进度计划偏差的严重程度,分黄色(偏差5~7 d)、橙色(7~15 d)、红色(15 d以上)三级预警。结合自律管理体系,对所辖工区及体系人员定期进行考核,确保关键节点近期实现,从而凸显全过程管理对资源的整体把控与整合优势。

目前,工程进度满足合同要求,各部位施工进度较合同节点目标均有提前,已确定首台机组提前5个月发电目标。

### 12.5.5　成本管理

杨房沟全过程咨询联合体项目部采取的结算方式分为对外对内分序进行:业主对全过程咨询联合体项目部采用季度节点结算,每季度按年度确定的节点目标,提供相应的节点结算签证,即可办理结算;全过程咨询联合体项目部对内部作业工区采用的是"背靠背"结算,即节点完成后,业主进行了确认支付后,按内部承包合同向各工区进行结算支付。

# 学习情境 13　光明区全面消除黑臭水体治理工程

## 13.1　项目概况

光明区全面消除黑臭水体治理工程(光明核心片区及白花社区)项目范围及主要建设内容包括:1 条干流、15 条支流、27 条黑臭小河汊、29 条沟渠、1 个水库、3 个水塘及 13 个内涝点,共 119 个黑臭水体治理目标任务。项目采用 EPC 模式建设,总投资约 24 亿元。本项目采用三水分离技术路线,即建设 3 套排水管网系统,初期雨水(不大于 7 mm/1.5 h)、雨水(大于 7 mm/1.5 h)、生活污水分离排放,每套管网系统互联互通。初期雨水通过初雨管道接入调蓄池,超过初期雨水标准则自动溢流至河道,调蓄池设泵站可联通污水处理站和河道,生活污水单独一套管网接入污水处理站,可实现视水量、水质情况进行调度。三水分离技术路线见图 13-1。

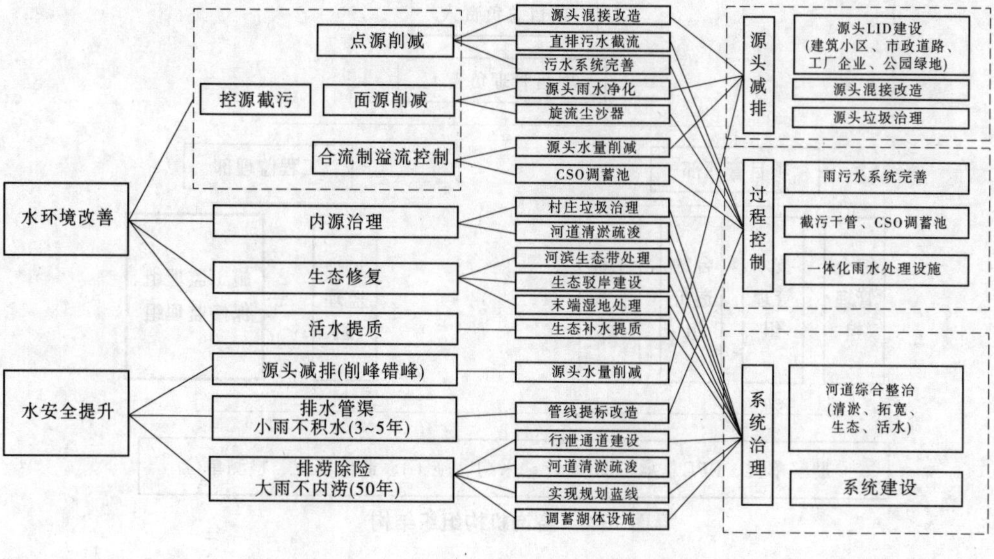


图 13-1　三水分离技术路线示意图

# 13.2 咨询服务范围及组织模式

## 13.2.1 咨询服务的工作范围

前期设计阶段管理、招标采购阶段管理、施工阶段全过程管理、竣工验收管理、后评估管理、收尾和移交管理。

## 13.2.2 咨询服务的组织机构

"全过程工程咨询"与传统的设计-建造的主要区别在于工程建设的环节更加紧凑,建设单位委托咨询单位提供项目管理、勘察设计管理、工程监理、造价咨询等不同专业服务组合的全过程咨询服务,可满足建设单位一体化服务需求,增强工程建设过程的协同性。

采用"全过程工程咨询"模式,由一家咨询单位提供项目管理、工程监理等咨询服务,可减轻建设单位的管理压力。但对工程项目来说增加了一个管理机构,建设管理组织模式也应当有针对性地设置,使得组织能高效地运行。经实践,根据咨询服务内容,结合项目工程内容,将驻地项目管理机构划分为若干个专业部门,组成分层次的责权明确、专业分工协作配合的项目管理机构。组织结构如图 13-2 所示。

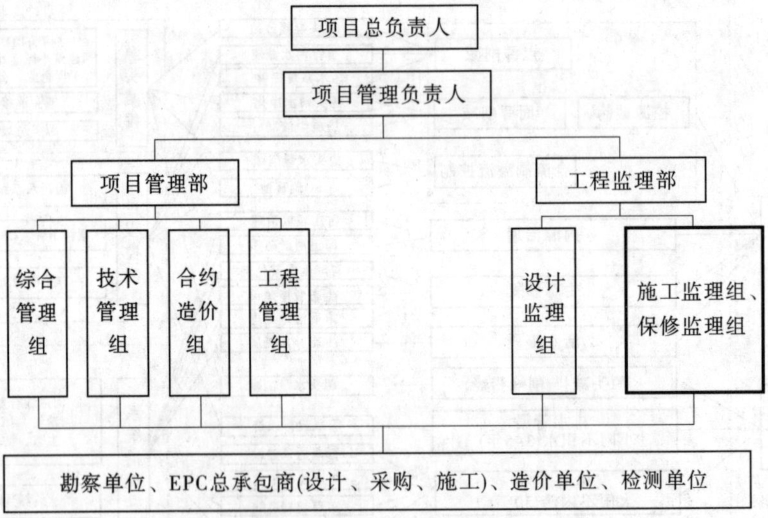


图 13-2 咨询机构组织结构

## 13.2.3 咨询机构工作职责

### 13.2.3.1 项目总负责人

组建项目管理团队,分解各部门、各岗位工作职责,建立项目管理工作程序与制度,对项目建设全过程的总体统筹、策划、协调及管理等工作全面负责。

#### 13.2.3.2　项目管理负责人

协助项目总负责人工作,具体布置、检查、协调项目管理部和工程监理部工作。

#### 13.2.3.3　项目管理部

(1)综合管理组。主要负责文件往来、信息管理、档案管理等的工作。

(2)技术管理组。主要负责设计方案的跟踪、审核,及设计图纸管理、组织设计交底、协助办理施工图审查等工作。

(3)合约造价组。主要负责资金支付及结算、投资控制、合同管理等工作。

(4)工程管理组。主要负责工程施工质量、进度、安全等管理工作。

#### 13.2.3.4　工程监理部

(1)设计监理组:主要负责设计方案、施工图纸的跟踪与审核。

(2)施工监理组、保修监理组:按照咨询服务合同约定、建设监理规范开展工程监理与相关服务工作。

## 13.3　咨询服务的运行方法

### 13.3.1　集中办公,流水作业

传统的工程建设指挥部模式,尤其在项目前期勘察设计阶段,各自办公、管理分散,主要通过沟通、汇报、会议等方式完成各项流程,效率较低。经过实践总结,本项目全过程咨询采用“集中办公,流水作业”的形式,所有参建单位集中办公贯穿项目全阶段、全过程,减少了中间沟通协调环节,各参建单位、各项工作沟通协调无缝衔接,提高了项目管理组织的运行效率。

### 13.3.2　建章立制,标准管理

全过程工程咨询属于新型的工程咨询服务模式,管理行为为合同授权,合同条款一般为原则性表述,操作上理解不一。现行规范、标准所形成的成果文件尚无咨询单位签署意见的位置,难以体现全过程咨询服务的痕迹和成果。本项目合同主体较多,各类程序、手续基本由咨询机构把控,需要明确清晰的管理流程、管理制度。经实践,由咨询服务单位编制项目管理制度,由建设单位审定后印发,各参建单位遵照执行,是提高项目管理水平和效率的有力措施。项目管理制度包含所有合同单位的机构设置、职责以及各项工作流程、常用表格、工作制度等,使得各参建单位的各项工作都有章可循。

### 13.3.3　任务制表,到点交卷

本项目工期紧、任务重,设计阶段任务尤为繁重。设计方案涉及的内容和专业多,设计的合理性、经济性及各专业的配套情况、衔接情况要全面考虑、权衡分析;同时,设计内容不仅要考虑一次性投资,还要考虑到项目运行、维护、管理等内容。工程项目设计是一个系统,系统内每个环节都非常重要,据以往的项目管理经验,部分设计单位的组织机构不合理、人员配置不合理等各类情况层出不穷,往往导致设计与勘察脱节、设计与施工脱

节、设计与实际情况不符等各类问题。

为避免这些问题的出现,应结合设计任务书将设计工作按专业内容、工程部位等分解成若干环节,每个环节制定跟踪表格,责任到人、逐个突破,提高设计质量,让整个设计管理简便、流畅。

### 13.3.4　创新创优,智慧管控

#### 13.3.4.1　遥感测绘技术

浙江广川工程项目管理有限公司自主研发了基于 BIM 技术的遥感测绘技术,以 Phantom 4 RTK 无人机+PPK 基站为工具,以 BIM 模型为平台,对挖、填土量进行扫测,成果精度满足《1∶500 万地形图测量规范》中高程误差不超过±5 cm 要求,实现无须到施工现场,快速掌握现场挖、填土量,辅助工程量计算工作。将该技术应用于本项目的全过程咨询工作,以期起到消除人为误差及保证测量时效达到准确计量的目的。例如:本项目调蓄池开挖和回填可使用该系统准确计量。

#### 13.3.4.2　视频监控系统

应用 CamHi 视频监控系统,手机端、电脑端均可实现工程现场实时监控,且采用无线传输,现场监控设备可按工作面的变化、工作需要移动,达到实时监控工程现场动态的目的。

### 13.3.5　合同履约,严管重罚

在招标阶段,公司结合工程管理经验、项目目标,研究相关法律、法规、政策文件等,为建设单位量身定制了支付、奖励和处罚条款,有力地约束了承包单位的勘察设计、施工管理行为,以项目目标为导向、按效果付费进行合同履约管理,更好地实现了项目目标。主要的奖罚条款:奖三罚五。奖励:同时满足提前完工、全面通过上级有关消除黑臭水体考核、未发生较大及以上安全生产事故、未发生严重欠薪行为、未发生转包和违法分包或其他违法违纪事件 5 个条件,给予承包人不超过合同价 3%的奖励。处罚:总体整治效果未通过上级有关消除黑臭水体的考核,对承包人处以合同价 5%的违约金;单个黑臭水体未通过上级有关消除黑臭水体的考核,对承包人处罚 500 万元/个的违约金。

## 13.4　咨询服务的实践成效

全过程工程咨询服务单位对建设单位要提供高质量、高效率的服务,对各承包单位既要管理和控制,也要用自身的技术力量提供服务使其交出高质量的成果。本项目在咨询服务过程中,始终践行管理+服务理念,结合集中办公、流水作业,建章立制,标准管理,任务制表、到点交卷,创新创优、智慧管控,合同履约,严管重罚等管理措施,对工程目标、计划、执行等进行系统和立体管控,取得了良好的成效。工程范围内的黑臭水体在 2019 年底,实现了全面消除的目标,满足国家、省、市各级对黑臭水体的相关考核要求。

# 学习情境14　诸暨市陈蔡水库除险加固工程

## 14.1　项目概况

诸暨市陈蔡水库建于1977年,是浦阳江流域防洪体系中的重要控制性骨干工程,距诸暨市区27 km。水库总库容为1.164亿 $m^3$,是一座以防洪、供水为主,结合灌溉等综合利用的大(2)型水库,是诸暨市全市人民的“大水缸”。

诸暨市陈蔡水库加固改造工程是省重点水利工程,采用PPP模式引进社会资本进行投融资建设,概算总投资为9.921 5亿元。主要工程建设内容及规模为:①主坝坝顶、护坡、防渗结构加固改造;②副坝坝顶、护坡、防渗结构加固改造;③泄洪闸闸门、启闭设备与控制系统、启闭平台及启闭机室加固改造;④原输水放空洞洞身、分层取水工作闸门及事故检修闸门、启闭设备及控制系统、启闭机平台、启闭机室及桥梁等加固改造;⑤非常溢洪道改造为黏土心墙副坝;⑥新建输水隧洞482.3 m,设计输水能力3.1 $m^3/s$;⑦主坝右坝头至副坝间山体加固处理;⑧消力池至出库站小桥段泄洪渠改造,处理长度274 m;⑨库尾清淤41万 $m^3$;⑩拆除重建管理用房2 000 $m^2$;⑪对水库原供配电设备系统及电力线路进行改造,对大坝安全监测设施进行改造。

## 14.2　咨询服务范围及项目组织机构

### 14.2.1　咨询服务范围

本工程采用建设实施期“1+N”全过程工程咨询模式,服务范围包括项目管理服务、工程监理、全过程跟踪审价、水土保持监测及验收咨询、蓄水安全鉴定、度汛方案编制、环境保护竣工验收咨询。

### 14.2.2　项目组织机构

本项目成立陈蔡水库加固改造工程全过程工程咨询服务项目部,下设项目管理部、监理部、工程监理部、造价咨询部、水土保持组、蓄水鉴定与度汛方案组和环保验收组,分别承担相关咨询服务工作,各专业分别设有负责人,负责本部门工作。组织机构如图14-1所示。

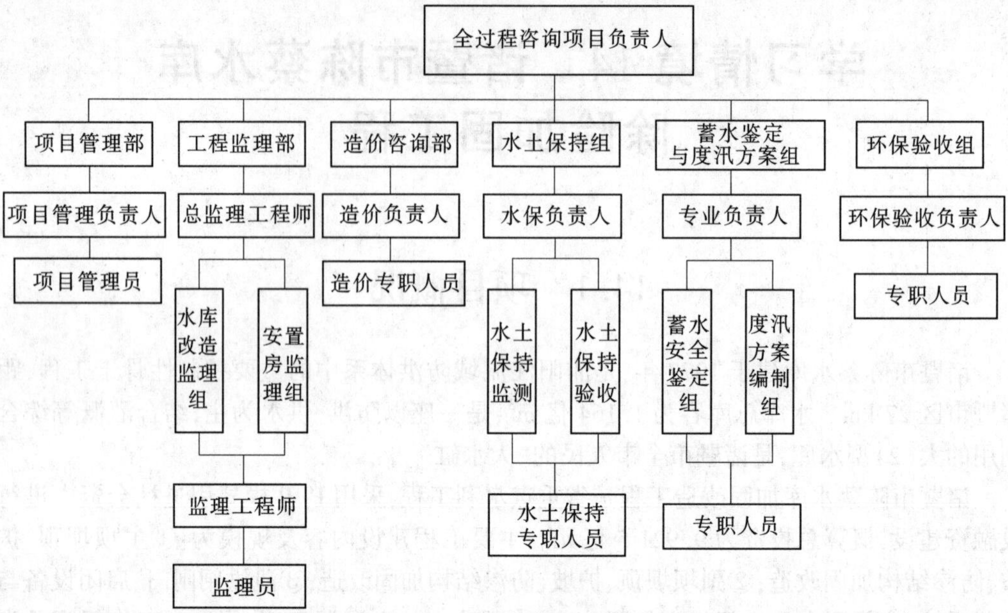


图 14-1 项目组织机构

# 14.3 咨询服务的过程

## 14.3.1 项目投资情况

项目概算总投资为 99 215 万元,其中工程部分静态投资为 21 345 万元,专项部分 1 515 万元,政策处理及其他投资 76 355 万元。

## 14.3.2 全过程咨询的服务策划

2020 年 10 月采用公开招标方式选定浙江广川工程咨询有限公司、浙江广川工程项目管理有限公司(联合体)为全过程工程咨询服务单位,承担全过程咨询服务,合同服务期 30 个月。

2020 年 10 月 20 日,接到中标通知书,考虑到本项目前期工作量大,工期压力紧张,在接到中标通知书后,全过程咨询单位第一时间高标准组建管理团队专班常驻现场,成立现场办公组织机构。项目部共计 24 人,涵盖水工、房建、造价、水保、环保、市政、金结等专业。其中总负责人 1 名,各专业负责人或技术骨干 12 名,均具有相关专业注册工程师执业资格。

在队伍稳定、责任明确的基础上,以项目为中心,以项目总负责人为纽带,联动设计、施工、监理、造价等各业务、各专业;以技术服务为宗旨,提供系统咨询与管理服务,为项目提供整体智能支撑。及时消除项目管理分歧,研究技术难点,形成指导建议,及时总结、合理规划,通过高质量的技术咨询服务为项目的顺利推进保驾护航。

### 14.3.3　全过程咨询主要服务内容

#### 14.3.3.1　项目管理服务

(1)进行工程建设管理,对工程的质量、进度、投资、安全进行监管,并及时向业主报告。

(2)落实和执行业主下达的各项工作或任务。

(3)审核年度投资建设计划;经审批后监督年度投资实施计划执行。

(4)审查工程开、竣工报告。

(5)监督合同的执行情况。

(6)监督和复核月进度和相关计量工作,并向业主报告。

(7)组织施工图纸会审,生产调度会、安全大检查、文明施工检查等活动,协助组织工程竣工验收,监督、督促竣工资料的档案移交工作。

(8)对施工现场进行巡视、检查。掌握工程建设过程中质量、进度、投资、安全、文明施工、合同管理、信息管理的总体情况。

(9)对项目实施过程中的招标采购文件,提出是否符合法律法规、评标办法设置的建设性意见,对技术计量条款合理性、合规性提出咨询意见。

(10)工程档案收集整理。

(11)监督、督促工程设计施工图和物资设备的供应。

(12)初审一般设计变更和重大设计变更并及时上报。

(13)参与重大质量事故、安全事故的调查和处理。

(14)主持重要协调会议。

(15)协助组织各类验收。

(16)协调工程参建单位之间的工作关系。

(17)对接上级各级政府或行业主管部门对本项目的监管。

#### 14.3.3.2　工程监理

根据国家法律、法规、规章及技术标准,《水利工程施工监理规范》(SL 288—2014)、《水利水电工程施工质量检验与评定规程(附条文说明)》(SL 176—2007)、《水利水电建设工程验收规程》(SL 223—2008)、《水利水电单元工程施工质量验收评定标准》(SL 631~637—2012、SL 638~639—2013),对工程质量、进度、投资进行控制,进行信息、合同管理,实施安全监理,协调参建各方。除应符合以上标准规定外,尚应符合国家现行有关标准的规定,并达到施工承包合同规定的质量标准。

#### 14.3.3.3　全过程跟踪审价

(1)编制工程量清单及招标控制价。

(2)制定造价控制的实施流程,对承包人报送的工程预算进行审核,确定造价控制目标。

(3)根据施工承包合同、进度计划,审核用款计划书。

(4)参与造价控制有关的工程会议。

(5)负责对承包人报送的每月(期)完成进度款月报表进行审核,并提出当月(期)付款建议书。

(6)当承包方提出索赔时,依据合同和有关法律、法规,提供咨询意见。

(7)协助业主及时审核因设计变更、现场签证等发生的费用,相应调整造价控制目标,并向业主提供造价控制动态分析报告。

(8)审核分阶段完工的分部工程结算。

(9)会同业主办理工程竣工结算,提供完整的结算报告及各项费用汇总。

(10)提供与造价控制相关的人工、材料、设备等造价信息和其他咨询服务。

#### 14.3.3.4 度汛方案编制

(1)确定工程度汛洪水标准,制定度汛工程措施、非工程措施及超标准洪水应对措施。

(2)施工期洪水预测、预警。

(3)分析可能发生工程险情的种类、部位及原因,分析对工程安全的危害程度。

(4)提出后期处置要求。

#### 14.3.3.5 水土保持监测及验收管理咨询

(1)按照国家、浙江省水土保持相关法律法规、规范标准及水土保持方案与相关批复的要求,针对本工程建设期特性,结合其所处的环境状况,对项目建设实施前或初期、实施阶段、试运行期开展水土保持监测工作,按要求提交工程水土保持监测实施方案、季报和总结报告等相关成果报告。

(2)开展与相关水行政主管部门的沟通协调工作。

(3)项目竣工验收阶段编制水土保持设施验收报告和水土保持设施验收鉴定书,配合建设单位组织水土保持设施自主验收工作,并协助完成本项目水土保持设施验收公示、备案等工作。

#### 14.3.3.6 环境保护竣工验收咨询

(1)对建成的环境保护设施开展调查评估,对工程存在的环境保护遗留问题提出相应的补充措施意见并跟踪落实,及时编制工程竣工环境保护验收调查报告。

(2)开展与相关环境保护行政主管部门的沟通协调工作。

(3)配合建设单位组织环境保护设施自主验收工作,并协助完成本项目环境保护设施验收公示、备案等工作。

#### 14.3.3.7 蓄水安全鉴定

(1)检查工程形象面貌是否满足下闸蓄水要求,是否具备水库蓄水验收条件。

(2)检查水库建设征地与移民安置和库底清理是否满足蓄水条件并通过验收。检查主要设计依据及工程建设标准强制性条文落实情况。

(3)根据工程泄洪能力、泄洪设施、大坝挡水条件,评价下闸蓄水方案和度汛方案的可靠性。

(4)根据施工揭示的工程地质及水文地质条件,对照初步设计成果,检查与蓄水有关的水工建筑物地质条件、地质参数变化情况;评价地质缺陷处理情况;检查评价料场变化情况。

(5)根据批复的初步设计报告,检查初步设计审查批复遗留问题落实情况;根据初步设计成果、初步设计以后有关设计变更,检查与蓄水安全有关的建筑物设计情况,评价施工图设计与初步设计的主要变化;检查设计变更是否按建设管理程序履行了有关审批程序。

(6)检查土建工程施工质量、金属结构设备制造与安装质量,对关键部位、出现过质量缺陷和质量事故的部位,以及有必要检查的其他部位进行重点检查;抽查工程施工原始资料和施工安装、设备制造验收签证,必要时提出补充质量检测和试验等要求;对土建工程施工质量、金属结构设备制造与安装质量,以及质量缺陷、质量事故处理情况进行检查评价。对与水库蓄水及泄洪有关的启闭设备供电可靠性进行检查评价。

(7)检查导流建筑物封堵工程设计及施工方案。

(8)检查工程安全监测设施的埋设、安装及观测是否符合设计要求;对施工期监测成果及反映的工程性状进行评价。

(9)提出工程是否具备水库蓄水验收条件的意见。

## 14.4　创新管理内容

### 14.4.1　高标准党建引领

由项目法人牵头,以全过程工程咨询服务现场项目部党员为班底,成立临时党支部,服务提质争先、风险防控争先,保障项目建设安全实施,特别在 2021 年“烟花”台风中充分展现了支部在项目上、党旗在工地上的统领力量与战斗堡垒作用。

### 14.4.2　高精度统筹策划

在选定全过程咨询服务单位后,市水利局和项目法人单位第一时间与咨询服务单位围绕服务内容、工作目标、输出成果等方面展开研讨,在统一思想的基础上,力争为各参建方提供内容简洁、责任明晰、可操作性强的项目工作手册,对工作流程、目标分解、工作指令、成果标准等予以明确,确保所有工作任务均能够被准确执行。

### 14.4.3　高水平项目管理

陈蔡水库加固改造工程全过程工程咨询服务项目部下设项目管理部、工程监理部、造价咨询部、水土保持组、蓄水鉴定与度汛方案组、环保验收组等若干专业小组;组织架构横向到边、纵向到底,承担相应咨询服务工作内容。由咨询项目总负责人牵头,一个团队负责到底,实现项目高度集成,保证各专业无缝连接,确保信息准确传达。同时重心下移、关口前移,把咨询服务工作的重心放在加强现场管控上,在现场设置独立办公、生活区域,公平、公正、独立地开展项目管理及各项咨询服务工作。

# 14.5 咨询服务的实践成效

## 14.5.1 多手段并进,"三省"成果显著

### 14.5.1.1 强化配置省精力

全过程工程咨询开展以来,组建专业技术、组织协调、综合管理等业务能力较强的咨询服务团队进驻工程,涵盖水工、房建、造价、水保、环保、市政、金结等多个专业,为项目建设提供全方位、专业化的咨询服务。相比较诸暨市2018年开工的省重点水利工程——浦阳江治理二期工程,建设期间水利部门为了高质量高效率全面推动工程建设,先后抽调局年轻干部及技术人员27人,补充加强工程项目法人的建设管理力量。

### 14.5.1.2 多项合一省成本

全过程咨询服务包括项目管理服务、工程监理、全过程跟踪审价、水土保持监测及验收咨询、蓄水安全鉴定、度汛方案编制、环境保护竣工验收咨询7项内容,合同签约价为1 055万元。经过测算此7项服务内容如采用各专业分批次单独招采,服务费用合计需达1 350余万元,引进全过程咨询服务单位通过采用单次招标的方式,有效减少招标投标层级,使合同成本节省约300万元,远低于传统模式下项目管理服务、造价、监理等各服务内容各参建单位单独多次发包的合同成本。

### 14.5.1.3 优化设计省投资

加固改造项目需与原构筑物配套衔接,全过程咨询单位协助项目法人着手于新老项目衔接难、外观质量控制难等技术难点,及时总结、合理规划,因地制宜地提出优化设计方案,化大为小节省项目投资。如前期新建输水隧洞开挖过程中,全过程咨询单位根据隧洞出洞口揭示覆盖层实际地质情况,发现与设计原推测厚度偏差较大,现场揭露的岩性较好,具备提前进洞的开挖条件,第一时间联系设计单位地勘工程师现场踏勘,最终设计单位同意提前7.7 m进行洞挖作业施工,有效减少明挖作业工作量,降低施工难度,经初步测算节省投资约30万元。

## 14.5.2 提速明显,项目进度有序可控

### 14.5.2.1 工程准备期提速明显

项目投资大、工期长,又涉及全市供水问题,开工时间需避开农作物灌溉期、供水高峰期,为尽早发挥工程防汛抗旱效益,全过程咨询单位及早进场、最快准备、周密盘点,综合解决工程质量监督受理、PPP合同咨询等问题,克服了前期准备时间紧任务重的难题,咨询服务合同签订距离进场施工仅10 d,与传统咨询模式相比,至少节约60 d时间,有效缩短了项目周期。

### 14.5.2.2 关键节点提前完成

全过程咨询统筹规划、系统安排,秉承"急用先行"原则,锚定5月15日前需要具备临时挡水的目标,对五大水下部分全面平行铺开先行施工;工程一进场就是高峰期,全过程咨询对施工进度提前谋划、严格把控,统筹进度、费用支付及协调事项关联性,确保进度

资金支付及时，协调事项有序推进。如工程主坝条石砌筑进度是顺利实现节点目标的关键环节，其原计划2021年5月15日前达到78 m高程，由于受运输道路、砌筑工艺等因素影响前期进展缓慢，全过程咨询单位及时提出并实施“增加班组、激励竞争”的施工管理方案，条石砌筑施工进度明显改观，截至2021年5月15日完成至81.18 m高程，较原进度计划提前34 d。仅用6个月时间，便完成大坝迎水面81.18 m高程以下的五大水下工程，提前具备防汛抗台风以及蓄水能力，大大缓解了在建工程防汛防台风压力，在台风“烟花”防御中发挥了突出作用。

#### 14.5.2.3　总体进度有保障

水利工程建设由于容易受到外部客观因素影响，普遍存在工程进度延期的现象，本工程引入全过程咨询服务以来，咨询单位早进场、抓前期、保节点、重过程，强化“党建+工程建设”，建立全过程资询单位驻工地临时党支部，创建“六有一好”红色工地，以建促改、以建创优，逐年逐月分解总进度计划目标，并通过“定期工作会议+不定期专题会议”形式推进，督促进度计划落实，在确保工程安全质量前提下切实加快项目推进实施。截至目前，陈蔡水库加固改造工程已开工16个月，占施工合同总工期的66.7%，已完成总工程量的75%，计划2022年9月主体工程基本完成，确保完成蓄水验收的节点目标，工程总进度有保障。

### 14.5.3　补强有力，管理运行效率提升

#### 14.5.3.1　以标准化分类治理

作为浙江省重点水利工程，全过程咨询单位秉承标准化管理模式，积极推动安全文明标化工地创建工作。根据《浙江省水利建设工程文明标化工地创建指导手册》结合工程实际情况，多次对标准化方案进行研讨，对标对表找差距，聚焦聚力抓落实，督促施工单位严格按照评审后的标准化方案开展文明工地建设，定期现场检查，责令限期完善。同时，发挥全过程咨询单位公司本部技术优势，邀请省内标准化创建专家对项目标准化建设进行专业实地指导。目前，陈蔡水库加固改造工程已成功申请创建绍兴市、省水利厅文明标化工地，为创优夺标打下坚实基础。

#### 14.5.3.2　强化管控降风险

全过程工程咨询业务从业主角度来说，收益是“1+1>2”，对咨询服务单位来说，既是收益“1+1>2”，风险也是“1+1>2”，既要扛起业主委托的相关责任，又要合理规避内外风险，全过程咨询单位强化过程管理力度，降低主体责任风险。

针对工程中前期推进压力大，推进过程安全风险大等特点，全过程咨询单位对安全风险管控“一日一巡查、一周一检查”，形成建设单位与全过程咨询单位联合安全考核机制，对总承包单位安全工作进行定期检查。通过进度目标分解，对金结制造全程跟踪把控，驻场监造，统筹并行设计、采购、安装、调试等各环节，在工期紧任务重的情况下提前完成闸门启闭机安装工作。2021年在台风“烟花”上游降水历时139 h，总来水量6 803.8万$m^3$，连续12 h入库流量持续在500 $m^3/s$以上的情况下，发挥出极致的错峰拦蓄作用，总拦洪量4 122万$m^3$，拦洪率61%，为浦阳江流域下游防洪抢险减轻了风险。

#### 14.5.3.3 以规范化严控质量

质量管控采用由内而外的模式,从内规范质量管理体系、质量保证措施,严格审查技术方案,对外严把“原材关、工序验收关”,通过巡视、旁站、平行检测、见证取样、跟踪检测、金结设备驻场监造等手段,现场解决工程在设计、原材料、施工工艺等实施环节的质量问题,实现从原材料到实体质量全过程规范化控制,确保工程整体质量。如用于主坝砌筑的花岗岩条石,进场原材料全过程咨询单位进行外观尺寸抽检,各方验收确认,随机取样平行检测的质量管理措施,对不合格原材坚决进行退场处理,有效确保了条石原材质量。

本工程作为2021年度浙江省在建水利工程稽查项目之一,全过程咨询单位运用以往稽查项目上的经验,整合内部技术力量,对照稽查问题清单,从各方面全力协助项目法人做好稽查工作。根据浙江省水利厅下发的稽查反馈意见,本工程是绍兴地区6个被稽查项目中问题最少的项目。

# 学习情境 15　富春湾堤护岸及景观绿化项目

## 15.1　项目概况

富春湾堤护岸及景观绿化项目(富春湾第一大桥——华庭路),项目地点为浙江省杭州市富春江边。本工程为设计采购施工(EPC)总承包工程,分为两个标段,每个标段又分为两个区块。工程主要建设内容为:慢行系统、水上栈道、绿化、城市家居、驿站及配套设施、道路改造、夜景灯光、护栏、管线、亲水平台、驳岸加固及配套设施等。工程造价为 1.445 6 亿元。

## 15.2　咨询服务范围及项目组织机构

### 15.2.1　咨询服务范围

#### 15.2.1.1　建设管理

实施阶段建设管理服务。实施内容:负责工程总承包、设备材料等的合同签订,办理工程规划许可证、质安监备案、施工许可证、园林绿化等相关报批手续。负责工程的工程质量、进度、技术、投资控制,管线综合、安全文明及约定合同期内的保修维护等全过程管理。组织工程合同的洽谈与签订、投资计划、用款计划申请、工程中间验收、施工验收、竣工验收、资料城建档案馆归档、工程竣工验收备案工作、职能部门移交、交付使用、组织工程竣工结算、竣工财务决算、工程保修等。

#### 15.2.1.2　工程造价服务

全过程跟踪审计。

#### 15.2.1.3　工程施工监理

本工程设计范围内的施工阶段及缺陷责任期全过程监理服务。本次监理范围为设计图纸范围内所有内容,包括但不限于道路工程、雨污水管线工程、桥梁工程、景观绿化工程、驳岸加固及附属工程等(包括建设工程施工阶段的质量、进度、投资控制和安全生产监督管理、合同、信息等方面协调管理服务,以及勘察、设计、保修、验收等阶段的相关服务),以及实施中可能出现的设计修改及额外增加的工程。施工过程中的质量、进度、造价控制和合同管理配合等工作,及配合建设单位完成相关的技术咨询服务。

### 15.2.2　项目组织机构

(1)建设单位、全过程工程咨询单位及参建单位工作界面划分见表 15-1。

表 15-1 工作界面划分

| 单位职能 | 单位名称 | 主要职责 |
| --- | --- | --- |
| 建设单位 | 杭州富阳城市建设投资集团有限公司 | 监督、指导、主持、资金审核与管理支付 |
| 全过程工程咨询单位 | 浙江建友工程咨询有限公司 | 建设管理、跟踪审计、施工监理 |
| EPC 总承包单位(设计) | 浙江西城工程设计有限公司 | 设计 |
| EPC 总承包单位(施工) | 杭州浩拓市政园林绿化有限公司 | 施工 |

(2)全过程工程咨询组织架构见图 15-1。

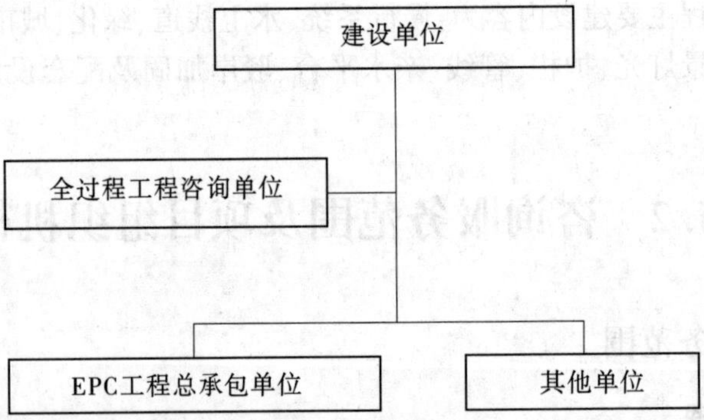


图 15-1 全过程工程咨询组织架构

(3)全过程工程咨询单位内部组织架构见图 15-2。

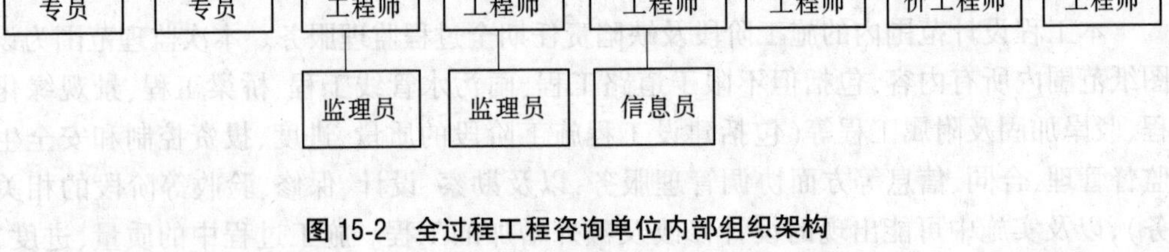


图15-2 全过程工程咨询单位内部组织架构

## 15.3 咨询服务的过程

本工程分为三个专业咨询团队,各团队按各自职责分别开展咨询服务工作。

## 15.3.1　工程建设管理团队

(1)由建设管理专业咨询团队牵头，在建设单位的协助下，联系当地各职能部门，对施工区域强弱电、给水与雨污排水管道等进行摸底，并将摸底后的详细情况提供给EPC总承包单位，及时调整设计方案，避免触及原有管线，设计涉及确实无法处理的相关管线、苗木时协调迁移。

(2)本工程由于为EPC总承包工程，设计采购施工一体，其他招标工程均由建设单位自行完成，故建设管理专业咨询团队仅需于招标完成后与检测单位、防洪影响评价编制单位等进行工作交接、跟进工作完成进度直至完成整个工作内容即可。

(3)建设管理专业咨询团队中的报批报建专员于项目管理团队进驻伊始即着手熟悉本地报批报建审批事项、流程及先后顺序，由于本工程方案设计需要经过相关职能部门及主要领导的确认后方能进入下一阶段的施工图设计工作，而部分区块有节日竣工验收开放要求，故留余报建时间非常短。建设管理专业咨询团队特设报批报建专员岗，专人负责报批报建工作，有问题及时反馈，管理团队群策群力，共同帮助解决问题。在本工程建设单位、相关职能部门、本工程咨询管理团队的共同努力下，涉及工程相关的施工许可证、总监备案、质监站备案、交通组织设计、水土保持、防洪影响评价、水上水下活动申请、渣土消纳场地办理、水电表拆除、苗木迁移、码头管理与拆除、原有强弱电管线迁移或拆除等审批事项比较顺利完成，并无影响工程进展。

(4)工程实施过程中建设管理专业咨询团队负责各职能部门及周边外部的协调工作，将外部周边反馈及时提供，安排相关单位及人员跟进解决，按合同要求每月底向建设单位汇报本月度工程完成情况及相关工程技术资料报备，发生问题如无法处理则与建设单位沟通寻求解决途径。

(5)工程实施过程中建设管理专业咨询团队以设计方案进行审核，并提出设计优化建议。

(6)审核提报项目年度、月度用款计划，审核施工总承包方上报的设计变更、工程进度款。

(7)组织阶段性初验直至最终竣工验收，日常收集管理工程技术资料、归档，后期保修期内的相关协调。

## 15.3.2　监理专业咨询团队

### 15.3.2.1　质量管理

监理专业咨询团队按工程划分为二标段四个区块相应派出旁站监理人员，每个区块常驻监理人员责任到人，施工不停监理人员不得离岗。监理专业咨询团队始终秉持“百年大计，质量第一”的原则，从督促总承包单位建立完善的质量保证体系着手，围绕“人机料法环”五个影响工程质量的主要因素进行质量把控。

1.人

工程项目经理是工程质量和工程成本控制的中心，工程项目参与各方员工素质是工程质量的基本保证。检查总承包施工人员配备及到岗情况，定期不定期检查人员持证情况,对不符合要求的施工队伍或人员提出更换,监理人员根据施工情况调整人数及专业配备,满足施工监理的工作需要。

2. 机

对施工机械、测量仪器和检测仪器进行检查,常用施工机械应保持完好状态并经过检测合格。施工用电系统应保持在安全状态下运行。配备仪器对完成结构施工的楼层的混凝土强度、楼板厚度、墙体厚度、钢筋位置及保护层厚度进行抽测。

3. 料

工程所用材料(钢材、水泥、砂子、石子、商品混凝土、墙体材料和管道、门窗、防水材料等结构性材料和功能性材料)应具有质量保证书和使用说明书,不得以假充真、以次充好,不得以不合格产品冒充合格产品。不得使用不合格建筑材料、成品、半成品、构配件。材料进货验收,应验明生产许可证或质量保证书和产品检测报告书。影印件应当加盖提供者(供料商)和提交者(施工单位)的红印章和签名,以便有所追溯。按规定对建筑材料、混凝土、砂浆试块、构配件实行见证取样送检,复试合格才可用于工程。施工现场发现不合格产品,坚持要求退场,已用于工程的要求拆除返工。

对感观影响较大的重点部位的材料,要求经过相关设计人员及建设单位确认,并对样品进行封样,施工使用的材料与封样进行对照比较,与封样不符的材料坚决要求更换。

4. 法

首先把好图纸会审关,审查图纸的规范性、施工可行性,通过图纸会审发现错漏、节点不清等问题,通过图纸会审可使各参建单位熟悉设计图纸、领会设计意图、掌握工程难点特点之处,还可将设计缺陷存在的问题消灭于施工之前。

施工单位必须编制建设工程施工组织设计。施工组织设计方案应按规定程序审批,手续须齐全,依据应准确,并具有针对性和可操作性,工程的重要部位、施工阶段及专项均有施工方案,工程项目按照施工组织设计方案的要求组织实施。当工程施工的实际需要对施工组织设计进行变更时,要履行变更申报审批手续。对特殊部位施工时要求施工单位提供施工专项方案并进行审核。

对工程实行"样板先行"制度,在每个分部分项施工前,均要求先制作样板,样板应精心制作,全面体现分项工程各部位质量,达到合格以上标准,并符合有关质量通病治理的规定。样板制作完成后,施工单位组织自检,符合要求后报监理方,监理方组织建设单位、全过程工程咨询建设管理方、施工单位进行检查验收,对不符合要求的予以返工或重新制作,直至达到要求,后续施工皆以"样板"为标准实施。

抓好各阶段工程验收环节,监理人员对隐蔽工程、分部分项工程、各专项验收和综合验收等认真对待,对发现的问题要求施工总承包单位及时整改回复。

5. 环(安全文明管理)

该工程位于江边风景地带,关注度高,安全文明施工要求高,本工程按"安全文明双标化工地"标准进行管理,要求获"市双标化工地",争创"省级安全文明生产样板工地"。"安全第一,预防为主",监理专业咨询团队通过以下方法进行安全文明施工管理:①审核施工组织设计(施工方案)时,重点审查针对本工程项目特点的安全措施内容。②督促协助施工单位加强安全教育,提高安全意识,对新到工地工人必须进行上岗前二、三级安全教育,安全交底必须有书面技术交底文件,安全交底时所有与会人员必须履行签字手续;特种作业人员必须培训合格后持证上岗。③做好安全文明施工定期检查,检查现场是否按规定悬挂五牌一图(施工标识牌、组织网络牌、安全纪律牌、消防须知牌、文明施工管理牌和施工现场导向布置图);检查现场是否按规定配备了安全防护、消防设施;检查进入施工现场的机械设备、机具完好性、安全装置可靠性,是否按安全操作规程标牌,操作人员上岗证是否齐全;检查现场施工人员是否按规定佩戴安全帽,近水施工人员是否穿好救生衣,是否有救生圈等救治工具。④对噪声、固体废弃物、污水、粉尘等排放采取切实有效的控制措施,做到"灰尘不飞扬、污水不外流、强光不污染、噪声不宣扬",确保邻近小区居民正常生活;工程需要夜间施工的要求施工单位领取夜间施工许可证,监理人员旁站监督。⑤做好安全事故处理预控方案。⑥本工程工地围墙采用地铁同标准围墙,并在工地四周的围墙、建筑物、办公室外墙等醒目地方,设置反映建设、监理、施工企业精神和时代风貌以及工程建设动态的宣传标语,工地内设置宣传栏、黑板报等宣传设施,及时宣传、通报工地内的各类信息和工程动态。⑦建筑、生活垃圾分类围挡堆放,及时清运。⑧做好社区服务工作,工地有专人负责协调与市政交通、环卫等单位的横向关系,定期主动召开会议,听取他们对工程建设的有关意见,保证工程文明施工,使工程成为爱民工程、便民工程。

#### 15.3.2.2　进度管理

工程涉及地质情况较复杂,亲水平台所需水下桩基施工需要避开汛期。地处城区交通繁忙区块,工程施工影响因素多,但由于有要求部分区段须在节日期间对外开放,故施工进度管理尤为重要。

(1)依据经监理审核通过的承包人编制的施工总进度计划,年、季、月实施计划控制工程进度。

(2)采用动态的控制方法,对工程进度进行主动控制。关注工程进度计划值与实际值的比较,及时采取控制其偏差的措施,对落后的进度督促施工单位制定纠偏措施,如要求增加施工人员、机械设备,对于施工单位无法控制的外部因素主动介入积极解决等。

(3)对江南黄梅雨季等自然影响条件,及时查找本地历史水文资料,了解以往本地涨潮及水位情况,及时调整施工范围及顺序,抢在天文大潮来临前将受影响的桩基施工工作完成。

#### 15.3.2.3　合同管理

合同管理既是工程监理的重要内容,又是必不可少的控制手段。因此,需要加强对合同的管理工作,由专人负责各项合同的签订、执行和管理。合同管理人员每月对施工合同的执行情况检查分析一次,检查结果在监理月报应上予以反映。当发生合同争议,监理工程师本着有利于施工的正常进行,不损害工程质量,维护双方合法利益的原则,实事求是,公正合理地协商调解。

#### 15.3.2.4　信息与资料管理

监理专业咨询团队专设合同及信息工程师岗位,按照相关信息及档案管理的规范规程对日常信息与资料进行收集与管理,并通过"360安全云盘"软件的使用,将项目相关信息与资料上传至"360安全云盘"共享,通过会员名与密码的控制,向特定人开放。

### 15.3.3 跟踪审计专业咨询团队

(1)跟踪审计专业咨询团队根据项目情况编制造价咨询管理方案,制定符合工程情况的造价控制的管理措施及实施流程;协助建设单位确定造价的控制目标,监督工程概算执行情况;本工程以相关部门审批确认后的初步设计概算投资额作为最高投资控制限额,本工程投资概算为14 456万元。

(2)在方案设计阶段,通过对设计方案进行估算,发现设计方案经估算已超出经审批确认后的投资概算额,为此根据以往经验,向EPC工程总承包单位提出调整设计方案的建议,从设计阶段即开始进行成本控制工作;跟踪审计团队在审阅设计方案时发现园路的钢筋采用双层双向直径20 mm三级螺纹钢,混凝土采用200 mm厚C30商品混凝土,根据计算结果及以往经验,跟踪审计团队向设计方提出了减少钢筋配筋、混凝土厚度等建议,经向设计方解释及出具前后计算结果,设计方采纳了建议;由于涉及工程量比较大,采用该项建议后减少了30%以上的造价。

(3)根据建设单位委托,依据施工承包合同、进度计划等相关资料,编制年度用款计划书、月度资金使用计划,为建设单位拨付项目建设资金提供依据。

(4)参与设计交底、定期监理例会和造价控制有关的工程会议,并做好相关记录,对有可能涉及造价变更的条款进行重点标注。

(5)现场跟踪审计驻场人员在项目进行过程中及时跟进,监督和鉴证施工单位进场前的标高测量、主要隐蔽工程、分部分项工程验收和单项工程竣工验收等,并做好相关记录和资料收集。对已完合格的分部分项工程量记录在工程现场踏勘情况记录表中,并交由参与各方审核确认签字盖章、留档,作为计算进度款及日后结算的依据。

(6)跟踪审计人员通过“360安全云盘”软件的使用,将项目与造价相关信息与资料上传至“360安全云盘”共享,通过会员名与密码的控制,向特定人开放。

(7)根据EPC施工总承包合同、记录经各方签证认可已完合格工程量的现场踏勘情况记录表、工程相关资料等,对施工单位报送的每月(期)完成进度款月报表进行审核,提出当月(期)付款建议书并签署书面意见。

(8)对施工单位上报的工程联系单与签证,依据EPC总承包合同、政策文件等相关资料审核工程变更是否合理、必要,检查上报的变更与签证的资料是否齐全、签证手续是否及时和完整,严格把好变更签证的审核关,对未经过建设单位、代建、监理方签字认可的内容不予以计算。

(9)实际需要发生工程变更时,事前对变更涉及内容进行工程计价并提供咨询意见,事后参加工程变更的现场签证,及时审核费用,相应调整造价控制目标,并以成本月报形式向建设单位提供造价控制动态分析报告。

(10)提供与造价控制相关的人工、材料、设备等造价信息和政策方面的服务,对无价材料、设备的价格先进行市场调研,多方了解后提供跟踪审计方的建议,会同建设单位、施工单位三方一起进行市场询价并签署意见。

(11)参与隐蔽工程勘察、留证,跟踪审计人员对已完工程通过拍照、摄像等方式留下影像资料,对主要材料样品进行封存及记录。

(12)在跟踪审计过程中,审核主要施工单位内部管理情况;审核是否严格按照批准的设计施工,施工工艺是否安全可靠,有无擅自改变施工方法,材料、设备进场和使用前,是否经过严格的检验检测程序,主要材料是否符合设计要求。

(13)审核主要经济合同的执行情况,当承发包方提出索赔时,依据合同和有关法律、法规,提出审计意见、建议并在相关表格上签署意见。

(14)根据建设单位委托核定分阶段完工的分部工程结算,督促建设单位及时办理单项工程竣工结算,整理完整的单项工程竣工结算资料,会同建设单位办理工程竣工结算,提供完整的结算报告及各项费用汇总表。

(15)对建设过程中发生的重大设计缺陷和施工质量问题做好相关记录,做好相关资料的保存归档工作。

(16)由于本工程为 EPC 总承包工程,与传统先出设计施工图,再根据咨询公司编制的清单进行招标投标,最后确定中标施工单位的方式不同。EPC 项目是在仅一个概念方案的情况下即进行招标投标确定 EPC 工程总承包单位,合同价除设计费与其他费为固定价不再调整外,建筑安装工程与设备购置费为暂估价,后期待施工图完成并确认后需要施工方编制预算,跟踪审计方进行预算审核,但经批准的投资概算不能突破。这需要施工方有较强的成本控制水平,如发现超过概算的情况,即通过设计优化等方式进行调整,从而达到不突破成本控制目标投资概算的目的。也对跟踪审计方提出了较高的要求——熟悉施工总承包合同,熟悉《建设工程工程量清单计价规范》,以及省、市建设行政主管部门有关工程计价、结算的政策文件规定,能根据自身的技术水平与经验提出相应的成本控制建议。浙江广川工程项目管理有限公司针对此项目专门派出了造价方面的专家全程跟踪出谋划策,在项目实施过程中不断地提出降低成本、设计优化的建议,成本控制在预定目标内。

## 15.4　咨询服务的实践成效

本工程实行的全过程工程咨询服务,服务的内容包括建设工程管理、监理与跟踪审计。项目推进过程中,强调事前预控,加强过程监督与控制,做好事后总结纠偏,不断改进。

本工程的建设工程管理专业团队在项目开始前即开始了解进而熟悉各办事流程及相关职能部门,过程中也得到了建设单位、其他职能部门的大力协助,前期报批报建的进展情况未影响到工程施工进度。

监理专业团队按照国家相关监理规范、质量、安全生产相关管理条例,监管到位,监理工作得到了建设单位的一致好评。

跟踪审计专业团队在方案设计介入成本控制工作,在设计确定造价的关键时期提出优化设计、控制成本的建议,并通过设计阶段对图纸审查,避免错漏等缺陷,减少后期修改内容,有效控制联系单、签证的数量及费用。通过对无价材料及设备的市场调查,了解相关无价材料、设备的品牌、市场供应情况以及市场价格等情况,为建设单位选择无价材料、设备的品牌提供一个选择的建议,通过跟踪审计全体专业人员的努力,目前项目进展顺利,成本控制在预定分解目标指标内。

## 15.5 案例小结

全过程工程咨询服务作为目前国家大力提倡的服务模式,通过全过程工程咨询人员专业、细致的服务,为建设单位提供从报批报建、建设工程管理、监理、造价等全方位全过程的服务,如何找到项目质量、进度、投资、合同、信息及安全文明的控制点,是管理项目成功的关键点。

本项目从施工至今克服了前期各方协调、设计方案确认、高考中考期间停工、台风汛期、交通疏导等困难,已根据建设方要求交付。项目交付至今经受住了区委区政府、杭州市各级领导、老干部考察团等的现场考察,对项目实施质量及设计成效评价颇高。

### 15.5.1 项目实施中的难点及解决措施

#### 15.5.1.1 实施中的难点

实施过程中也存在着不少问题,着重体现在以下几点:

(1)招标投标时采用的设计方案在审批环节被几乎全盘推翻,因而造成前期项目推进不顺利,较长时间停留在等待方案确定与施工图的提供。

(2)EPC 总承包本意是设计牵头,更易于项目协调,但事实上总承包单位还未真正适应 EPC 总承包的运用模式,设计与施工两张皮,铁路警察各管一段,设计总想把所有设计方案完成得到确认后才进入下一步施工图设计阶段,而施工单位催图无用,只得先实施平整场地、地下障碍物处理等工作。

(3)项目涉及无价材料占比多、市场材料价格相差甚大,尤其是地雕、铜雕等大型艺术创作型材料价格比较难定。

(4)项目地处富春江边,施工前当地市民经常来此钓鱼、游泳、喝茶等,施工过程中不时有市民翻越围墙下江游泳或垂钓。

#### 15.5.1.2 解决方法

(1)根据建设单位交付时间要求提议分段分区块作出设计方案,提请设计单位积极与建设单位沟通设计理念,并按建设单位修改意见及时调整设计方案,对已确认的设计方案尽快作出施工图,并交施工单位按施工图施工。

(2)项目开始前根据项目特点制定了询价及变更管理办法并报建设单位备案,本项目的询价、定价根据建设单位相关部门规定以及当地政府文件办法规定程序公平公开进行,目前相关的无价材料的定价正在进行中。

(3)针对项目周边环境情况,特向相关部门申请保安队伍管理项目实施区段,保安 24 h 不间断值班与巡视,及时疏导交通,严守各出入口,避免闲杂人员进入工地现场。

### 15.5.2 项目实施的改进建议

(1)工作应更加主动,分析建设单位对项目的需求,提供积极的建议和意见,让设计方案尽早得到各方确认,从而迅速让项目推进。

(2)建立供应商信息库、材料价格信息库、技术经济指标库,为迅速估算EPC项目变更费用提供信息,为成本控制打下基础。

(3)平时即应熟悉当地政府出台的相关文件,厘清前期报批报建相关程序、手续及所需资料。

(4)监理工作日常应做到"腿勤、脑勤、手勤",按施工面划分责任到人,对各自负责的施工段时时跟踪监理;施工遇上问题不能逃避,而是应迎难而上、积极思考解决之法,问题的解决绝不能因循守旧、机械执行,坚持一切从实际出发,不唯书、不唯上,克服凭经验办事、按条文决策的做法;对施工现场出现的变更签证要在实施前进行影像资料留存,做到有理有据。真正做到"说一句、算一句,句句算数;干一件、成一件,件件落实"。

# 学习情境16 松古平原水系综合治理工程

## 16.1 项目概况

松阳水网——松古平原水系综合治理工程,建设地点位于松阳县松古平原,工程通过水系连通、中小流域治理和生态修复、城区防洪排涝、水利信息化等工程措施,力争打造集防洪保安、资源配置、幸福河湖和智慧水利于一体的“松阳水网”。是进一步落实习近平总书记“十六字”治水思路,优化水资源配置,提升城乡防洪排涝标准,创建美丽幸福河湖,保障人民生命和财产安全,推动区域高质量发展,助推共同富裕的重大民生工程。

本工程经松阳县发改局批复的可研估算投资总额为28.66亿元,其中工程部分投资20.77亿元,专项部分投资3.63亿元,征地移民拆迁投资2.35亿元,融资利息1.91亿元,主要投资资金除各级财政投入外,不足部分引入社会资本参与项目投资、建设和运营。

工程主要的建设内容包括水系连通工程、中小河道治理及生态修复工程以及城区防洪排涝工程三部分,主要建筑物如下:

(1)水系连通工程主要建设内容为新建隧洞13.3 km,新建压力管道21.83 km,改建隧洞12.4 km,新建消能电站1座;电站装机容量2×0.8 MW,额定流量4.5 $m^3/s$,发电尾水位265 m。

(2)防洪排涝工程分为城北和城南两大区块,主要建设内容为新建分洪隧洞9 km,分洪渠道0.9 km,截洪沟渠2.2 km,扩建桐溪水库1座(新增蓄洪库容80万 $m^3$),新建小西湖泵站1座(设计流量10 $m^3/s$),新建黄坑源挡洪排涝闸泵站1座(设计流量5 $m^3/s$),新建小路源挡洪闸1座。

(3)中小流域治理及生态修复工程主要治理松阴溪干流及其16条支流,河道治理长度78 km,新建堤防57 km,加固堤防15 km,新建分洪箱涵1.55 km,改造力溪湖、泉庄湖湖泊2处,共0.1 $km^2$。

## 16.2 咨询服务范围及项目组织机构

### 16.2.1 咨询服务范围

松古平原水系综合治理工程全过程服务主要包括综合性咨询和专项咨询。

#### 16.2.1.1 综合性咨询

(1)项目策划。协助委托方开展初期项目建设必要性分析,拟定项目建设目标、组织模式、进度计划等。建立项目咨询管理制度体系,明确工程推进各项工作的主要任务和难点,依法依规制定解决措施,对资金、招标(采购)、项目报建报批、合同、进度、质量等进行管理咨询,供委托方参考使用。

(2)项目前期报建报批管理。在可行性研究至初步设计阶段,协助委托方开展各专项成果的咨询、审查和复核,协助完成项目报批报建的备案、审批工作,协助开展项目选址、建设用地、用电许可、水土保持、环境影响评价、工程征地等工作。

(3)合同管理。协助策划合同总体结构,拟定合同文件,参与合同文件的评审。协助开展合同谈判、合同签订、合同终止管理,参与合同变更处理、合同纠纷与索赔及其他合同重大问题的技术咨询。检查各参建单位合同履约情况,编制合同管理总结报告。

(4)进度管理。协助分析和论证项目总进度,编制项目总控制性进度计划,审核各阶段、各参建单位的总进度计划、阶段性进度计划,检查项目计划执行情况。分析进度偏差影响,帮助委托方调整和优化总控计划;协助开展工程停复工、工期变更等工作。

(5)安全管理。协助制定安全管理目标。检查各参建单位建立安全生产责任制、督促各参建单位建立健全安全管理体系,开展建设期安全生产检查。开展安全隐患排查和安全事故的调查与处理。检查各参建单位度汛措施落实情况。

(6)质量管理。协助委托方建立质量管理体系,审查各参建单位资质,组织评审各专项成果报告,并提出评估、优化、深化意见。督促质量缺陷和质量事故处理,提出合理化建议和意见。

(7)投资管理。协助委托方审查项目投资估算、设计概算,审查施工图预算、工程量清单及最高投标限价。编制项目资金使用计划并动态控制、调整,开展工程计量审查,协助合同价款支付、设计变更管理、概算调整等工作,协调各参建单位编制完工结算报告,配合做好竣工决算审计工作。

(8)信息管理。督促各方建立信息分类和识别体系。检查各参建单位档案资料整理和移交工作,督促各方做好工程信息化管理平台填报工作,配合完成档案验收。

(9)风险管理。督促各方编制风险管理方案,提出风险管理的对策与建议。

(10)勘察设计与技术管理。建立勘察设计与技术管理制度;协助确定设计需求与功能需求,监督管理工程勘察设计进度、质量和投资,控制工程变更;重点把控与工程质量、安全和投资有关的技术方案,确保经济适用、安全可靠、方便实施。

#### 16.2.1.2　专项咨询

(1)专题报告。完成水土保持方案、环境影响评价、社会稳定风险评估(征地社会风险稳定评估另册)等编制,并通过上级主管部门审查,出具最终报告。

(2)评估咨询。完成施工图设计审查及优化咨询,评估结果符合国家强制文件规定,包括但不限于以下方面:

①建筑物的稳定性、安全性审查,包括基础和结构体系的安全性、可靠性。

②是否符合防洪、结构安全、环保、抗震、防火、卫生、人防等有关强制性标准规定。

③是否符合初步设计批准文件,是否按照经批准的初步设计文件进行施工图设计,施工图是否达到规定的深度要求,施工图是否具有可操作性。

④是否损害公众利益及其他相关方利益。

⑤勘察设计企业和注册执业人员以及相关人员是否按规定在施工图上加盖相应的图章和签字。

(3)招标(采购)。本项目后续涉及工程建设的所有或部分招标代理工作[投资人(或投资人+EPC或投资人+施工总承包)招标、货物招标、服务招标]。

(4)工程造价。施工期工程造价控制服务。

①招标控制价及清单编制、施工图预算编制。

②制定造价控制的实施流程,确定造价控制目标。

③根据工程合同、进度计划,编制用款计划书。

④参与造价控制有关的工程会议。

⑤负责对承包人报送的每月(期)完成进度款月报表进行审核,并提出当月(期)付款建议书。

⑥承发包方提出索赔时,依据合同和有关法律、法规,提供咨询意见。

⑦协助委托人及时审核因设计变更、现场签证等发生的费用,相应调整造价控制目标,并向委托人提供造价控制动态分析报告。

⑧核定分阶段完工的分部工程结算。

⑨会同委托人办理工程完工结算,提供完整的结算报告及各项费用汇总表。

⑩提供与造价控制相关的人工、材料、设备等造价信息和其他咨询服务。

(5)工程监理。包括施工监理、设备监造监理、水土保持监理、环保监理,其中工程施工监理主要包括施工准备阶段、施工阶段全过程监理、工程缺陷责任期监理以及工程结算审核。具体监理工作按《水利工程施工监理规范》(SL 288—2014)和《水利水电建设工程验收规程》(SL 223—2008)组织实施。

(6)其他相关工作。包括水土保持监测及专项设施验收服务、施工期环境监测服务及环保验收服务、融资咨询服务、智慧工地系统实施方案编制、档案验收服务、法务咨询。

### 16.2.2 项目组织机构

项目业主和浙江广川工程项目管理有限公司共同组建"松古平原水系综合治理工程全过程工程咨询项目管理部",包括咨询服务部、生产技术部、技术经营部、综合服务部和工程监理部(由浙江广川工程项目管理有限公司组建并负责实施)等5个部门,下设工程设计、招标采购、建设管理、环境保护、工程造价、特许经营和其他咨询组。

项目部实行项目总负责人负责制,为本项目质量、进度、安全、合同、信息等项目综合性管理和专项咨询第一责任人,项目部各专业负责人对本专业的质量负直接责任。

#### 16.2.2.1 部门设置

1. 咨询服务部

组织落实本工程全过程工程咨询的具体工作,负责工程管理、工程监理、施工图审查及设计管理、特许经营策划、施工期全过程造价控制、采购咨询等专业的分工和协调、生产进度安排等。项目咨询组按专业需求进行组建,下设工程管理、工程监理等多个全过程工程咨询相关专业,每个专业组设立一名专业负责人,负责各专业的技术、质量、进度控制等工作,并及时将本专业成果提交给专业负责人,专业负责人有问题及时反馈给项目负责人。

2. 生产技术部

(1)按照基本建设程序和批准的建设内容,编制工程建设计划,监督、指导和协调参建各方做好工程建设。

(2)负责工程设计审查、技术交底、施工组织设计、度汛方案、工程计量、工程验收等技术管理工作。

(3)贯彻执行国家、地方和单位有关职业健康及质量安全的政策法规标准,监督、指导和协调参建各方做好工程质量安全工作。

(4)负责质量安全监督、质量安全管理制度、质量检测与评定、质量安全培训教育、应急预案、质量安全事故等工作。

(5)负责落实单位ISO质量安全管理体系,对工程质量进行检查、监督、控制,确保工程质量满足规范和设计要求。

(6)完成项目部和项目负责人交办的其他工作。

3. 技术经营部

(1)负责对外经营管理联系,承担前期工作联系、合同管理、后期回访等经营性工作。

(2)组织编制年度工程建设资金计划,并负责监督检查。

(3)参与工程招标采购,建立合同台账和结算台账,负责监督、检查合同管理和执行情况。

(4)监督指导征地拆迁、移民和农民工工资保障等工作。

(5)完成项目部和项目负责人交办的其他工作。

4. 综合服务部

(1)负责项目部人力物力资源配置(含设备采购、物资供给)。

(2)负责项目部考勤、后勤、安全保卫、办公和生活用品等日常管理工作。

(3)负责项目部会议记录、文件收发、上传下达、信息简报和印章管理等工作。

(4)负责项目档案资料收集、整理、保管和归档等管理工作。

(5)完成项目部和项目负责人交办的其他工作。

5. 工程监理部

由浙江广川工程项目管理有限公司负责组建,并负责工程建设监理工作,具体职责详见《监理规划》和《监理实施细则》。

#### 16.2.2.2　岗位职责

1. 项目负责人

"松古平原水系综合治理工程全过程工程咨询项目管理部"实行项目负责制,由项目负责人负责,其主职责有:

(1)全权代表单位与项目法人进行沟通联系,在合同条款和项目法人授权范围内,全面负责本项目咨询管理,实现约定的工程投资、进度、质量、安全、行为及其他控制目标。

(2)组织制定、完善项目咨询工作大纲,负责组织实施项目策划、建设管理和专项咨询等工作,定期召开项目咨询管理工作会议,落实项目法人要求,进行管理评审。

(3)组建项目管理部,负责项目部资源配置、岗位设置、管理制度、日常事务等工作。

(4)指导各专业负责人的工作,批准各类工作计划以及纠正预防措施,并监督其实施。

(5)制订项目的工作任务、目标、范围、实施原则和质量实施计划。

(6)协调项目实施过程中与协作单位之间的工作关系,批准各专业技术负责人提交的对设计、施工、监理等单位有关文件的批复文件。

(7)协助项目法人进行工程承建合同签订工作。

(8)制订施工总体规划,审批经监理审查的施工单位提交的施工组织设计、施工技术方案等。

(9)开展并督促监理单位实施施工安全文明监督,审查设计、监理、施工等参建单位的安全文明施工体系和措施,并负责检查、督促落实执行,确保安全文明施工。

(10)处理建设过程中出现的严重不合格问题,复核各方提出的各重大变更。

(11)参与工程索赔调查和谈判,并提出处理意见。

(12)督促参建单位编写阶段验收报告,起草工程建设管理工作报告,参加阶段验收,并向项目法人移交工程建设档案资料。

(13)负责组织项目工作总结、回访工作,完成单位和项目法人交办的其他工作。

2. 项目管理负责人

项目管理负责人为项目部主要成员,对本工程施工阶段的建设管理负责,其主职责有:

(1)按照总工期的要求,制订分阶段进度计划,监督检查落实进度实施情况,制定实施细则。

(2)负责组织各参建单位建立其相应的进度控制目标和控制体系。

(3)负责复核各施工单位的施工组织设计和施工进度的保证体系,并进行监督管理。

(4)按计划进度进行动态管理,发现进度滞后,采取相应的措施,及时分析调整工程进度,确保总工期目标。

(5)协调各参建单位、配套单位及设备材料供应单位的施工搭接,组织有序的交叉施工。

(6)根据现行建设工程管理条例和规范,严格监督检查工程质量,及时汇报重大质量问题。

(7)协助项目法人办理工程质量监督的申报、备案等手续,根据本工程的特点对本工程进行项目划分。

(8)负责对施工组织设计和专项施工方案审批,组织工程质量评定验收工作。

(9)负责办理工程安全监督的申报等手续,严格监督检查各参建单位安全生产情况,及时汇报重大安全事故隐患。

(10)明确参建各方职责权限范围,做好沟通协调工作。

(11)参与工作验收和工作总结,完成单位和项目负责人交办的其他工作。

3. 综合管理人员

综合管理人员为项目部主要成员,由项目负责人直接领导,参与项目日常管理,主要职责有:

(1)遵守国家法律法规、强制性标准、单位和项目部规章制度。

(2)服从单位调配和项目安排,积极配合项目负责人做好项目本职工作。

(3)熟悉项目情况,认真履行岗位职责,对所承担工作的真实性、有效性、完整性和正确性负责。

(4)满足项目进度、质量、安全等要求,按计划提交本职工作成果,对所提交的成果质量负责。主要工作有:编制工程控制性进度计划、检查指导工程质量、编写安全监督工作细则、审核工程费用、做好工程信息文件及报表等。

(5)认真学习规程规范、技术标准、强制性条文,及时做好技术总结,不断提高业务水平。

(6)积极参加项目部各项活动,遵守项目部和参建各方的环境、职业健康与安全生产规定。

(7)完成单位与项目负责人交办的其他工作。

4. 总监理工程师

总监理工程师为项目部主要成员,由浙江广川工程项目管理有限公司派出,全面负责工程施工监理工作,其主要职责由《监理规划》予以明确。

5. 专业负责人

专业负责人为项目部主要成员,负责相关专业咨询服务的工作安排和成果质量控制,产品质量上对单位和项目法人负责,工作任务上对项目负责人负责,主要职责有:

(1)按照单位质量管理体系的要求,建立并运行专业咨询成果质量管理体系。

(2)负责与单位质量管理部门和项目负责人沟通,确保任务获得,任务要求明确,并通过公司三级校审制度,保证成果质量,然后移交项目负责人审核。

(3)根据项目负责人的工作要求组织专业工程师开展工作,组织技术难题攻关,确保按时完成各项工作任务。

(4)负责对咨询专业工作人员进行绩效考核、技能培训工作,检查监督工作任务进展,并根据工程项目的进展情况进行人员调配。

(5)审核专业咨询组为完成特殊工作任务编制的工作计划。

(6)完成单位或项目负责人交办的其他工作。

## 16.3　咨询服务的过程

### 16.3.1　项目前期策划

本项目为特许经营项目,在项目前期阶段,对项目投资规模、总体建设方案和估算进行了总体审核和评价。在项目招标投标阶段,项目咨询组协助委托人完成了投资人联合体招标文件的编制,包括起草投资人协议范本、股东协议范本、特许经营协议范本以及特许经营项目的总体实施方案,确定由联合体单位对本项目进行投融资、建设(包括设计、采购、施工)和运营。

### 16.3.2　项目投资管理

本项目全过程咨询服务内容中专项咨询包括了施工图审查和施工期的造价全过程控制。相比一般咨询项目对工程造价的管理,本项目实施了三重控制管理措施:首先在施工图出图前，采取施工图审查和初步设计概算做对比，控制施工图设计内容不超初步设计图纸；其次，在施工图完成后，通过施工图预算把关；最后，在项目实施阶段，通过项目管理组现场控制和造价部门的过程跟踪审计，尽量减少设计变更和签证，如发现个别分部工程预算超过概算，在其他分部工程施工图审查和预算编制时，提前做好动态调整。通过以上环节的造价全过程控制，有效地确保了项目总体造价不突破工程批复的设计总概算造价。投资控制基本流程如图 16-1 所示。

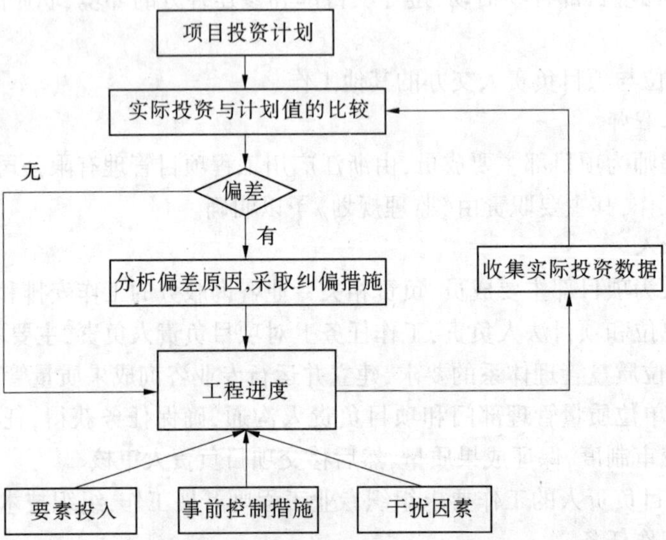


**图 16-1　项目投资控制基本流程**

## 16. 3. 3　项目进度管理

本项目合同工期要求：本工程计划开工时间为 2022 年 7 月，计划完工日期为 2025 年 12 月。根据项目合同工期要求及工程实际情况，咨询项目部制定了加快工程推进的几项措施。项目进度计划见表 16-1。

**表 16-1　松古平原水系综合治理工程总进度规划**

| 规划分期 | 时序安排 | 完成内容 | 完成投资额（亿元） | 资金筹措 |
|---|---|---|---|---|
| 筹备期 | 2021 年 1 月～2022 年 7 月 | 完成前期审批、工程招标投标、土地/林地审批等 | 0. 6 | 县财政投入 |
| 建设一期 | 2022 年 7 月～2025 年 12 月 | 完成水系连通工程建设 | 10 | 上级补助+引入社会资本 |
| 建设二期 | 2022 年 7 月～2025 年 12 月 | 完成中小河湖治理及生态修复工程建设 | 8 | |
| 建设三期 | 2023 年 1 月～2025 年 12 月 | 完成分蓄洪排涝工程建设 | 10 | |
| | | 合计投资 | 28. 6 | — |

(1)为了加快项目推进,本项目在初步设计阶段,将整体项目划分为三期实施,让设计工作形成流水作业,同时,本工程引进了省内水利行业两大设计单位的龙头企业,增加了设计力量,有效地推动了工程的开工。

(2)在项目开工前,协助建设单位完成项目拆迁和征地工作,核实拆迁和征地调查摸底结果,核实实际拆迁量等。同步完成项目环评报告和水保方案报告。编制项目建设全过程工程咨询管理前期工作计划、设计和施工阶段进度控制计划。办理设备、材料的招标工作,建设管理单位与招标代理协调,起草招标文件,上报建设单位批准,在招标工作完成后,签订材料采购等合同。办理建设工程施工许可证、工程质量、安全监督备案。在实施前期工作管理中,采用制定工作计划表,落实责任单位和进度目标要求。项目建设前期工作计划表(样表)见表 16-2。

**表 16-2　项目建设前期工作计划表(样表)**

| 项目名称 | 投资额 | 年度目标 | 初步设计 | | 施工图设计 | | 施工准备 | | |
|---|---|---|---|---|---|---|---|---|---|
| | | | 进度要求 | 负责单位及负责人 | 进度要求 | 负责单位及负责人 | 施工单位及队伍确定 | 政策处理及临时工程 | 技术资料准备情况 |
| | | | | | | | | | |

(3)项目开工后,由总监办主持召开周进度例会、项目管理部主持召开影响工程推进的各项专题会议,分析总结相关问题,采取各个击破的战略措施,取得了很好的效果,有效地保证了项目的整体推进。

(4)结合本工程建设面广、线长、点多的特点,并且设计、政策处理、施工作业同步开展,为保障各项工程顺利开展及打通各参建单位的沟通协调障碍,在实施项目管理过程中,成立了各个专业工作小组,比如政策处理小组、临时征地小组、设计管理小组、进度小组等,小组成员为各参建单位对应专业管理人员。通过成立工作小组管理制度,大大提高了各环节的工作效率,推进了项目的有效运行。

(5)严格执行进度监测和偏差调整流程控制管理。为确保工程进度按计划实施,项目管理组编制了进度管理流程图,动态监控工程形象进度,及时要求施工单位调整进度计划,讨论赶工措施。项目进度动态管控流程如图 16-2 所示。

### 16.3.4　项目质量管理

为确保项目按政府批准的项目内容、标准要求和设计文件建设完成,保证质量符合国家有关工程建设规范、标准和要求,项目建设全过程工程咨询管理单位将从总体上构建参建各方(项目公司、设计、监理、施工、材料供应商等)在内的工程质量保证体系,明确各方在各建设阶段的质量职责和义务,并建立健全本项目的质量管理体系,明确项目全过程工程咨询管理人员的岗位职责,由项目全过程工程咨询管理人员负责在各建设阶段督促、检查各方及其人员对其职责和义务的履行。

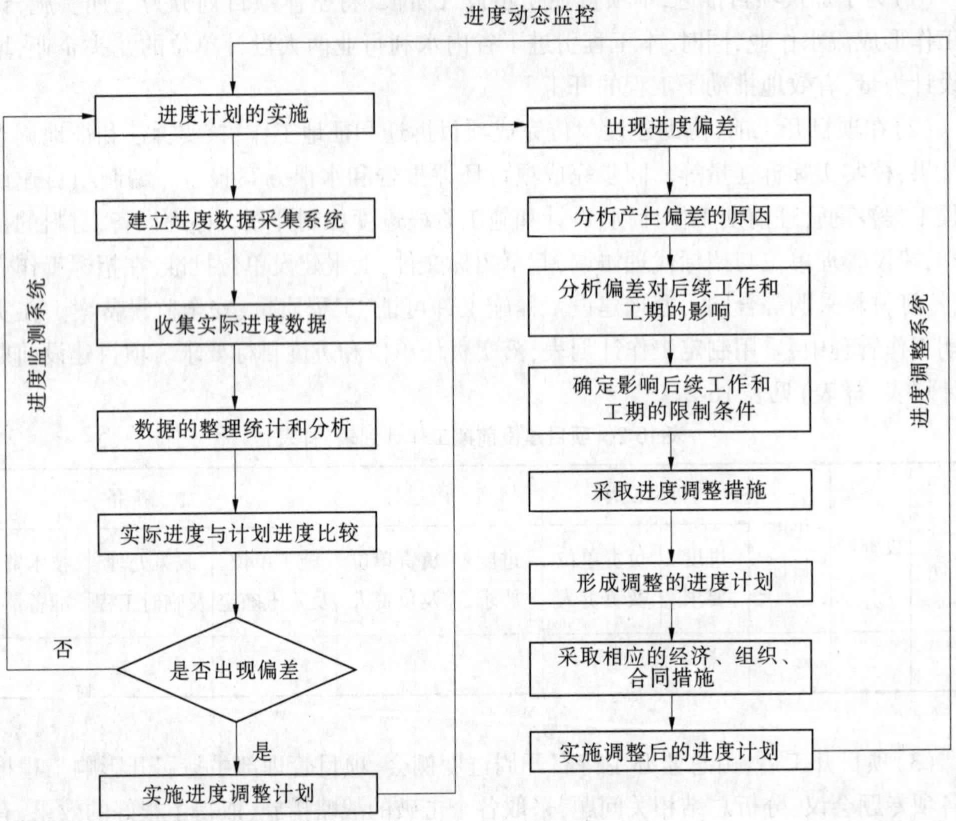


图 16-2 项目进度动态管控流程

(1)质量管理体系框架。质量管理体系框架如图 16-3 所示。

(2)根据项目质量管理目标、质量指标、质量要求、项目创优计划,制订项目质量管理计划。根据项目各个管理阶段,制订设计阶段、施工阶段及完工验收和保修阶段的质量控制管理计划。

(3)制定项目质量管理组织措施、技术措施、合同措施、经济措施和信息协调沟通管理措施。

## 16.3.5 项目安全和文明施工管理

(1)在投资人招标策划及合同签订阶段,将安全生产管理体系、安全生产管理制度和施工中安全技术措施以及安全生产组织机构作为评标标准,并明确本项目安全生产管理目标和文明标准化创建目标。

(2)在施工管理阶段,总咨询师、生产和质量副经理、安全监督员、安全员、各专业工长、作业工人必须按照各自的安全技术管理职责,进行层层安全意识教育和安全技术交底。实行安全工作纵向到底,横向到边,责任到人,目标到岗,专兼职检查结合,杜绝重大事故发生。

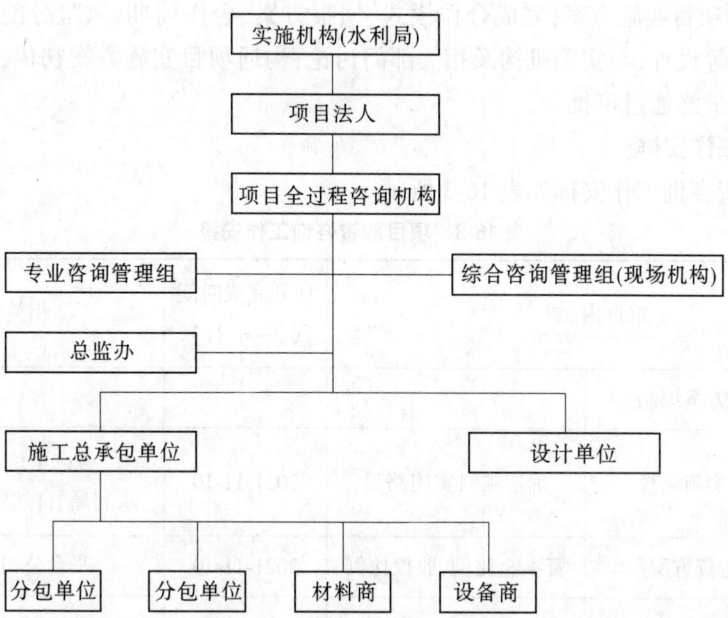


图 16-3　质量管理体系框架

(3)结合三峡环保集团安全管理制度,全面实施了施工作业面开工报审和网格员管理制度,做到事前和事中的全过程安全管理。

(4)全面落实安全生产管理的各项法律法规、行业规范要求,从人、机、料、法、环各个环节进行把控。

## 16.3.6　项目融资咨询

### 16.3.6.1　工作内容和工作思路

(1)项目进场、调研与准备工作。组织尽职调查,收集项目资料,全面了解项目情况,组织相关部门和单位进行类似项目的调研活动。

分析复核投资范围、相关技术、经济等资料,包括政府前期工作手续,立项、可研报告、设计资料、价格政策文件等;与政府有关部门、相关单位进行沟通访谈,调研与协商相关部门的思路和设想。

(2)财务测算。在静态数据测算的基础上,进一步结合项目的投资建设时序和指标交易时序,进行财务数据的收集、整理,相关财务假设条件的选定,财务模型的搭建,编制项目财务测算报告,进行项目财务分析,以供最终投融资关键指标测算,协助实施机构对项目的商务条件进行梳理,协助通过财务边界确认财务指标。

(3)运作模式比选。结合业主方和投资方的意愿,以及项目主要条件,分析比选项目的运作模式。根据选定的项目运作模式,设计项目结构和协议结构,本项目的运作架构复杂,对各个运作节点均需深入分析。

(4)编制项目实施方案,完成合作模式、回报方案、合作周期、风险分配机制、交易结构、合同框架等设计,与实施机构及相关部门讨论,沟通项目实施方案初稿,并进行修改,经甲方审核,最终通过审批。

#### 16.3.6.2 工作安排

项目融资咨询工作安排如表 16-3 所示。

表 16-3 项目融资咨询工作安排

| 重点内容 | | | 计划完成时间(年-月-日) | 相关单位 |
|---|---|---|---|---|
| 一 | 实施方案编制 | | | |
| 1 | 项目实施路径 | 确定项目实施路径 | 2021-11-10 | 咨询单位、财政局、水利局、自然资源和规划局 |
| 2 | 投融资方案 | 资本金比例、股权比例 | 2021-11-10 | 平台公司、财政局 |
| 3 | 土地整治实施路径 | 明确土地整治实施路径 | 2021-11-11 | 平台公司、自然资源和规划局、财政局、咨询单位 |
| 4 | 近期松阳县土地指标交易合同 | 明确土地指标交易单价 | 2021-11-11 | 自然资源和规划局、财政局、咨询单位 |
| 5 | 专项资金管理办法 | | 2021-11-12 | 财政局、咨询单位 |
| 6 | 关于土地指标交易收入使用的决定 | | 2021-11-12 | 县政府、财政局、咨询单位 |
| 7 | 资金平衡方案 | 财务测算 | 2021-11-12 | 水利局、自然资源和规划局、财政局、咨询单位 |
| 8 | 绩效考核设定 | | 2021-11-12 | 咨询单位、水利局、运维单位 |
| 9 | 完成实施方案 | 实施方案初稿 | 2021-11-17 | 咨询单位 |
| 二 | 政府批复实施方案 | | | |
| 1 | 政府实施方案评审 | | 2021-11-18 | 咨询单位、政府机构 |
| 2 | 实施方案定稿 | | 2021-11-23 | 咨询单位 |
| 3 | 政府实施方案批复 | | 2021-11-26 | 咨询单位、政府机构 |

### 16.3.7　社会风险评估

#### 16.3.7.1　工作思路

(1)以项目敏感点研究分析为主,通过社会问卷调查,对合法性、合规性、合理性、可行性和可控性等方面进行评估。

(2)通过与业主单位对接、相关职能部门专题分析会、各村委和普通民众入户问卷等形式开展工作。

(3)问卷及意见收集并对决策可能引发的各种风险进行科学预测、综合研判,最终形成风险评估报告。

#### 16.3.7.2　工作计划安排

工作计划安排如表 16-4 所示。

表 16-4　社会风险评估工作安排

| 时间节点 | 工作要点 | 参与方 |
| --- | --- | --- |
| 9 月 3~5 日 | 制订评估工作方案和准备工作 | 评估公司 |
| 9 月 6~8 日 | 专题分析会征求意见 | 业主和评估公司 |
| 9 月 9~24 日 | 各村委和民众入户调查走访 | 业主和评估公司 |
| 9 月 25~27 日 | 问卷调查回收、整理 | 评估公司 |
| 9 月 28~29 日 | 论证、编写形成评估报告 | 评估公司 |
| 9 月 30 日 | 项目评估报告评审和修改 | 业主和评估公司 |

## 16.4　创新管理内容

松阳水网骨干工程与自来水厂、全域土地整理、四都流域农田生态修复和提升等项目联合打包,组成水环境综合治理“项目包”,统一运作,“项目包”总投资 63 亿元,其中水网投资 30 亿元。本工程创设净水交易和耕地占补平衡指标交易两大特许经营权,即通过运营期产生的净水费、土地指标交易费等收益作为投资回报,吸引社会资本参与水网建设。经公开招标,引入三峡集团、中电建华东院、中铁十五局、中电建港航等央企组建的联合体参与项目投资、建设及运营。特许经营期 25 年(含建设期 5 年,运营期 20 年)。特许经营项目总体运作如图 16-4 所示。

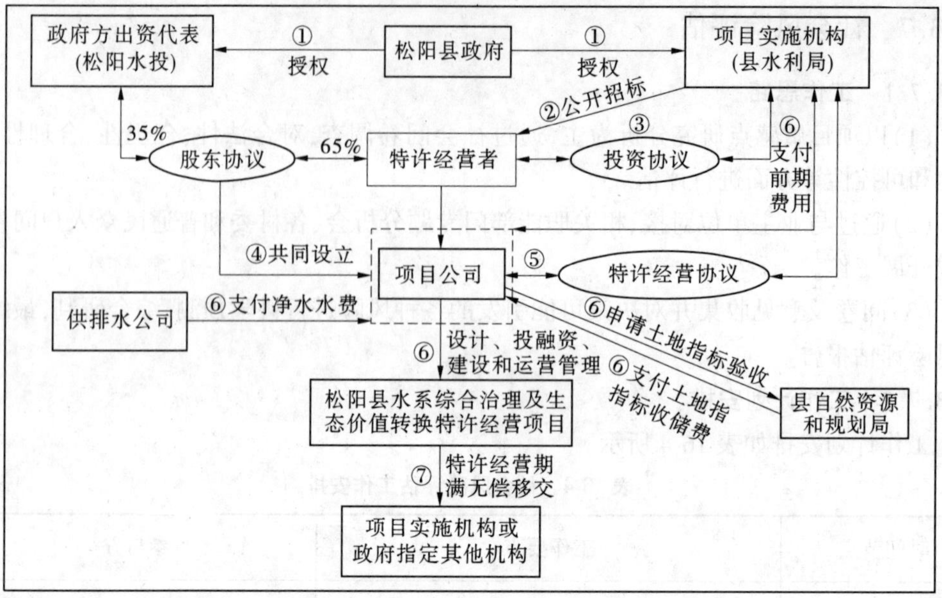


**图 16-4　特许经营项目总体运作**

# 16.5　咨询服务的成效与实践

## 16.5.1　报批报建管理成效

本工程采用全过程咨询模式,突破了原有工程管理上的众多服务单位、机构平行工作自行其是,相互形成信息孤岛,难以形成合力甚至效果相互抵消的现象。在全过程咨询项目部的协调下,前期设计、土地报批、各个专题工作单位协调一致,形成合力,将前期报批报建的进度大大加快。

## 16.5.2　招标采购管理成效

根据《招标投标法实施条例》第九条规定,“已通过招标方式选定的特许经营项目投资人依法能够自行建设、生产或者提供”,可以不进行招标。依照上述国家法规、国家政策的规定,本项目采用了基础设施特许经营模式,一次性招标引入了社会资本方联合体,承担起本项目的投融资、设计、施工任务,缩短了前期招标周期,且施工单位能够提前介入项目前期工作,充分做好准备。

## 16.5.3　设计管理成效

本项目点多面广,工程遍布松阳整个县域,且工期要求紧,设计工作任务大。为了确保设计质量及进度,引入了华东地区两家实力强劲的水利行业设计单位,共同承担设计任务。浙江广川工程咨询有限公司作为全过程咨询单位,充分发挥设计管理职能。在一期初设阶段,提前发现工程内容中的一座小电站存在占用生态红线问题。在浙江广川工程项目管理有限公司与环保部门提前沟通下,要求设计单位将水电站位置进行调整,移出生态红线范围,提前规避了环保风险,避免了工程前期进度受影响。

# 参考文献

[1] 胡新赞,谷金省. 水利项目全过程工程咨询实践与案例[M]. 北京:中国建筑工业出版社,2020.

[2] 梁建林,高秀清,费成效. 水利工程施工组织与管理[M]. 3版. 郑州:黄河水利出版社,2017.

[3] 周慧玲,周仰东. 建设项目全过程工程咨询实务[M]. 北京:中国建筑工业出版社,2021.

[4] 董永贤. 复杂项目全过程工程咨询理论与实践[M]. 北京:中国建筑工业出版社,2021.

[5] 中国圣华安咨询有限公司. 基础设施全过程工程咨询操作指南[M]. 北京:中国电力出版社,2020.

[6] 上海同济工程咨询有限公司. 全过程工程咨询实践指南[M]. 北京:中国建筑工业出版社,2018.

[7] 中国建设监理协会,天津理工大学,一砖一瓦科技有限公司. 全过程工程咨询典型案例解析[M]. 北京:中国建筑工业出版社,2020.

[8] 陈金海. 建设项目全过程工程咨询指南[M]. 北京:中国建筑工业出版社,2018.

[9] 河南创达建设工程管理有限公司. 全过程工程咨询概论[M]. 郑州:郑州大学出版社,2018.

[10] 宋伟,车志军,等. 建设项目全过程工程咨询[M]. 北京:中国建筑工业出版社,2021.

[11] 徐慧,宁延,等. 全过程工程咨询策划与实施:咨询企业的实践—总结—再实践[M]. 南京:东南大学出版社,2022.

[12] 丁士昭,杨胜军,等. 工程怎么管:深圳的实践与创新研究[M]. 上海:同济大学出版社,2015.